性别与德性：文学的传统及其现代踪影

毕新伟　著

上海交通大学出版社
SHANGHAI JIAO TONG UNIVERSITY PRESS

内容提要

本书把"性别与德性"放在历史的长时段中考察，避开"封建"史观的学术框架，客观呈现明清以来女性生活领域中的性别与德性问题，探讨晚清以来社会转型以及妇女解放运动对古代女性修身的冲击，寻找现代女作家与传统女性文化的联系。著作提出"女性工读文化"与"女性文化守成"两个概念，用以分析性别与德性在传统与现代社会的不同境遇，在反思历史的同时对现实问题进行追问，思考 20 世纪以来的德性变化及其在文学中的思想体现，并对学术界一些重要的研究方法做出自己的评价。本书适合相关专业人士阅读。

图书在版编目(CIP)数据

性别与德性：文学的传统及其现代踪影/ 毕新伟著.
—上海：上海交通大学出版社，2017
ISBN 978 - 7 - 313 - 17270 - 9

Ⅰ.①性… Ⅱ.①毕… Ⅲ.①妇女学－社会学－研究
Ⅳ.①C913.68

中国版本图书馆 CIP 数据核字(2017)第 131013 号

性别与德性：文学的传统及其现代踪影

著　　者：毕新伟
出版发行 上海交通大学出版社　　　　　地　　址：上海市番禺路 951 号
邮政编码：200030　　　　　　　　　　电　　话：021 - 64071208
出 版 人：谈　毅
印　　制：上海景条印刷有限公司　　　　经　　销：全国新华书店
开　　本：710 mm×1000 mm　1/ 16　　印　　张：12.5
字　　数：215 千字
版　　次：2017 年 10 月第 1 版　　　　　印　　次：2017 年 10 月第 1 次印刷
书　　号：ISBN 978 - 7 - 313 - 17270 - 9/ C
定　　价：58.00 元

阜阳师范学院学术著作出版专项经费资助

十九世纪后期以来，家庭和社会生活中的性别位置与德性标准开始大幅度调整，越来越远离传统的轨道。一个现代的生活世界仿佛从天上落了下来……

前　言

从十九世纪进入二十世纪,中国社会发生由传统向现代的巨型转变,各个领域均受到激烈冲击,很像马克思、恩格斯描述的那样:"一切固定的古老的关系以及与之相适应的素被尊崇的观念和见解都被消除了,一切新形成的关系等不到固定下来就陈旧了。一切固定的东西都烟消云散了,一切神圣的东西都被亵渎了。人们终于不得不用冷静的眼光来看他们的生活地位、他们的相互关系。"① 这种世界性分崩离析的裂变状态被一个美国学者拿来描述一种"现代性"的体验,"所谓现代性,就是发现我们自己身处一种环境之中,这种环境允许我们去历险,去获得权力、快乐和成长,去改变我们自己和世界,但与此同时它又威胁要摧毁我们拥有的一切,摧毁我们所知的一切,摧毁我们表现出来的一切。"② 这种"烟消云散"是传统遭遇到的最大的困局,"现代性从根本上威胁到了自己的全部历史与传统"。③ 回到中国的问题,杨联芬女士说:"拥有四千年文明史的中华帝国,在清末先输于西方列强,再挫于蕞尔东瀛,最终以'野蛮'或'半开化'的屈辱身份,被迫进入以西方文明为范式的全球化,并开始了其在进化论思想方法主导下的蜕旧变新的'现代历史'。在中国思想文化转型最为关键的1890至1920年代,基于强国保种及建立民族国家理想而进行的社会政治变革,与寻求普世价值、创造新文化而进行的思想启蒙运动,二者合力,使二十世纪上半期中国在上层建筑和意识形态领域,均发生千年未有的巨变;而传统的哲学、伦理等价值体系,也在这个激进的现代化浪潮中支离破碎。"④ 她从女性/性别伦理的现代变迁视角设问,藉由

---

① 《马克思恩格斯文集》第二卷,北京:人民出版社,2009年,第34—35页。
② 马歇尔·伯曼:《一切坚固的东西都烟消云散了——现代性体验》,北京:商务印书馆,2003年,第15页。
③ 马歇尔·伯曼:《一切坚固的东西都烟消云散了——现代性体验》,北京:商务印书馆,2003年,第16页。
④ 杨联芬:《浪漫的中国:性别视角下激进主义思潮与文学(1890—1940)》,北京:人民文学出版社,2016年,第1页。

这种"浪漫"的面向，"或可从感性的视景中，反思我们身处的社会，怎样由儒道互补的乡土中国，变成一个躁动不安，激情四射、不断求新，却因价值破碎而失去哲学与文化主体性的现代中国？"①这当然是一个可行的思路，马克思早已说过："自十八世纪最后三十多年大工业出现以来，就开始了一个像雪崩一样猛烈的、突破一切界限的冲击。习俗和自然、年龄和性别、昼和夜的界限，统统被摧毁了。"②烟消云散也好、摧毁也好，都是阐释现代性作为一种强大无比的力量，在社会转型中发挥的破旧创新的作用。新与旧被并置、对立起来，进步的和进化主义的现代观念大量蚕食古老的传统，致使那些"固定的古老的关系以及与之相适应的素被尊崇的观念和见解都被消除了"。顺此理解构建现代世界的观念方式，在面对自身传统的时候，现代性毫不同情"素被尊崇的观念和见解"，在创造新的观念和见解的过程中把它们打入"冷宫"。

性别研究在二十世纪九十年代意识到这个现代世界的意识形态问题，开始反思性别研究中二元对立的社会性来源。针对中国的问题，高彦颐发问："封建社会尽是祥林嫂吗？"③为何在中国会形成这一看起来很奇怪的共识？明明不是这样的情况！高彦颐认为："对作为整体的中华民族的政治解放也对中国进入现代世界来说，女性启蒙成了一个先决条件。总之，受父权压迫的女性，成了旧中国落后的一个缩影，成了当时遭受屈辱的根源。受压迫的封建女性形象，被赋予了如此强烈的民族主义情绪，以至最终变成了一种无可置疑的历史真理。"④这是针对传统进行的一项迷人的"发明"，对传统的认知被巧妙地编织进意识形态的理解框架之中。"封建的、父权的、压迫的'中国传统'是一项非历史的发明，它是三种意识形态和政治传统罕见合流的结果，这三种意识形态和政治传统是'五四'新文化运动、共产主义革命和西方女权主义学说。虽然这些传统为中国的现代性和女性的位置设想出了非常不同的模式，但它们却都对旧中国隔离、扭曲和从属的女性生存状态表示了愤慨。"因而创造出了这样的观点，"中国女性的历史是'一部被奴役的历史'。"⑤高彦颐解释她的《闺塾师》就是希望改写这种"五四"史观，因为"这一史观将女性受压迫看成是中国封建父权过去最突出之处。这一公式渗透于各个角落，它不仅曲解

① 杨联芬：《浪漫的中国：性别视角下激进主义思潮与文学（1890—1940）》，北京：人民文学出版社，2016年，第14页。
② 《马克思恩格斯文集》第五卷，北京：人民出版社，2009年，第320页。
③ 高彦颐：《闺塾师——明末清初江南的才女文化》，南京：江苏人民出版社，2005年，第1页。
④ 高彦颐：《闺塾师——明末清初江南的才女文化》，南京：江苏人民出版社，2005年，第2页。
⑤ 高彦颐：《闺塾师——明末清初江南的才女文化》，南京：江苏人民出版社，2005年，第3页。

了妇女的历史,也曲解了十九世纪前中国社会的本质。有这样一个假设被广泛接受,那就是传统中国的妇女普遍受压迫,这一假设逻辑地引导人们去企盼这些女性一旦有机会便会反抗或逃走。"①实际上,高彦颐从明清女性的作品中了解到相反的信息,"看不到她们对社会性别体系的公开进攻。"②通过她们的文字语言,看到的是她们对儒家道德的维护和赞美。曼素恩也认为"明清时期远远不是所谓女性受到绵延不断的压迫的时代",③其《缀珍录》从诸多层面敞开清代女性孜孜不倦的德性追求和文艺创作,认同金翁瑛1836年在《国朝闺秀正始续集·序》中所说,闺阁写作"斯真推盛事之雅化,不仅萃兰闺之韵语也",④是显示"盛世"的一个标志。

　　高彦颐、曼素恩对中国传统女性的历史研究确实令人耳目一新,但也美中不足,尽管高彦颐提出"封建的、父权的、压迫的'中国传统'是一项非历史的发明"给人以豁然开朗之感,大有一语惊醒梦中人的效果,但"发明"的过程则语焉不详,仿佛意犹未尽。不妨调整一下思路,从语言角度看"发明"的情况。在关于中国外来语的大量研究中,冯天瑜对西语feudalism的中文语义转换勘查甚力,他认为:"'封建'从汉语之古典义转变为近代新名词,是在近代中国与日本两国士人以'封建'对译英文术语feudalism的过程中完成的。"⑤然而这是一种混乱的、名实错位的转换,封建在古汉语中指封土建国,顾颉刚认为:"国王把自己的土地和人民分给他子弟和姻戚叫做'封建',封是划分土地,建是建立国家。"⑥含义非常明确,"但到二十世纪初的'五四'新文化运动期间,'封建'的含义在某些重要论者那里发生变化;从一古史概念,演变为'前近代'的同义语,成为与近代文明相对立的陈腐、落后、反动的制度及思想的代名词。"⑦陈独秀的论说在封建语义转换中起着重要作用,率先把中国所有落后的属性统称为封建,后来者又逐渐加重了其负面的感情态度,认为封建十恶不赦,以至深恶痛绝。"五四"新文化运动亦被认为是反封建的思想运动,如陈独秀所言:"举凡残民害理之妖言,率能征之故训,而不可谓诬,谬种流传,岂自今始! 固有之伦理、法律、学术、礼俗,无一非封建制度之遗,持较哲

① 高彦颐:《闺塾师——明末清初江南的才女文化》,南京:江苏人民出版社,2005年,第8页。
② 高彦颐:《闺塾师——明末清初江南的才女文化》,南京:江苏人民出版社,2005年,第10页。
③ 曼素恩:《缀珍录——十八世纪及其前后的中国妇女》,南京:江苏人民出版社,2005年,第7页。
④ 妙莲保辑:《国朝闺秀正始续集》,道光十六(丙申)年红香馆刊本,1836年。
⑤ 冯天瑜:《"封建"考论》(修订版),北京:中国社会科学出版社,2010年,第94页。
⑥ 顾颉刚:《周室的封建及其属邦》,《顾颉刚古史论文集》第2册,北京:中华书局,1988年,第329页。
⑦ 冯天瑜:《"封建"考论》(修订版),北京:中国社会科学出版社,2010年,第192页。

种之所为，以并世之人，而思想差池，几及千载；尊重廿四朝之历史性，而不作改进之图；则驱吾民于二十世纪之世界之外，纳之奴隶牛马黑暗沟中而已，复何说哉！"①

以封建作为落后、腐朽的时代总称，当然不是陈独秀的发明，此说颇有渊源。冯天瑜认为："此一用法始于十八世纪的法国，……革命狂飙之际的法国人将一切陈旧、落后的现象皆冠以'封建'，法国大革命的使命被认定为'摧毁''旧社会中贵族制和封建制所产生的一切'。此种用法后来传到英国。……十八世纪末叶以后，'封建主义'在西欧成为'黑暗时代'的中世纪的代名词。十九世纪后叶，日本启蒙学者（福泽谕吉等）承袭西欧这种以'封建'为恶谥的用法，故陈独秀从日本借取的'反封建'命题，源头可追溯到十八世纪的法国和英国。然而，法、英、日以'封建'作为落后、反动事物的总称，有其历史根据，因为这些国家的前近代是封建社会，其近代化变革当为'反封建'，而中国的历史实态则另呈一格，故将'封建'作为近世中国陈腐现象之总名，并不恰当。"②

封建一词的新语义形成以后，在思想文化领域，以儒家思想为主导的古代文化遗产被看成是封建思想，以礼学为核心的伦理道德被称为封建礼教，二十世纪的中国所做的一件大事就是努力去反封建，"被奴役"的女性也在这样的语境中被塑形。这一认知装置使得我们面对自己的历史时表现得异常粗暴，缺少必要的了解之同情，而在这个基础上构建的中国女性史学、女性文学机制实在暗含了根基不稳的隐忧，无法与自己的历史进行平等对话。只有跳出封建史观的论域，平心静气地看待过往的历史，才有可能发现传统并非暗无天日，触摸到传统的靓丽姿态。

传统在生活中表现为一种连续的样式，完全否定、抛弃传统是不可能的。希尔斯说："没有传统，人类便不能生存，即使他们司空见惯地不满于他们的传统。"③强调传统的重要性，并不是要全盘回归传统，也不可能完全复古。希尔斯对传统的认识非常辩证，一方面，人类的生存需要传统；另一方面，传统在自身发展中也不断进行调适，经常会围绕核心内容增添、去除一些质素，以应对社会的变化与发展。传统的动态性、可分解性告诉我们这并不是一块整一的铁板，藐视者、激进者随手就可以扔掉、弃之不顾的，那样的话，生活就成了无源之水、无根之木，最终会干涸、枯萎。

中国性别研究如果一味移植、嫁接域外的民主、自由、个人主义和某

---

① 陈独秀：《敬告青年》，《新青年》第一卷第一号，1915年9月15日。
② 冯天瑜：《"封建"考论》（修订版），北京：中国社会科学出版社，2010年，第200页。
③ 爱德华·希尔斯：《论传统》，上海：上海世纪出版集团，2009年，第346页。

些激进的女性主义来修改、论证自身的历史和文化,规范当下的两性生活,必然会如强弩之末,失去穿透力。在多元文化共存的今天,需要的不是百年前的"发明"传统,而是心平气和地"发现"传统,创造性地转化传统。在传统与现代之间架设桥梁,把传统接续过来,转化为可资调节现代生活的良性资源。黄嫣梨在阐发《女四书》的现代价值时说:"今天,女性已踏出家门,在社会上占有举足轻重的地位,回看《女四书》所倡议的女教德行,骤看和今天的大形势好像格格不入,不足为用;然而,这只看到书中的表面,没有透视其中精髓所在。"①《女四书》重视女性个人道德修养的习练,强调人伦孝行和家庭成员的和睦相处,这种理念并非只有历史意义,就是在现代社会也一样具有合理性、合法性。尤其是"在今天轻言唾弃传统的年代,人与人之间,特别是家庭成员的相处,产生了甚多问题"②的情况下,回看《女四书》蕴含的传统智慧,确实能给我们提供一个纾解现代困扰的出口。

与黄嫣梨几乎同时关注性别传统现代意义的罗莎莉(Rosenlee Li-Hsiang Lisa)致力于探寻儒学包含的女性主义思想,试图为中国女性提供一条适合自己的发展之路。"儒学与女权主义相结合的可能不仅将儒学带入了二十一世纪,使得性别问题在伦理探讨中不再被忽视,并且扩大了女权主义的理论视野。女性解放的可能性将不再局限于西方的理论框架内。"③罗莎莉的研究别开生面,可谓峰回路转、豁然开朗。现代社会将传统女教伦理视如敝屣,一味开发独立、自由,其结果往往是两性关系、同性关系都变得非常紧张,甚至互相对立。李国彤在对女作家谢冰莹的考察中发现,"传统礼教所塑造的性别角色正在启蒙思想的冲击下变得难以立足,受新文化启蒙的女儿与固守旧文化的母亲之间发生性别认同的背离。母亲不再是女儿的模仿对象。"④这就是家族文化传承的断裂,很值得深思。其实,传统女性在性别意识的自觉上并不比现代女性迟钝,作为女性个体的自我意识、伦理意识、责任意识都非常清晰,性别定位也很恰当,至少在家庭生活范围内能够给予现代人以良性的启迪。李国彤认为:"古代科举制社会对妇女母教角色日渐重视,官绅家庭的女教把声韵之学和箴规之教并重,寄望她们能教子以书香继世。在这一社会文化和家庭教育氛围下,宋代官绅家族妇女拓展了文化知识面,提高了思想修养。继

---

① 黄嫣梨:《女四书集注义证》,香港:商务印书馆,2008年,第269页。
② 黄嫣梨:《女四书集注义证》,香港:商务印书馆,2008年,第269页。
③ 罗莎莉:《儒学与女性》,南京:江苏人民出版社,2015年,第14页。
④ 李国彤:《女子之不朽:明清时期的女教观念》,桂林:广西师范大学出版社,2014年,第198页。

之而起的明清知识妇女则在女性意识觉醒上，无论从程度抑或范围的角度衡量，都超越了宋代。"①彤管与针管并重，淑女与才媛并称，既有益于个体，又贡献于家庭，工读传家，诗书继世，这大概也是现代人的向往吧！

　　这个话题是本书第一卷"性别与文化"探讨的核心内容。著者尝试把传统女性生活样态、针黹女红、修身立德、阅读写作统合起来概括为女性工读文化，视为一种历史形成的可延续的女性文化传统。这个传统一个世纪以来一直被"封建"史观所遮蔽，未能有效地延展到现代社会。现代女性个体在修身和家庭生活上失去了传统的支持，自身和家庭生活就难以具有稳定性、恒定性，更容易产生现代性的焦虑。对这个问题需要回头来看，在轻慢传统的激进时代，其实还是有一些人努力进行女性传统的转化工作，吕碧城、陈小翠、冰心、苏雪林等人，在警思现代的时候打开了传统，探讨了传统进入现代的可能性与可行性。以她们为视点，看到的将会是另一种图景。系统梳理这一涓涓细流，既是对历史的一种敞开，同时又是对现实的一种发言。

　　"五四"新文化运动传播一系列新文化、新思想，构建一个迥异于传统的现代新世界，性别关系在其中变化甚大，与异性的直接接触，使女性的空间逐渐得到扩展，与男性的公共空间相叠加，显示出现代社会对女性群体的成功召唤。精神上的感情问题、物质上的生存问题、哲学上的生命问题在两性共存的生活世界里已经与传统大为不同，第二卷选取几个视点进行了小范围的探究。说到学术研究，一般认为包含方法和目的两个既独立又联系的系统，第三卷对几位学者的研读，在两个层面上都显示出学术研究的深刻性，也体现了学者关注现代世界的热情。

---

① 李国彤：《女子之不朽：明清时期的女教观念》，桂林：广西师范大学出版社，2014年，第79页。

目　录

第一卷

性别与文化

一 妇女文学的长时段考察

中国妇女的文学创作与男性一样有着悠久的历史,妇女文学研究者谢无量认为最早可以上溯至"三代"。他曾对中国第一部诗歌总集这样阐述:"周时民间采诗,兼用老年之男女任之。其诗亦必男女均采,故《诗经》中宜多妇人之词。"①其后历朝历代均有妇女从事文学创作,在明清时期达到妇女古典文学创作的高峰,经历过清末民初的文学转型后才衰落下来,被"新文化运动"中出现的女性新文学创作取而代之。若以妇女文学称谓传统社会女作家的创作,以女性文学称谓现代社会女作家的创作,②中国妇女的文学创作就会进入传统向现代转型的社会认知系统中,以时易世变来解释文学现象。这种认知方式是以现代统帅传统,以现代为视点,运用现代知识阐释传统问题。其中不可避免的情况是传统在这种阐释中会发生变形,③有时甚至会因为阐释的需要"发明"一些新的传统。④在妇女文学、文化研究中,这样对传统的遮蔽现象已然见惯不怪了。因此须要回到传统之中,以传统为视点认知并阐释传统。以传统知识解释传统现象,敞开传统的内蕴,然后在这个基础上去评判传统,考察妇女文学的传承与变革。王萌女士的著作《禁锢的灵魂与挣扎的慧心——晚明至民国女性创作主体意识研究》,在长时段的历史考察中,运用大量的史料清理出一条清晰可见的妇女文学发展线索,成就自然非常突出,但由于是跨型研究,其中的理论预设和分析推论均有值得商榷的地方,因此不揣冒昧,阐述如下。

(一) 如何认识和理解传统

爱德华·希尔斯(Edward Shils)认为:"人类所成就的所有精神范型,所有的信仰或思维范型,所有已形成的社会关系范型,所有的技术惯例,以及所有的物质制品或自然物质,在延传过程中,都可以成为延传对象,成为传统。"因而"传

---

① 谢无量著:《中国妇女文学史》,《谢无量文集》第五卷,北京:中国人民大学出版社,2011年,第16页。
② 参见乔以钢、林丹娅主编:《女性文学教程》,石家庄:河北教育出版社,2007年,第2—3页。
③ 阐释变形就是对传统进行了过度诠释,失去了阐释的合理性。关于过度阐释,参见安贝托·艾柯等著,斯特凡·柯里尼编,王宇根译:《诠释与过度诠释》,北京:三联书店,2005年,第二节。
④ 埃里克·霍布斯鲍姆说过:"那些表面看来或者生成是古老的'传统',其起源的时间往往是相当晚近的,而且有时是被发明出来的。"参见E.霍布斯鲍姆、T.兰格著,顾杭、庞冠群译:《传统的发明》,南京:译林出版社,2004年,第1页。

统就是历经延传而持久存在或一再出现的东西。"①这说明传统经过世代传递具有了连续性。他还认为，传统在其根脉延传的过程中会发生变化，添加或减少一些东西。这种作为范型存在的传统根脉可以称作元级传统，其支脉构成了复杂的附属传统，当元级传统发生量或质的变化的时候，附属传统也跟着发生相应的变化。文学作为附属传统，其所具有的"规范意图"②就是对元级传统的应和，所以对元级传统的认知和理解是评判传统文学的关键。

王萌女士对中国传统的理解是既简单又复杂，简单到也许用一个叫"封建"的词汇就涵盖了全部，但复杂的是与其所谈论的时代产生了"名实错位"的问题，在元级传统的理解上进行了误读，使得她对妇女文学的认识在敞开了某些问题的同时，又产生了新的遮蔽。

按照冯天瑜的考证，汉语"封建"一词的本义是"按宗法—等级原则封土建国、封爵建蕃。"③在政权组织形式上，封建制是一定的权力下放到诸侯；在伦理关系上，以嫡长子继承的宗法制为人伦原则，二者合起来构成周朝的"礼制"。秦朝统一以后，以"郡县"取代封建的政治组织形式，冯天瑜认为中国进入了"非封建"时代，一直持续到清王朝的崩溃。"郡县"制为大一统的中央集权形式，由分权走向集权，其专制王权一旦定型就不再变异。公天下一变而为家天下，家族礼教在封建宗法制的基础上应运而生，汉代"独尊儒术"，家族礼教因而在吸收了儒学资源后完成整体框架的建构，宋代理学家进一步填充内容，使家族礼教愈益偏至。"五四"新文化运动批判的家族礼教并非封建伦理而是"非封建"的专制伦理。

把专制礼教当作封建礼教是在"五四"新文化运动中开始出现的，这在现代思想史上是一个重要的事情。冯天瑜认为，在新文化运动期间，"'封建'的含义在某些重要论者那里发生变化：从一古史概念，演变为'前近代'的同义语，成为与近代文明相对立的陈腐、落后、反动的制度及思想的代名词。"④始作俑者是陈独秀，他"将中国各种落后、腐朽、反动的事物、思想乃至人物，全都冠以'封建'。"⑤这种名实错位的泛化封建观经过一九二○年代的大革命、一九三○年年代的社会史论战，到一九五○年年代得到全民性普及。

当封建泛化并固定为一种思维和研究的范式后，这种被发明的传统就掩盖了历史的真实。比如常会被提及的"封建礼教"、"封建包办婚姻"等伦理话语，其

---

① 爱德华·希尔斯著，傅铿、吕乐译：《论传统》，上海：上海人民出版社，2009 年，第 17 页。
② 爱德华·希尔斯著，傅铿、吕乐译：《论传统》，上海：上海人民出版社，2009 年，第 25 页。
③ 冯天瑜：《"封建"考论》修订版，北京：中国社会科学出版社，2010 年，第 18 页。
④ 冯天瑜：《"封建"考论》修订版，北京：中国社会科学出版社，2010 年，第 192 页。
⑤ 冯天瑜：《"封建"考论》修订版，北京：中国社会科学出版社，2010 年，第 209 页。

词语组合的错位便搅浑了历史实际。"封建时代(周代)礼教尚未定格、婚恋保有较多的上古遗风,男女情爱较为奔放、自由,《诗经》中有多篇生动地展现男女自由恋爱乃至私奔的诗篇。《周礼·地官·媒氏》更有明载:仲春三月,允许男女约会,'奔者不禁'。礼教是在专制一统的两汉以降确立并渐趋强化的,此后一再演出叙事诗《孔雀东南飞》那样的悲剧。将'礼教'桎梏、'包办婚姻'归之于'封建',实是文不对题。"①

这样的认知在性别研究中业已成为常识,高彦颐(Dorothy Ko)认为这种对中国妇女史的封建性研究很成问题,她列举了陈东原的《中国古代妇女生活史》(应为《中国妇女生活史》)、杜芳琴的《女性观念的衍变》说明女性受"封建"之害是一项非历史的发明,她说:"我以为,受害的'封建'女性形象之所以根深蒂固,在某种程度上是出自一种分析上的混淆,即错误地将标准的规定视为经历过的现实,这种混淆的出现,是因缺乏某种历史性的考察,即从女性自身的视角来考察其所处的世界。"她从明清时期的妇女文学中看到了新的景观,认为通过文学的传递,她们"经营出一种新的妇女文化和社会空间。……它凸显了即使在儒家体系范围内,女性的自我满足和拥有富有意义的生存状态的可能。"②妇女整体上被"封建礼教"摧残,过着暗无天日的生活,被禁锢、被压抑、受迫害只是现代社会想象历史的一种方式,是进化论和唯物史观混合的产物。

《禁锢的灵魂与挣扎的慧心》意在阐述妇女文学如何向女性文学转化,连接传统与现代,论证现代女性文学发生的本土渊源,追寻历史足迹的意义,这是极富学术勇气的研究,乃一开创女性文学和女性史研究新路径的举动,但在理论框架上陷入泛化封建观的窠臼,尽管材料丰赡,却掩盖不住判断上的失误。因为把明清时期看作"封建社会",那么其文化也自然是封建的文化,成为一道禁锢人性的樊篱,因此就得需要挖掘突破樊篱的思想和文学创作,连成一线后与"五四"的新女性写作接轨。这其中存在的问题,一是形成了以偏概全的论断,因为明清时期,就妇女文学中的主流思想来看,对家族礼教是赞美和维护而不是冲击和破坏;二是对妇女文学的精神性品格有误判的情况,也就是说进行了脱离伦理情境和生活情境的过度诠释;三是过于注重晚明的个性解放思潮传统及其与"五四"的承接,而忽略了从妇女文学到女性文学之间存在的断裂。

王萌这种妇女文学的关系研究,很明显采用了观念上的倒推方式,即站在现代的立场上,以"五四"新文化和女性新文学为确定性价值,在往回追溯的时候不可避免地携带了现代的有色眼镜。在学术传承中,《禁锢的灵魂与挣扎的慧心》

① 冯天瑜:《"封建"考论》修订版,北京:中国社会科学出版社,2010年,第210—211页。
② 高彦颐著,李志生译:《闺塾师——明末清初江南的才女文化》,南京:江苏人民出版社,2005年,第4页。

与周作人《中国新文学的源流》、任访秋《中国新文学渊源》有直接的亲缘关系。周作人首先在晚明文学与新文学之间勾勒了一个传承轮廓，任访秋认为失之简单，就运用"马克思主义的历史唯物主义观点，对这段文学进行分析和说明"，[①]晚明的思想解放运动被赋予了反封建的意义，文学也在这个意义上被提及，以与"五四"新文化运动和新文学的反封建相衔接。可见王著与任著的关系更近，但二者在存在这些相同问题的情况下，王著依此在妇女文学的评价上出现的偏至更大。因为任著以谈男性文人的思想和文学为主，这在传统家族礼教经理学改造后束缚性增强的情况下，是以性灵之学来平衡礼教，尽管李贽、袁中郎他们反对程朱理学，但是属于局部的伦理调整，并不能撼动礼教的大树。他们反对"三纲"，反对妇女守节，是元级传统本身往另一端发展的表现。也就是说，汉代初成的礼教在宋代以后内部形成了两股势力，程朱理学和阳明心学各执一端、互相制衡，并互相作用。这个由男性发起的思想解放运动，确实为妇女文学的兴盛起到了推动作用，但是，冲击礼教的文学妇女毕竟是少数，大部分是在获得写作机会的时候表达她们对礼教的遵从。把个别现象当成普遍现象，与妇女文学的实际情况相差甚远了。这说明作为附属传统的妇女文学，其"反封建"性一点也不明显，高彦颐甚至说："看不到她们对社会性别体系的公开进攻。"[②]

回到历史场域考察礼教规范在宋及以后朝代的紧缩，就会发现充足的社会原因。汪晖把中国现代思想的起点定在宋代，其商业和经济的发展使得城市生活繁荣起来，出现了"早期现代性因素"，"以天理为中心的儒学思潮"就是被激起的"批判理论"。[③] 程朱理学在个人欲望和利益观念增强的时候以天理世界观来进行自我约束，重视道德的训练，压抑个性发展，其理念自然是反早期现代的。但理学在宋代只是体现为一个生成的过程，未能成为统一的意识形态，及至晚明，商业和经济发展又前行了一步，追求性情、欲望自由扩展的思想潮流应运而生，冲击礼教的大厦，而礼教便以提倡"三纲"、贞节来应对。二者都是晚明社会生活发展的应激性产物，妇女文学以及晚明文学就是在这种碰撞中走向繁荣的，有人且称之为"文学盛世"。[④]

在晚明关于妇女的才德之辩中，妇女被许可阅读较多的书籍，积累了文学经验，当她们拿起笔来表达思想和情感时，由于阅读经验和生活经验的影响，自然是认同"温柔敦厚的儒学诗教"，[⑤]或作贤妻，或作良母，或作端庄的闺秀。这就

---

① 任访秋：《任访秋文集》第五卷，开封：河南大学出版社，2013年，第361页。
② 高彦颐著，李志生译：《闺塾师——明末清初江南的才女文化》，南京：江苏人民出版社，2005年，第10页。
③ 汪晖：《现代中国思想的兴起》上卷·第一部，北京：三联书店，2004年，第110页。
④ 廖可斌：《万历为文学盛世说》，《文学评论》2013年第5期。
⑤ 宋清秀：《清代女性文学群体及其地域性特征分析》，《文学评论》2013年第5期。

是妇女及妇女文学的传统,不能用现代观念苛求她们去冲击贞节,冲击所谓的"封建礼教"。另外,任著指认的晚明思想解放运动,即王著所说的"女性解放思潮",在性别关系上到底是怎样讲述解放的,不妨抄一段王著引用的话来看个究竟:"千金买一舟,舟中置鼓吹一部,妓妾数人,游闲数人,泛家浮宅,不知老之将至,四快活也。然人生受用至此,不及十年,家资田地荡尽矣。然后一身狼狈,朝不谋夕,托钵歌妓之院,分餐孤老之盘,往来乡亲,恬不知耻,五快活也。"王著对此评析道:"袁宏道对人世间'真乐'的描述,代表了晚明文人的性情追求。他以一种放浪形骸的风流才子的架势挑战封建伦理道德,以近乎极端的高扬个性和肯定人欲的思想,鼓动人们放纵欲望,追求人生的快乐和享受。"①这样的解放恐怕不能说是解放妇女,只能是男性自我的放纵吧,妇女在这样的思想指导下是绝不可能获得解放的! 挑战伦理更多的属于男性行为,在大量的妇女文学中表达的对伦理的认同和维护,与这种纵欲享乐的思想恰好是背道而驰。传统礼教、女教与妇女文学思想的对接与融合,是一个客观存在的事实,必须这样来认识传统,否则,就会对历史形成人为的遮蔽。

(二) 妇女文学传统的思想和精神品格

明清时期之所以有大量妇女获得文学写作的权利,与社会的发展变化密切相关。明中叶经济、文化总体上走向繁荣,带动了生活方式、思想观念和精神状态的诸多变化,其中"思想解放运动"对女作家的产生确实起到了关键作用。明中后期出现的"女子无才便是德"的言论激发了关于妇女的"才德之辩",李贽认为女人见识短的看法是对妇女的偏视,俗话说的女人头发长、见识短,只看到了表面现象,没有注意到现象形成的原因,属于不公平的见解。妇女长期局限于家庭生活领域,自然阅历有限,而女教又不重视妇女的社会知识教育,哪里会形成高深、长远的见解呢? 这不是妇女本身的问题,是法国女权主义者波伏娃(Simone de Beauvoir)所说的"社会性别"问题,社会压抑了妇女经验的多样化,以至于显得妇女的见解和经验刻板单一。妇女无才识便难以有见解,而要改变这种状况,势必要培养妇女的才识,因此,叶绍袁说:"丈夫有三不朽:立德立功立言,而妇人亦有三焉:德也,才与色也,几昭昭乎鼎千古矣。"②王著认为,叶绍袁提升妇女才识的态度,"直接影响了以沈宜修为核心的吴江女性创作群体的发

---

① 王萌:《禁锢的灵魂与挣扎的慧心——晚明至民国女性创作主体意识研究》,开封:河南大学出版社,2009 年,第 19—20 页。
② 叶绍袁编:《午梦堂集》(上),北京:中华书局,1998 年,第 1 页。

展和繁盛。"①袁枚也为妇女创作正名，他说："俗称女子不宜为诗，陋哉言乎！圣人以《关雎》、《葛覃》、《卷耳》冠三百篇之首，皆女子之诗。"②在弘扬妇女德性的前提下重视才识，尽管是一种局部修整，但却敞开了妇女的精神空间，发展了另一种生活。

对"女子无才便是德"这句话的认识，"长久以来一直被当作是传统社会'反女才'的反动罪证，……革命史思维下的研究多是批判其反动性，并且常常与整个传统社会对联在一起"，③这种罔顾史实的判断对学术研究的危害性甚大。从最早以文字记载这句话的陈继儒的理解中可以看到，其文意不在于反才，而在于正德。陈继儒解释说："女子通文识字，而能明大义者，固为贤德，然不可多得；其他便喜看曲本小说，挑动邪心，甚至舞文弄法，做出丑事，反不如不识字，守拙安分之为愈也。"④把这句话放在历史的场域中看，"其所产生的明末社会商品经济正日益发展，反理学思潮潜滋暗长，各种反理学、反礼教的观点纷纷出世，批判理学道统对人性的扼杀，肯定人性中自然情欲的天然合理。在此背景下，男女自然的情感才思获得了一种纵欲式的发展，严重威胁着儒家礼教的道德精修。'男子有德便是才，女子无才便是德'正是旨在对这种男女逞才适情、伤风败俗的时弊进行矫俗正名的儒者之论。与其说它是对'女才'的一种禁制，不如说它是卫道儒者面对颓俗的无奈嗟叹，亦可以说是对儒家道德价值沦丧的愤激呐喊，所发论之重点首要不在'反才'，而是'正德'，包括'女德'，也包括'男德'。"⑤儒学以"德"为本位，重视培养人的德性，而在对"才"的态度上，也不是一概而论地反才，需要区分的是，如果是正德之才，就非常欢迎，若仅仅是适情纵性的诗词歌赋之文才，则加以反对，因为害怕坏了德性。吕新吾在《闺范》序言中说："自世教衰，而闺门中人，竟异之礼法之外矣。……则不教之故，乃高之者，弄柔翰，逞骚才，以夸浮士，卑之者，拨俗弦，歌艳语，近于倡家，则邪教之流也。"⑥这分明决定了妇女的文学书写在思想上只能正德、守礼，不可轻薄、乱性。对于妇德的强调延续到清代，如女诗人恽珠在《正始集》弁言中说："……则女子学诗，庸何伤乎？独是大雅不作，诗教日漓。或竞浮艳之词，或涉纤佻之习，甚且以风流放诞为高，大失敦厚温柔之旨，则非学诗之过，实不学之过。"⑦诗教合一因此成为妇女文学的

---

①　王萌：《禁锢的灵魂与挣扎的慧心——晚明至民国女性创作主体意识研究》，开封：河南大学出版社，2009年，第36页。
②　《袁枚全集》第3集，南京：江苏古籍出版社，1993年，第570页。
③　刘丽娟：《"女子无才便是德"考述》，《妇女研究论丛》2009年第5期。
④　转引自刘丽娟：《"女子无才便是德"考述》，《妇女研究论丛》2009年第5期。
⑤　刘丽娟：《"女子无才便是德"考述》，《妇女研究论丛》2009年第5期。
⑥　陈宏谋辑：《五种遗规》，北京：中国华侨出版社，2012年，第116页。
⑦　恽珠辑：《国朝闺秀正始集》，道光十一（辛卯）年红香馆刊本，1831年。

主流思想。

诗教合一在妇女文学中的表现是宣示对女学、儒学的认同与卫护,即便是王著列举的"控诉和抗争"类诗作,也只是渴望要像男性一样为礼教国家而奉献,如王筠的《鹧鸪天》书写道:"读书每羡班超志,把酒长吟李白篇。怀壮气,欲冲天,木兰、崇嘏事无缘。"王著认为这样的妇女"是有意识地企图建构起一个女性的乌托邦,让更多的女性在精神上获得一种支持"。① 其实,建构一个希冀融入男性功能圈的乌托邦,本身就是对男性价值伦理观的协同式认同。这种有限度的个性展露,根本不可能对礼教构成挑战。而在贞节问题上,王著对明清妇女文学又似有问责的意思,"然而女性在创作中有一个题材始终没有任何突破,那就是对贞节的颂扬,这也反映出女性朦胧觉醒时的矛盾心态,她们还不敢突破这一封建礼教的约束,有时甚至还有强化之势"。② 这个题材在妇女文学中的比例可谓是最大的,而且她们在明"志"的时候并不犹豫,亦无突破礼教的意思或意图。光大中《安徽才媛纪略初稿》载有姚芙卿事迹,谓其"贤而多才。于归甫一年,城陷,恐为人辱,赋《绝命词》,自缢死"。诗云:"到此何妨拼一死,好留清节在人间。"③能以死明志,足见对贞操具有自觉性的认同。当然,不可否认的是,作为日常生活的思想行为标准,贞操以及更高一级的礼教确实给妇女们带来极大的困扰,甚至是困苦,在这个意义上,守贞、守礼便有了准宗教色彩,近似于苦修的生活。

王著分析过这种生活状况,且有诗文佐证。如高景芳之诗《晨妆》:"妆阁开清晓,晨光上画栏。未曾梳宝髻,不敢问亲安。妥帖加钗凤,低徊插佩兰。隔帘呼侍婢,背后与重看。"冼玉清之文《广东女子艺文考·序》:"……既婚之后,则心力耗于事奉舅姑、周旋于党者半,耗于料理米盐、操井臼者又半,耗于相助丈夫、抚育子女者又半。质言之,尽妇道者,鞠躬尽瘁于家事……"④这些言说表明妇女的生活空间窄狭,且劳动强度大,劳心、劳神的事情繁多,需要时时注意以免出了差错。从明代开始骤然增多的女教著作,均会对妇女的容止做出详细规定,要求她们温柔贤惠、清心寡欲、谨小慎微,必须遵守父家、夫家的生活规范,女儿一旦出嫁,便终身不改,以贤妻良母的要求自警、自省。这种奉献型的生活使她们

① 王萌:《禁锢的灵魂与挣扎的慧心——晚明至民国女性创作主体意识研究》,开封:河南大学出版社,2009年,第90页。
② 王萌:《禁锢的灵魂与挣扎的慧心——晚明至民国女性创作主体意识研究》,开封:河南大学出版社,2009年,第93页。
③ 傅瑛主编:《明清安徽妇女文学著述辑考》,合肥:黄山书社,2010年,第232页。本文写作受皖北文化研究中心2013WBZX01ZD项目组研讨的启发,特此致谢。
④ 王萌:《禁锢的灵魂与挣扎的慧心——晚明至民国女性创作主体意识研究》,开封:河南大学出版社,2009年,第95页。

不得不放弃物质性的享受和追求，转而以精神空间的开拓平衡日常生活的刻板与枯燥。王著所说明清妇女对婚姻的逃避只是众多普遍认守中的个别现象，大多数人愿意接受婚姻的约束，就知识妇女而言，她们的婚姻之烦闷，以及婚前之孤寂，都可以通过精神性生活的开掘得以疏导，这种矛盾的调适，成就了她们文学书写的精神品格。

　　明清妇女文学的精神诉求表现在两个方面，一是自诉或向同性亲友倾诉生活的困苦、亲情友爱的珍贵。王著列举数首作品分析同性之间的感情交流，认为"这种女性之间的情谊更多的是寻求一种情感和体验的交流，寻求一种女性之间的文化认同感和归属感。"她们认同和归属的边界，与礼教的边界相重合。因而，王著也说："明清女性笔下的姐妹情谊，是在男性主导和认可的范围内，女性自我生活的丰富和补充，基本上并不含有性别对抗的色彩。"①第二种表现王著没有归纳整理，就是对自然景观的感情性描绘。明清妇女在婚前和婚后都不可能拥有大量长久的同性情谊，她们基本上不涉外事，主要生活在家庭（居室和庭院）里，偶尔会有出门游山涉水的机会，这决定了她们接触自然风物的比例远远大于接触喧闹的人市。所幸中国的造园技术相当高超，种花植草、造假山开小溪、曲径通幽、移步换景，徜徉其中，仿佛置身世俗之外，往往能触发诗性的感受。"在传统社会，女性的生活空间比较狭窄，狭窄的自然空间无形中拉长了女性的精神时间，"②呈现出时间空间化的趋势，在庭院里感受时间的洗涤，沉思生命的意义与价值。正如清代来华耶稣会士蒋友仁神父在一封信中写的，"中国人在园林的装饰中利用了技巧来美化自然，……在中国园林中，眼睛不会疲倦，景观几乎总是限于与之相应的空间，你可以看到整个激动人心、令人沉醉的美。"③发现诗性，就是体悟到诗、思、在的同源关系，如海德格尔（Martin Heidegger）在《山中小道》中所说："唯当人有存在感，生在山中小道的气息中，并能倾听山中小道时，山中小道的惠佑之力才能言说。"这种"惠赐之力唤醒了热爱旷野的感觉，即便是久埋心底的深深的忧伤，山中小道也是化悲伤为喜悦的理想场所。"④女诗人商景兰著有《闺中四景歌》和《闺中四景词》，描绘春夏秋冬四季不同的自然景象和创作主体不同的感情变化，在情景交融中领悟生活和生命的意义。开启精神世界的明清妇女，通过对诗性生活的把握，稀释或转化世俗生活的单调与严酷，这是她们找到的最好的应对礼教的方法。

---

①　王萌：《禁锢的灵魂与挣扎的慧心——晚明至民国女性创作主体意识研究》，开封：河南大学出版社，2009年，第105页。
②　付建舟：《两折女性文学：由传统而现代》，北京：中国社会科学出版社，2011年，第9页。
③　A.O.洛夫乔伊著，吴相译：《观念史论集》，南京：江苏教育出版社，2005年，第111页。
④　海德格尔著，陈春文译：《思的经验（1919—1976）》，北京：人民出版社，2008年，第70页。

如上所述,在明清妇女的文学中,我们看到守礼教尽妇职虽然使她们受尽折磨,却不期然地在闲暇时发现了另一种可以超越世俗家庭生活的精神生活,在思想与自然接通的时候,发现存在的伦理意义和劳作意义。德国诗人荷尔德林(Holderlin)说:“栖居在此一大地上的人,充满劳绩,然而却诗性地栖居。”①尽可能追求存在的圆融状态,叩问存在的意义,反观自身的苦与乐,以心的澄明作用于身的行为,达到安之若素的程度。明清时期的知识妇女坚定地守贞守礼,不惜为此耗费宝贵的光阴,甚至为此而付出生命,这种强大的意志力恐怕现代人也会叹服吧。

(三) 妇女文学传统能否传承到现代

在中国现代化的语境里,妇女及其所留下的文学传统几乎没有被看好过,经常被谈论得一无是处,林毓生所说的“全盘性反传统”在这里非常适用。明清时期的思想解放运动对妇女来说是为她们开拓更大的生存空间,并不反女学、反礼教,到清末民初的时候,女学和礼教还能够应对变幻的局势,但随着现代化的全面开展,妇女传统在接纳现代因素的同时,自身也开始了转型,形成了一种我尝试称之为女性文化守成主义的思想潮流,其立足现代,有选择地接纳妇女传统中的良性因子,使其与现代女性人文主义相结合,塑造中国现代型女性人格和精神操守,意义在我看来是巨大的。艾恺(Guy S. Alitto)分析过中国的文化守成主义,认为梅光迪、晚年梁启超、梁漱溟、辜鸿铭、林纾等人“主张复苏传统文化的一些方面,同时坚信中国文化不但和西方文化相当,甚至还要优越”。这种“反现代化”的立场促使他们“提倡融合的中西文化,指出未来的世界文化——或最起码将来的中国文化,会是一种中西文化的结合体。我把这种立论,称作‘文化守成主义论’”。②给艾恺阐述的文化守成主义加入一个性别视角,就会发现其与女性文化守成主义的同与异。比如辜鸿铭在接受传统的时候,把那些压抑女性的内容也看作是优秀的传统,这显然没有促进反而阻碍了女性文化正常的现代性转化。不过,两者的目标是一致的,都是要提倡中西文化的融合,致力于传统的现代传承,这正是希尔斯对传统的理解。

晚清救亡图存的严峻局势迫使维新派找到以女性解放为手段而自新、自强的突破口,欲图挽狂澜于既倒。他们培养女性的国民意识和家庭意识,呼吁“强国保种”,提倡新贤妻良母,虽然他们未脱离礼教,但对于晚清女性来说已经前进

---

①　海德格尔著,陈春文译:《思的经验(1919—1976)》,北京:人民出版社,2008年,第190页。
②　艾恺:《世界范围内的反现代化思潮——论文化守成主义》,贵阳:贵州人民出版社,1991年,前言,第5页。

了一大步。王著对晚清提倡的贤妻良母主义并不看好，因为是"仍然立足于男尊女卑的传统伦理道德的框架内，没有改变女性依附于男性的状况，甚至在某种程度上还有所加重"，①而且还延续到辛亥革命之后。这种判断建立在部分男性论者的言论上，如王著所引史宝安的话："女子以生育为其唯一天职。……若使之外驰，则家政废弛"。② 极端武断的言论肯定会有一些，但并不是大多数，主流意见其实是多具有建设性质，以渐进方式促成女性的现代变革。王著所引蔡元培的意见，按说极具有可行性，也并非只想把女性拘囿于家庭之中，他只是强调了家政对于女性的重要性，以此培养新型的贤妻良母。他说："今日女子入学读书后，于家政往往不能操劳。亦为人诟病。必也入学后，于家庭间之旧习惯有益于女德者保持勿失，而益以学校中之新智识，则治理家庭各事，必较诸未受过教育者，觉井井有条。……夫女子入校求学，固非脱离家庭间固有之天职也。"③当今女性学界多有不赞同提倡贤妻良母者，以为会使女性退回到家庭做全职主妇，这种担忧可以理解，但并非一提贤妻良母就是规劝女性全身心回归家庭，社会对女性的回应其实是在不断地向其敞开更大的生存空间，并不断地对两性的空间占位进行调整。因而社会对女性的期待，也并非仅仅要她们作一个守在家里的贤妻良母。也许可以这样理解，当社会还不能给女性提供更多生存机会的时候，作有知识文化的贤妻良母肯定比作愚妻恶母好得多。

晚清更具有建设性的意见还是由女性自己提出的，比如康有为的女儿康同薇在 1898 年就倡导"男女平等"，同年王春林发表了《男女平等论》，1907 年秋瑾写了《勉女权歌》，都旗帜鲜明地要求男女平等，改变传统社会男尊女卑的不良格局。按说，提倡男女平等与呼吁贤妻良母并不是不可同时进行的事情，但王著对此进行了价值区分，认为呼吁贤妻良母是"附和男性启蒙者的论调"，提倡女权才是"表述了自己的思想"，④其实提倡女权的女性中以为并行不悖的也自有人在，吕碧城即是如此。她的《书怀》有"谁起平权倡独立，普天尺蠖待同伸"的诗句，《写怀》有"待看廿纪争存日，便是娥眉独立时"的诗句，在长文《兴女学议》中把教给女子知识、塑造独立人格与培养贤妻良母结合起来，说明在吕碧城的理解中做贤妻良母并不影响女性人格的独立。一方面吕碧城反对传统中压抑女性的内

① 王萌：《禁锢的灵魂与挣扎的慧心——晚明至民国女性创作主体意识研究》，开封：河南大学出版社，2009 年，第 129 页。
② 王萌：《禁锢的灵魂与挣扎的慧心——晚明至民国女性创作主体意识研究》，开封：河南大学出版社，2009 年，第 131 页。
③ 王萌：《禁锢的灵魂与挣扎的慧心——晚明至民国女性创作主体意识研究》，开封：河南大学出版社，2009 年，第 131 页。
④ 王萌：《禁锢的灵魂与挣扎的慧心——晚明至民国女性创作主体意识研究》，开封：河南大学出版社，2009 年，第 140 页。

容,一方面又对妇德、礼教保持尊重,但也不是全部认同,她采取的是一种与时俱进的态度,"夫礼教有随时事变迁以求完善之必要,而无废弃之理由。"①吕碧城不是泥古不化的女性,她持一种变化的礼教观,在德性、礼俗的建设中融入了西方的现代因子,这样就使女性既脱离了礼教的压抑性教育,又保持了礼教中人文主义教育的内容,与现代女性人格独立的教育进行良性结合,培养女性健全的人格,这就是女性文化守成主义的思路,显得稳健而妥当。可惜的是学界很少关注这个问题,王著也不例外,尽管谈到吕碧城的诗文和思想,也没有离析出这一重要的转型资源。

在王著中,"五四"新文化运动以及由此催生的新一轮女性解放思潮是一个重要的节点和分界线。之前的变化都具有保守的性质,只有到了"五四"才掀开崭新的一页。可见,王著采用的是断裂性史观,因袭的重负终于可以摧毁、卸下。但历史往往是复杂的,正如激进主义思潮的兴起,激发了文化守成主义的应战一样,新一轮的女性解放思潮同样引发了女性文化守成主义的应对。而这个应对,在王著中被轻轻一笔带过了,其叙述是这样的:"著名作家冰心的第一篇小说《两个家庭》即是沿着男性的思路宣传'贤妻良母主义'的作品。该小说通过两个家庭的对比,说明了主妇是否善于料理家务关系到家庭的幸福与苦痛,而家庭的幸福与苦痛又对女性的事业有莫大的影响。"②不消说,这里存在着误读和误判的情况,与作品实际不符。更严重的是,一旦被判为因袭了男性的保守言论,就把女性文化守成主义从晚清到"五四"的传承给腰斩了。

女性文化守成主义在"五四"以后的发展中本来命运不济,而在后人的阐释中又一直被遮蔽和曲解,这就需要反思"五四"的新文化运动了。新文化运动中一股传承了晚清无政府主义的某些思想,在面对西方文明的焦虑中而形成的激进主义思潮裹挟了巨大的能量,以摧枯拉朽之势改变着中国人的信念和知识系统。"二十世纪中国思想史的最显著特征之一,是对中国传统文化遗产坚决地全盘否定的态度的出现与持续。"③林毓生认为:"这种反传统主义是非常激烈的,所以我们完全有理由把它说成是全盘性的反传统主义。"④前述"封建"语义的意识形态变化,也是其中的表现之一,传统与"封建"的指意重合后,对传统的拒绝

---

① 吕碧城著,李保民笺注:《吕碧城诗文笺注》,上海:上海古籍出版社,2007年,第475页。前引吕碧城诗句,分别见本书第1页,第6页。
② 王萌:《禁锢的灵魂与挣扎的慧心——晚明至民国女性创作主体意识研究》,开封:河南大学出版社,2009年,第140页。
③ 林毓生著,穆善培译:《中国意识的危机——"五四"时期激烈的反传统主义》,贵阳:贵州人民出版社,1986年,第2页。
④ 林毓生著,穆善培译:《中国意识的危机——"五四"时期激烈的反传统主义》,贵阳:贵州人民出版社,1986年,第6页。

便成为人们的价值选择。林毓生的反思特别值得重视，他说："人们可以抨击所察觉出的传统中的有害部分，而不必一定要全盘地谴责过去。根除某一传统中不合时宜的毒素，通常不一定含有全部否定文化遗产的意思。如果某一传统内的改造潜力是巨大的，那么在有利的历史条件下，对该传统的某些符号和价值经由改造还可以赋以新意，这种新意，一方面可提供导致进步的'种子'；同时在另一方面还可以在改革过程中保留对于传统文化某些成分的认同。在这种情况下，在建设具有活力的现代化社会的工作中，一些传统文化的成分，不但没有阻碍进步，而且还帮助了这项建设工作。"①传统女学、礼教坚持培养妇女的德、言、容、工，看中妇女的德性以及在家庭中的重要性，若一概斥之为"封建"的话，那么现代女性还能怎样去建设自我的德性、人格和日常生活？这些合理成分如果不能传承到现代，那么现代女性基本的价值规范又在哪里？当然这里只是就传统因素的提取而言，并非全部认同，传统所塑造的妇女依附性人格等方面是应该加以拒斥的。一个具有独立人格的现代女性与一个贤妻良母不存在不可兼容的情况，一个具有健全人格的女性也肯定不会把家庭责任当成束缚。再者，也不能因为现代社会给女性提供了广泛的就业机会，召唤广大女性参与社会运行，因而出现事业与家庭的两难，就一根筋地去贬抑贤妻良母。尽管现代社会发展的速度很快，简直是日新月异，但还没进化到舍弃婚姻家庭完全个人化的程度，也就是说婚姻家庭在现代社会依然非常重要，需要两性的共同建设，因此冰心接续的文化守成思想即使是在今天也有不小的认识价值。

　　"五四"新文化运动过激性地反传统，导致男女两性的文化守成思想均未能很好地在社会上传播而产生普泛性影响，使传统的传承出现了困难，如果我们不认清这个问题，以后还会产生困扰。希尔斯说得好："以统一的速度抛弃所有昔日的事物，这根本就不合乎社会的本质。"②傅铿在阐释希尔斯的思想时说："传统是围绕人类的不同活动领域而形成的代代相传的行事方式，是一种社会对行为具有规范作用和道德感召力的文化力量，同时也是人类在历史长河中的创造性想象的沉淀。因而一个社会不可能完全破除其传统，一切从头开始或完全代之以新的传统，而只能在旧传统的基础上对其进行创造性的改造。"③这不仅是对历史思想和行为的清醒认识，也是对我们自己思想和行为的有益提醒。只有对历史抱有"了解之同情"和"同情的理解"，才能进入历史中考察妇女

---

① 林毓生著，穆善培译：《中国意识的危机——"五四"时期激烈的反传统主义》，贵阳：贵州人民出版社，1986年，第6—7页。
② 爱德华·希尔斯著，傅铿、吕乐译：《论传统》，上海：上海人民出版社，2009年，第43页。
③ 傅铿：《传统、克里斯玛和理性化——译序》，爱德华·希尔斯著，傅铿、吕乐译：《论传统》，上海：上海人民出版社，2009年，第1—2页。

文学生活的意义与价值,设若"眼里只有僵死的材料与概念,恰恰没有活生生的处于具体历史境遇中的人,个体的生命,这就远离了文学和文学史研究的本性。"①

① 钱理群:《我的文学史研究情结、理论和方法——〈中国现代文学编年史——以文学广告为中心〉书后》,《中国现代文学研究丛刊》2013 年第 10 期。

二　中国传统女性文化的传承

中国传统社会的文化传承是由男女两性共同承担的,这本是一个历史事实,但学界一直偏向于关注男性耕读传家的史实整理、文化传递及其可能的现代性转化,忽视甚至是遮蔽了女性文化传承的史实和作用,这显然不利于中华文化的传承和复兴,本章以明清江淮才女文化教育为视点努力敞开另一半文化景观,以期唤醒当下民众的文化意识和文化复兴热情。

(一) 从耕读传家说到工读传家

男子耕读传家和妇女工读传家作为传统民间和官方共同构建的家庭生活模式,在传统社会不仅有着悠长的历史,而且始终得到高度的认同。两种传统的发生既平行又交叉,存在着影响和被影响的关系。据考察,早在汉代就有人把读书与耕作联系起来,如《晋书·隐逸传·朱冲》中说:"好学而贫,常以耕艺为事。"[1]这是指为学像耕作一样勤奋不辍,以耕喻读的意思。蜀国名相诸葛亮在《出师表》中述说他早年亦耕亦读的生活情况,有"臣本布衣,躬耕于南阳"的话语传世。东晋陶渊明非常欣赏这样的生活,在多首诗作中表达过耕读人生的思想情怀。他说:"既耕亦已种,时还我读书",耕读在这里具体化为"卧起弄书琴"、"带月荷锄归"的日常审美景观。

耕读传家思想在民间的广泛传播始于北宋。仁宗皇帝钦定的科举取士制度有一条考试资格认定的条款,在士农工商四大类中,准许士、农子弟参加,从事工、商者被排除出去,这当然激发了农家子弟的读书热情,使得耕读传家的生活样态从知识分子的雅好扩散为乡土民间的日常追求。元代高明的《琵琶记》中有诗叙述通过读书改变命运的情况,诗云"朝为田舍郎,暮登天子堂"。宋代科举改革对乡土中国的影响可谓深远,且形成了耕读融合的文化传统。梁漱溟先生说过:"在中国读与耕之两事,士与农之两种人,其间气脉浑然,相通而不隔。"[2]

耕读传家作为男子的理想追求对妇女理想的形成产生了重要的影响。在传统女学奠基者、汉代的班昭那里,通过她自身的观察和生活体验,为妇女的生活

①　转引自徐雁:《耕读传家:一种经典观念的民间传统》,《江海学刊》2002 年第 3 期。
②　梁漱溟:《中国文化要义》,上海:上海人民出版社,2005 年,第 136 页。

行为制定了一系列的行为规则，命名为《女诫》。她提出妇女要在"四行"上多用心思，才能做一个知礼、守礼的良家女子。德言容功"四行"一方面是指女子向内的修身，一方面指女子向外的义务。妇德、妇言、妇容均为修身的要求，妇功则是锻炼女子纺绩事项和处理家庭事务的能力，为家庭和睦、家族的兴旺作出奉献。① 个人修身、操持家务、育儿事夫等日常行为均属于妇女的事功，即分内的工作，可统称为"工"。班昭还认为女子要读书学习，尤其多读女学方面的书以修炼德性，对自己作的《女诫》，就要求"诸女各写一通"。可见，传统妇女工与读的结合也有很长久的历史了。但在其后很长的时间里，对妇女的读书要求还主要限定在女学典籍上，并不怎么鼓励妇女具有多方面的才识。

　　有两件事情改变了女子重德不重才的读书情况。第一件是北宋科举取士改革，促使人们对家庭教育的重视，相应放宽了妇女的阅读范围。"在宋元时代，精通儒家经典的母亲能够提高儿子科考的成功率，这一点得到了广泛认同。……在儒家传统中有一股强大的潜流鼓励妇女的文化教育，以准备成为儿子的蒙师。"②妇女广泛涉猎儒家典籍不仅能使其成为受到赞誉的贤妻良母，而且丰富了自己的知识空间，拥有了一份超越日常家庭工作的精神生活。第二件是晚明的个性解放思潮，促发人们对妇女诗词写作文才的重视。晚明至清代的男性文人在个性解放思想的影响下，一方面招收女弟子学习诗文，一方面著文宣扬女子要具有文才，促成妇女的阅读向诗词领域扩展。袁枚说："俗称女子不宜为诗，陋哉言乎！"③叶绍袁认为女子与男子一样也有"三不朽"的功业，"德也，才与色也，几昭昭乎鼎千古矣"。④ 在读书写作方面，女子只要不是表现为才大于德，其文才便会被认可。因此，明清女子读书写作就会追求德才并举，以才显德。这说明："明清女作家的创作环境较以往女作家相比，是相当宽松的。"⑤妇女阅读领域的逐渐扩展带动了文学写作的繁荣，形成了明清时期的才女文化，达成了妇女工与读的全面融合，这即是明清妇女工读传家的传统。

（二）工读传家的文化内涵

　　高彦颐在《闺塾师》中描绘过明清江南才女文化的繁盛景况，兹不赘述。从历史考察可知，才女文化的区域在不断往北扩展，江淮以至于各个儒家文化区域

① 参见《曹大家女诫》，王相笺注：《女四书》，江阴宝文堂藏板，光绪庚子年仲秋（1900 年）。
② 高彦颐：《闺塾师》，南京：江苏人民出版社，2005 年，第 169 页。
③ 《随园诗话补遗》，卷 1，《袁枚全集》第 3 集，南京：江苏古籍出版社，1993 年，第 570 页。
④ 《午梦堂集序》，叶绍袁编：《午梦堂集》（上），北京：中华书局，1998 年，第 1 页。
⑤ 王萌：《禁锢的灵魂与挣扎的慧心——晚明至民国女性创作主体意识研究》，开封：河南大学出版社，2009 年，第 66 页。

都是无处不飞花。

明代对女教的重视甚于前朝，出现了大量女教典籍，然诚如仁孝许皇后所言："近世始有女教之书盛行，大要撮《曲礼》《内则》之言，与《周南》《召南》诗之小序，及传记而为之者。"①言下之意那些女教书并不周详，且不具有操作上的可行性，于此，她特意编撰《内训》以规范女教。之后，王相把《女诫》《女论语》《内训》《女范捷录》笺注合刻为《闺阁女四书》，成为明清女性的经典必读书。

除了仁孝皇后勤勉于女教产生广泛影响之外，安徽自宋代形成的重视德行的儒家思想更兼地域之便在江淮大地广为传播，因此江淮女儿重视读书写作，以此明志达理，通过写作记述自我的女工生活和生命体验，随着代与代之间的传承，也成为女性工读作家文化传统的一个亮点。《内训》有言："诗书所载，贤妃贞女，德懿行备，师表后世，皆可法也。夫女无姆教，则婉娩何从，不亲书史，则往行奚考。"②这种有意愿的倡导，培养了大批亦工亦读的贤媛才女，绵延数百年。仅据傅瑛《明清安徽妇女文学著述辑考》统计，共收录作者617人之多，尚有遗漏者不知几何。

以《明清安徽妇女文学著述辑考》为例归纳才女诗性写作中的文化信息，撮其要者计有以下几种类型。

其一是德性修养。江淮才女在女学和儒学的双重熏陶下，自觉遵守传统伦理规范，以做贤妻良母、节妇烈女和孝顺儿媳为人生目标。在她们的传记材料中，我们常读到的内容即是对传主这方面德性的弘扬，如嫁与萧县张元寅的金淑娴在《同治续萧县志》中记述为"侍翁姑婉嫕孝谨"；泾县吴秀珠的传记材料说其"侍尊长尽礼，处兄弟姊妹无间言。……共女辈习女红，时复唱和。"做家务"亦井井有条"。③ 在持家中修炼德性，追求家族的和睦，在和谐生活中求发展，是才女们通过自身的努力对家庭作出的可见的贡献。

才女的诗作对此作出了见证，兹举例如下。黟县叶氏《谢母诗》云："女身虽甚柔，秉性刚似铁。读书虽不多，见理亦明决。女子未字人，此身洁如雪。女子既字人，名分不可亵。幸长抱衾裯，夫妇知有别。不幸中道捐，永矢守清节。……从夫赴黄泉，纲维庶不裂。"此诗描画出一个知书达礼、守身如玉、自我勉励的才女形象，亦是众多才女的素描。她们不仅自身进行道德自修，还把此原则传递给下一代，教给他们做人的道理和人生努力的方向。方仲贤（维仪）《赠长侄女》殷勤嘱咐道："俭朴古人意，由来重四德。马后著大练，敬姜务勤织。班昭作七诫，万代闺中式。承顺在贞静，言语宜缄默。……诲尔语谆谆，听之当努

---

① 杜学元、汤泽生、冉元辉、郭明蓉编：《中国女子教育文萃》，成都：四川教育出版社，1999年，第22页。
② 杜学元、汤泽生、冉元辉、郭明蓉编：《中国女子教育文萃》，成都：四川教育出版社，1999年，第28页。
③ 傅瑛主编：《明清安徽妇女文学著述辑考》，合肥：黄山书社，2010年，第387页。

力。"佘兆仪《偶咏》云："粗识圣贤字,名书看几家。……殷勤训儿辈,耕砚是生涯。"明清才女诗歌中出现最多的便是这类与家庭生活密切相关的事亲、相夫、训子、自励的内容,沈善宝《名媛诗话》称汪嫈(雅安)的《闺训篇》可与班昭的《女诫》并传,其诗云:"男儿希圣贤,女亦贵自立。礼义与廉耻,四维毋缺一。千秋传女宗,在德不在色。德厚才自正,才华本经术。……王化起闺门,性情悉纯一。柏舟矢靡他,之死身阃恤。男忠偕女节,要各用其极。人生顺境少,处顺宜自识。家范森以严,主馈修《内则》。富贵诚骄奢,贫贱弗抑郁。"①才女们认同"王化起闺门"的儒家思想,力求做道德上的模范,维持好家庭的人际关系。

其二是勤俭持家。无论在耕读文化还是在工读文化中,勤俭持家都是重要的内容。中国传统农业文明重视农耕生产,抑制商业经济,要想获得发展只有通过勤俭节约来壮大家族实力,荣登富贵而兴旺发达,形成良好的家庭生活传统。中国古代所有的女教典籍都会教导女性在持家方面要勤勉、俭朴,反对懒惰和奢侈。我们在才女的传记材料中常会发现对她们勤俭作风的颂扬,如《清诗备采》述富梦琴"以世家女为贫家妇,安命安贫,制女红以佐中馈,暇则寄情吟咏"。世人常说由奢入俭难,而知书识礼的才女大多能够在克勤克俭的家教传承中安贫乐道,悉心维持家计,通过培养下一代而图谋家族兴旺。合肥李鸿章家族中的才女在这方面做得非常好,李鸿章小妹李玉娥在《光绪续修庐州府志》中被记述为:"事上相夫,曲尽妇道。……而李氏荆钗布裙,仍守寒素。……性尚勤俭,治家有法。"孙女李国香著有《饮露词》,其夫杨圻为之作序曰:"夫人事上孝,与人恭,生长侯门,而性节俭。余家清贫,衣必再补,处之若素。"由立身之道扩展为立家之道,勤俭持家被视为才女们安身立命的正途。

在她们的诗作中,很清晰地显露出才女们对勤俭持家的高度认同,并以传承优良家风而欣慰。张瑞芝《示儿》云:"奢侈非吾愿,艰难望尔知。即今传一饭,作苦费三时。堂构基休弃,膏粱习莫移。薄田惭数顷,负郭赖支持。"桐城吴氏《示子妇》云:"立身贵俭朴,喜尔亦能知。薄有田园乐,毋忘贫困时。"言为心声,表达了她们对下一代殷切的期望。勤俭历来被看作传家之宝,父母对子女的教育从小就会灌输节俭的思想,希望子女长大后能守住家业,创造新的辉煌。在勤劳方面,才女也并不怠惰,总是能够看到她们辛勤的面影。姚凤翔《剪缯口号》描绘她以剪彩养家的情景,之一为:"剪刀声里带春风,吹绽繁花顷刻中。八口三冬凭活计,敢夸巧手夺天工。"其三为:"爆竹声声逼短墙,纷纷红紫竞芬芳。辛勤晓夜宁辞倦,欲办厨中十日粮。"这表明她们不但认真料理家务,在日常琐事之外有时候还需要为维持生计辛苦劳作,这些工作,通常会放到做完家事后的夜晚,在灯

---

① 王英志主编:《清代闺秀诗话丛刊》,南京:凤凰出版社,2010年,第531页。

下剪彩或做针线活。蒙城某氏《绣扇囊送夫乡试》云："独坐窗前刺绣迟，金针一度又寻思。阿郎不爱三春景，为绣中秋桂一枝。"为夫刺绣，希冀丈夫能蟾宫折桂，光耀门楣，自然就会忘记了时间。不独江淮才女，在明清女性们的诗作中，刺绣也是一个出现频率很高的意象。不少才女的诗集会以绣余为名，说明女红之事实为她们的日常生活内容。

其三是书香气质。明清女性在垂髫时普遍获得有读书学习的机会，或经过家族长辈的指导，或延师以课蒙，到及笄时通常已阅读过不少典籍。她们的阅读书目，大致有女教典籍如《女四书》《列女传》，有儒家经典"四书五经"，当然还有历代和本朝的诗词。对于诗词歌赋的阅读，本不是女教的内容，但明中叶的个性解放思潮以及明清出现的关于女性德与才的辩论，激发了才女对诗词的阅读兴趣，并培养了她们的文学写作才能，形成才女们优雅的书香气质。

蒋廷锡《名伦汇编闺媛典》记载桐城盛氏"幼习姆训，长通经史，……所著有《杏花阁词》，多事亲、相夫、训子、勖妇之言。诵者感焉。"当涂邹赛贞著有《土斋诗集》，费宏为之作序，称其诗作"举女德妇功之懿，而发之于华笺彩翰之间"。诗作传达温柔敦厚之旨，才与德相辅相成，体现了文学书写的德育功能和著者的道德风姿。宣城梅琢成妻刘运福"喜读《小学》《内则》诸书，见古贤媛辄效慕恐后，闲工吟咏，有林下风致。"①"吴中十子"中的江珠，"生秉淑质，长益贞纯。谙习内则之仪，隐括傅姆之训。定省寝门，夙娴四德；出就家塾，日诵千言。遂于七经，兼通三史。……乃不栉之通儒，扫眉之畸士也。"②徐树敏、钱岳撰《重香词》，收录歙县张伯岩妻丁白的《征名媛诗启》，描绘有才女们的书香生活，"冰心玉骨，既解柔嘉，蕙心兰性，更多敏慧。春花秋月，坐息处，一架书琴；锦瑟牙签，悄吟时，半龛灯火。炉烟绕篆，花荫独上纱窗；玉露研珠，燕子刚来绣户。"这深闺中的诗情画意、妙语轻音，显示出"香闺学士"优雅的书香气质。

才女们通过诗性写作实现对世俗生活的精神性超越，在工与读的诗性结合中体悟生命的意义和价值。方仲贤有一句诗概括得很好，"绮槛读书临皓月，幽窗刺绣对芳兰。"③这不仅陶冶了才女的精神气质，也使日常生活处处散发出怡人的书香。不同于传统男性对外部世界的执着经营，才女们认同家庭生活，家庭的物理空间尽管有限，但是她们能够在有限的物理空间内开拓出无限的精神空间，做到物质生活与精神生活的互补，让日常生活散发出诗性的光辉。桐城方静《忆旧柬诸姐妹》追述少女时代的生活情景："……碧纱窗拥书千卷，沉水烟笼被一床。春到楼头人共绣，诗联花底句生香。闲来笑语双亲侧，谁解桃夭惹恨长。"

---

① 傅瑛主编：《明清安徽妇女文学著述辑考》，合肥：黄山书社，2010 年，第 367 页。
② 傅瑛主编：《明清安徽妇女文学著述辑考》，合肥：黄山书社，2010 年，第 360 页。
③ 傅瑛主编：《明清安徽妇女文学著述辑考》，合肥：黄山书社，2010 年，第 155 页。

在男耕女织的时代,针黹是体现女性个人、家庭和社会价值的重要方式。要说这是一项辛劳、枯燥的工作,但是才女们能够融性情于手中的针线,诗化了穿针引线的针黹活动,生成极具艺术性的生活图景。在日常生活中发现和创造诗性,便于抵制外界的声色欲望,望江龙循《适意》一诗表达她的素志:"此心久与世情疏,容膝茅斋只自知。适意几杯棋后酒,消愁半部案头书。晓山入画春无际,夜雨敲诗兴有余。似此幽闲贫亦好,笑他名利总成虚。"把这看作才女们的共同心声应该是符合历史事实的。

"香闺学士"的婚姻生活也因诗书作为凝和剂显得更加和谐,诗云"郎摊诗卷侬挑绣,针线都添翰墨香",[①]即是对传统"红袖添香"、夫唱妇随最形象的诠释。才女的书香气质使婚姻生活具有了高尚的品位,袁枚《小仓山房诗文集》之《清娱阁合刻诗序》记述歙县鲍之蕙与夫君张铉韵事时说:"一则江夏黄童,天资超绝;一则宋家若宪,质性灵明。……女兮窈窕,士也婆娑。或吐石含金,共作双声之奏;或勾心斗角,争为一字之师。拈毫则双管云飞。联句而并头花发。既切磋于枕上,遂偕老于诗中。"这种书香情缘即使放到今天也是难能可贵的。

(三) 工读文化的现代传承

时光流转到今天,却不无遗憾地发现,才女们辛勤培育数百年的工读文化传统已经离我们很远了。当前经济繁荣、文化昌盛,国家致力于中华民族的伟大复兴,正是修复文化传统的大好时机,当勉力为之,为工读文化的传承尽一份心力。

确实,在紧张忙碌的现代生活中,在为生存而努力,创造越来越好的物质生活的同时,个人、家庭的精神性追求有被物质抽空的危险。当人的生活世界中充满了各种物质性的东西,精神性的内容就会受挤压,被排挤,生活的意义和价值也会随之而迷失。在伦理和个人素质因社会发展的变化而调整的时期,失衡、失序的问题便显得很突出。人与人之间的各种关系、各种生活如果没有一个共同认可的基本原则就会变得混乱不堪,影响家庭和社会的和谐。以个人修养和家庭生活为切入点,女性工读文化的传承有以下几点意义。

第一,有利于增强现代女性的书香气质和个人品位。我们可以从才女的工读文化中离析出女性修养的两个要点,即德性修养和自我超越。在明清时期的才德之辩中,表达最得体的还是女性自己的言语,《女范捷录》说:"男子有德便是才,斯言犹可,女子无才便是德,此语殊非。夫德以正才,才以成德;故女子之有德者,固不必有才,而有才者必贵乎有德。"德才相济显示了女性修身的一体两

---

①　傅瑛主编:《明清安徽妇女文学著述辑考》,合肥:黄山书社,2010年,第442页。

面。但传统女德今天来看并非都是美德，需要有选择地汲取，祛除糟粕。把端庄、清洁的外在诉求与仁义、善感的内在诉求结合起来，编织进崇尚独立的价值观念中，完善现代女性的人格修养。同时，因为阅读是改变自我最好的方式，通过阅读实现知识的增长、精神世界的丰富，易于超越被金钱所左右的利益性人生，探索有更多人文意义的生命世界。

第二，有利于创造幸福、愉快的婚姻生活。由上述德性修养和自我超越可以看出，才女们在经营好家庭事务的同时，追求两情相悦、举案齐眉的婚姻生活，对这种婚姻的忠诚不能看成是封建节烈的糟粕，应值得我们赞同。很多传记材料显示才女在婚后能够与丈夫共同创造幸福、愉快的生活，互相促进，在知识和文化的交流中加深夫妻之间的感情。这说明才女的婚姻在物质生活和精神生活两方面能够相互平衡，以精神的交流来超越现实物质的贫困与富有。新世纪以来，两性之间的感情和婚姻受到社会转型与经济利益的冲击显露出诸多的问题，稳定的感情关系和婚姻关系转瞬间就会破碎，究其根源，在与才女婚姻对照时发现存在两个问题，一是过于注重生活中的物质利益，一是缺少真正的理解和交流，难以达成一致的生活目标。只有相敬才能相悦，这个道理现在仍然适用。

第三，有利于培养孝敬和勤俭的观念，做到"家和万事兴"。传统女学典籍教导出嫁的女儿要"事舅姑如父母"，就是把对方的父母和自己的父母同等看待，传记材料也把孝行作为才女的一项重要品行来讲述。只有孝敬亲长才能使家庭和睦，并且上行下效，在教导子女时也才能塑造下一代良好的家庭观念。勤俭持家是工读传家文化的核心内容，勤劳、节俭也是中华民族的美德。《女论语》说："营家之女，惟勤惟俭。勤则家起，懒则家倾。俭则家富，奢则家贫。"在传统社会，家人和睦、勤劳俭朴被看作家族兴旺的根本条件，舍此无他。在商业发达的今天，由于生活的安逸和物质的丰富，推动了奢侈之风的蔓延，滋生出很多物质性的家庭问题，影响了家庭的和睦与可持续建设。因此，维持勤俭的作风就显得很必要。不仅如此，作为人的基本操守，还能够给社会提供正能量，推动社会健康地发展。因为："不勤不俭的社会，道德问题丛生，容易令歪理当道；不勤，只想快速致富，无所不用其极；不俭，形成崇尚虚荣，对利益一无厌足。勤，可以焕发生活动力，不单只工作谋利，而是对健康、生活情趣，都抱持一种积极求进的态度；俭，能减少人对物质的过度依赖和强求，杜绝浪费，更有助于减轻对环境的肆意破坏。人类的浪费资源，戕害自然，其始都是由于不俭所引致。勤和俭，实在值得全人类的反思。"①

---

① 黄嫣梨：《女四书集注义证》，香港：香港商务印书馆，2008年，第275页。

三　女性文化传统的一种进路

在柔软的织物上绣出精巧美丽的图案,是传统中国各个阶层的女性引以为自豪的事情。刺绣活动给她们的物质日常生活增添了精神的诗性,看似枯燥乏味的劳作包含着存在的秘密。在刺绣由手绣进入机绣时代以后,这个优秀传统的传承发生了很大变化,其诗性的精神蕴含在赓续中一点一点流失,逐渐被一些新的意义与价值所置换。与此同时,女性的日常生活也随之发生了巨大的变化。

(一) 传统刺绣的人文性内涵

刺绣作为一种女性生活技艺有着长久的发展历史,是针黹女红的一个重要组成部分,古代的女教书、家训都非常推崇女性的针黹手艺,逐渐由此形成了男耕女织,安居乐业的家庭生活观念。

对于刺绣主体来说,刺绣活动是技术和艺术的结合,是女性安身立命的基础之一,它至少能产生三种有益的价值:经济价值、审美价值和个人身份价值。大致说来,在平民之家以物质财富的创造为主,在富裕人家以文化财富的创造为主。无论何种身份的刺绣者,只要勤于针黹,都能成为德艺双馨的淑女、贤妇。

刺绣在古代的历史长河中一直不停地发展,其精致化过程与丝织业的进展关系密切。到了明清时期,从蚕茧抽丝的缫丝机和织布用的织机在技术上均有了很大的改进。明代手工织机的品种已经相当齐全,有绫机、绢机、罗机、纱机、绸机、布机,能生产出质量上乘的绫罗绸缎。丝织品的精细化为刺绣技艺的精致化创造了条件,传统手工刺绣在明清时期达到了技艺上的高峰。

刺绣是一项身体和精神都必须专一的创造性劳动,相比于其他女红事务,刺绣费时最多。在传统伦理视野中,这有助于培养女性贞静、专一的道德品格。"从刺绣活动本身来看,刺绣要求缜静、安定。凡妇人女子除中馈之事,便是女红。闺阁内、庭院中,刺绣之活动不离左右,如不是坐在绷架前行针走线,便是手拈绣圈穿针引线。聚精凝神,在针与线无尽的重复动作中,完成精密的构图。……刺绣要求心静神凝,稍不用心便走了样。如此,闺中才媛静静地,端坐着,仿佛时间停滞,任尔花开花谢,春秋轮换。至明清时期,越来越倾向于用'静'

来标榜贤德之女。"①刺绣与修德之间仿佛天然地建立了联系，成为传统社会培养淑女最实用的方法。从班昭《女诫》、刘向《列女传》开始，历代的女教书没有不强调女性针黹手艺的。尤其是宋代理学兴起以后，对女性幽闲贞静的要求成为最高标准，内化为女性自我的人生追求，刺绣也基本上伴随了女性的一生。席佩兰有一首《刺绣》诗可作为参照："手臂香绒一缕轻，殷勤拣取众芳名。红颜大半霜前落，不绣芙蓉绣女贞。"②

传统女性的日常生活由于男主外、女主内的分工原则和伦理规则，只能安于家庭内部从事中馈、女红等日常事务，不允许把生活空间拓展到家庭之外（女性短暂旅行、交游、踏青、祈祷等户外活动因不是常态，故除外）。与男性经常出入于家内和户外两个空间不同，女性严重缺乏户外的生活空间，这种空间的唯一性决定了传统女性生活的内闱性质，即在身体被重重限制的情况下努力发展精神自由，开拓另一种的精神生活。"在传统社会，女性的生活空间比较狭窄，狭窄的自然空间无形中拉长了女性的精神时间"，③使得她们能够充分营造属于自己的精神世界，在对生命的追思中确认存在的意义和价值。读书、刺绣、写诗、作画这些超越日常中馈的事务之所以赢得女性的青睐，原因即在于此。刺绣既是女红之一种，又属于超越日常劳作的艺术活动，这种兼而有之的特性统合了女性的德与才，使其不会偏至于一端，正符合传统伦理对女性的发展要求，所以很多母亲在女儿幼小时便让其学习刺绣，陈淑兰《绣余吟》单叙此事："绣余静坐发清思，煮茗添香事事宜。招得阶前小儿女，教拈针线教吟诗。"④

加拿大学者方秀洁认为："作为一种'闺房'艺术与技艺，刺绣是一种源于女性日常生活的知识形式。我认为，通过刺绣这种技艺和知识，每个妇女都能够为自己及其他女性创造一个争取有限权力的局部空间。"⑤在这样个人化的空间里，她进一步论说道："刺绣在寂静的闺房进行，一针一线的高度专注和重复呈现出冥想的、宗教的性质，它是一种与沉思相符合的女性活动。"⑥把自我融入绣品中，通过针线的飞动传达人生情趣和体悟，把庸常的生活提升到艺术的层次，达到诗性栖居的目的，构成刺绣重要的人文内涵。丁佩《绣谱》中说："以针为笔，以

①　王婷婷：《刺绣、书写、凭栏：乾、嘉、道江南才媛研究》，武汉：华中师范大学硕士学位论文，2013年，第30页。
②　胡晓明、彭国忠主编：《江南女性别集初编》，合肥：黄山书社，2008年，第434页。
③　付建舟：《两浙女性文学：由传统而现代》，北京：中国社会科学出版社，2011年，第9页。
④　黄秩模编辑，付琼校补：《国朝闺秀柳絮集校补》，北京：人民文学出版社，2011年，第478页。
⑤　方秀洁著，孙静译：《女性之手：中华帝国晚期及民国初期在妇女生活中作为学问的刺绣》，《清史译丛》第六辑，北京：中国人民大学出版社，2007年，第27页。
⑥　方秀洁著，孙静译：《女性之手：中华帝国晚期及民国初期在妇女生活中作为学问的刺绣》，《清史译丛》第六辑，北京：中国人民大学出版社，2007年，第27页。

缣素为纸,以丝绒为朱墨铅黄,……绣即闺阁中之翰墨也。"①翰墨即书与画,敞开的是创作主体的精神空间,可以自如地遨游于精神世界,天地因此而变得宽阔。

针线牵引主体进入思的境界,绣品在创造者手中次第开放,这是海德格尔讲述的存在者向澄明绽放的方式。"作品本身愈是纯粹进入存在者由它自身开启出来的敞开性中,作品就愈容易把我们移入这种敞开性中,并同时把我们移出寻常平庸。"②海德格尔把存在者解除存在的遮蔽,进入存在的光亮之中称为存在者的真理,真理使存在者在澄明之中领会到生命的意义。传统女性每天的生活流程大致有:梳妆、洒扫、事亲,参与或指导中馈、女红等,这些确定性的事务日复一日,循环往复,物理时间被家庭生活琐事零碎切割,个人物质生活的完整性难以还原,身体在操劳中无法给心灵一个自由的驰骋空间,精神于是被身体拖累,人的存在也被日常事务所遮蔽。身体在有限空间里的伦理规训固然能加强女性德性方面的修养,但是单调的重复确实能产生精神的焦虑,古代女性诗词中频繁出现的愁绪大多与身体受限制有关。

如何平复日常劳作产生的焦虑?传统女性对自我存在的追思对于身与心的安顿提供的是一条怎样的途径?当传统女性发现主体思的活动开启一个崭新空间的时候,其精神性焦虑在这个敞开的世界中被化解,在反身物质世界时,日常操劳也因灌注了主体之思而通向存在的澄明,人因此得以从庸常之中超拔出来。心灵与身体的共在映照出存在的诗性状态,海德格尔阐释荷尔德林"人的栖居"思想,认为人"充满劳绩地栖居,然而也诗性地栖居"道出了存在的本真状态,人因自身的劳绩使栖居成为可能,使栖居具有诗性,人在栖居中把诗、思和存在融为一体。③

人在劳作中思为诗性地栖居是海德格尔长期关注的问题,提供了超越物化人生的一种基本方式。他以农妇穿过的一双鞋子为例论说人的存在如何敞开,鞋子携带了大地和主人生命的印迹,建立了一个完整的世界,农妇在这个世界里得以确认自己的存在,衡量存在的意义和价值,开启存在的无蔽状态。这种衡量属于思的活动,主体之思引渡存在到敞开的领域之中。同样,闺阁中的女性通过蕴含精神之思的刺绣活动,把自己从日常琐事中引领出来进入到她建立的作品世界,作品"开放敞开领域之自由,并且在其结构中设置这种自由。""作品张开了世界之敞开领域。"④她得以在敞开的世界里测度她的本质,这种测度把她带

① 丁佩:《绣谱》,引自《拜梅山房几上书》,道光十六年刊本。
② 海德格尔著,孙周兴译:《林中路》(修订本),上海:上海世纪出版集团,2008年,第47页。
③ 参见海德格尔著,陈春文译:《思的经验(1919—1976)》,北京:人民出版社,2008年,190页注释1。
④ 海德格尔著,孙周兴译:《林中路》(修订本),上海:上海世纪出版集团,2008年,第27页。

入诗性的栖居之中。这里以闺阁绣代表作、顾绣名家韩希孟的《花溪渔隐图》为例作一说明。顾绣继承宋代文人画风格，画绣结合，强调意境的营造和胸臆的抒发，所绣山水可居可游，花鸟含英咀华，人物思绪万端，蕴含了刺绣者的审美追求。

顾绣《花溪渔隐图》旁有董其昌款题："何必荧荧，山高水空。心似轻叶，松老成龙。经纶无尽，草碧花红。一竿在手，万叠清风。"董其昌对绣品的布局和题旨作了精准的阐发，花木、山水、天空和大地，从一角展开了苍穹的无限。顾绣在丝线配色、针法处理上讲究精细、繁复，不能有一丝一线的差错，景物就像慢慢翻开的册页，一点点地具其形、彰其意。这个耗时又耗力的过程也是刺绣者建立并进入作品世界的过程，刺绣者身在闺阁之内接通无限之苍穹，心随手动，思域敞开，自我栖居于此一世界之内，心的安顿和舒展消解了身的劳累，存在的意义因此彰显出来。正如韩希孟另一幅绣品《补衮图》所绣图景，一个优雅的女子坐在圆凳上缝补衣服，这是传统女性都很娴熟的针线活，她的针线中也灌注了某种情思，其情思接通了勤俭持家之美德，内闱生活被情之思所照亮。

手工刺绣不仅创造多彩的物质世界，同时也敞开精神世界的美丽。一个传统女性按照性别伦理要求习得刺绣技艺，给她带来生活的双重丰富性，她对传统伦理的态度无疑是高度认同，从她们创作的大量诗词和家人亲友为她们所写的小传中看得非常清晰。在家庭中，她们的生活秩序通常是作罢家务之后便拿起针线，绣余则读书写作，刺绣之思连接物质生活和精神生活，沟通有限和无限，在涵养精神中修身立己，达成优雅贤淑、端庄贞静的人格境界。

（二）工业机器对刺绣人文内涵的抽离和置换

以机械代替手工刺绣，是丝织业和刺绣业现代化发展的必然结果，与社会由传统向现代转型保持同一步调。织机中有一种可以在棉布和丝绸等材料上织出花纹的提花机，明代宋应星的《天工开物》中，提花机的造型已由宋代的平身式改进为斜身式，之后斜身式小花楼提花机演变为大花楼提花机，织出来的花纹视觉冲击力更高。提花技术在晚清机械织机出现后进一步得到改进，连同花边机一起，织出可以以假乱真、具有刺绣效果的织物。丝织业的工业化客观上影响了刺绣业的现代转型，由个人家庭手工刺绣向集体化、机械化转变，并在二十世纪三十年代转向机械式的工业化生产。

二十世纪初清政府进行学制改革，在振兴实业的思想指导下，"于高等学堂之外,得附设农、工、商医等专门实业学堂"。① 1906 年官办第一所刺绣专业学校"北京农工商绣工科"开学,沈寿担任总教习,之前她已有开办苏州"同立绣校"的经验。沈寿打破家庭传授方式,采取集体培养、分班教学的学习模式,批量化地培养刺绣人才。1911 年绣工科解散后,沈寿在天津创办"自立绣工传习所",继续从事刺绣教学。1914 年,张謇与沈寿合作创办"南通女工传习所",采用产学研相结合的办学方式以适应社会、拓展刺绣市场,取得了明显的效果。1920 年南通织绣局成立,沈寿任局长,在国内外设立发卖局,出售刺绣产品,直接创造经济价值。

职业教育在民国的发展更快,1913 年《实业学校令》颁布以后,据统计,到 1919 年女子职业学校已有 22 所,1922 年增至 76 所,1931 年主办或兼办女子职业教育的学校达到 106 所,②刺绣职业教育在这个过程中蓬勃发展起来。传授给女性一技之长促其自立,是职业学校的教育宗旨。不可否认,这对于女性在社会转型中谋求自立自主起到了巨大的推进作用,女性职业化成为现代社会区别传统社会的一个明显标志。

在刺绣职业化浪潮中,刺绣工业化来临了。"机绣最早出现在二十世纪三十年代的上海,机绣技术是随着缝纫机的引入而传入中国的。"③用缝纫机在绣框绷紧的布料上,以踩动脚踏板借助机械传动来穿针引线完成刺绣,节省了大量时间,使刺绣进入批量化生产阶段,促进了刺绣的商品化进程。"刺绣在从闺阁绣转向商品绣的过程中,绣女最为关心的已经不再是刺绣本身所彰显的主体性,而是刺绣作为一种女子职业所能带来的经济收入。女子刺绣能够帮助绣女减轻家庭的经济负担,能够实现绣女的经济独立,这就是刺绣在当时所具有的意义。"④

从刺绣职业教育采用的手工作坊式刺绣到使用缝纫机进行机械刺绣,刺绣的商品意义逐渐凸显,人文性内涵基本上被弃置。"作为晚期帝国时期妇女文化的刺绣与现代化进程中的刺绣产生了彻底的决裂。从根本上说,这种决裂与社会各个阶层妇女日常生活的巨大变化及她们进入公共领域是联系在一起的,也与刺绣的价值与意义,即女红和妇女地位本身联系在一起。"⑤在闺阁绣时代,刺绣作为一项融入了主体沉思的劳作,开启了可以安顿心灵的精神世界,使身体的劳作得到回报并被赠予身体存在的意义与价值。刺绣的审美化变身为生活的审

---

① 舒新城编:《中国近代教育史资料》中册,北京:人民教育出版社,1983 年,第 534 页。
② 吴文华:《近代我国女子职业教育科目设置状况综述》,《中华女子学院学报》2011 年第 6 期。
③ 包铭新、柳韵:《民国传统女装刺绣研究》,《浙江纺织服装职业技术学院学报》2010 年第 1 期。
④ 李斌:《社会性别与报刊中建构的刺绣形象——以 1920—1925 年〈申报〉为例》,《山西师范大学学报》2010 年第 4 期。
⑤ 方秀洁著、孙静译:《女性之手:中华帝国晚期及民国初期在妇女生活中作为学问的刺绣》,《清史译丛》第六辑,北京:中国人民大学出版社,2007 年,第 40 页。

美化，超越世俗庸常的羁绊敞开存在的澄明。刺绣由修身、审美向实用商品的意义跌落，使得传统的人文性内涵被抽离，经济内涵填补进来。在商品生产的过程中，人与物品之间不再有亲密无间的关系，机械操作无法带动身心的共感，广袤的沉思被机械躁动所阻断。在后来的发展中，刺绣机械化的程度越来越高，机械自动绣花机床和电脑绣花机实现了刺绣生产的工业化和数字化，刺绣的流水作业和编程设计把刺绣者调教成熟练操作机床和电脑的技术工人，在劳动中不再有家园感，精神空间逐渐干瘪。

　　传统手工刺绣不仅在生产上被机器所代替，就是在生活中也遭遇到尴尬的命运，凌叔华1925年发表于《现代评论》上的小说《绣枕》，象征性地记叙了最后一个传统刺绣才媛的悲剧命运。足不出户的大小姐为自己的婚姻考虑，在父亲的安排下绣一对靠垫，送到白总长家里祈求关注，意在告知对方待字闺中的小姐不仅有貌而且有才。这是因为"刺绣构成了一种象征性资本"，①可以表明刺绣者被养育的文雅物质环境，是有身份的淑媛。小说详细叙述了小姐的刺绣过程，完全符合丁佩《绣谱》、沈寿《雪宦绣谱》等理论书籍对刺绣的高标准要求，在某些方面对刺绣行为进行了形象的描写，如怎样保持绣品的洁净等。

　　这对绣了半年、光阴已到三伏天还未脱手的靠垫，因为天气炎热更难穿针引线，担心汗水污了绣品。"她回忆起她做那鸟冠子曾拆了又绣，足足三次，一次是汗污了嫩黄的线，绣完才发现；一次是配错了石绿的线，晚上认错了色；末了一次记不清了。那和花瓣上的嫩粉色的线她洗完手都不敢拿，还得用爽身粉擦了手，再绣。……荷叶太大块，更难绣，用一样绿色太板滞，足足配了十二色绿线。"②这段话说明大小姐投入了全部的精力绣这对靠垫，为此害了十多天眼病。从色彩的角度说，刺绣要求表现精准，色阶、色差分布均匀，色彩过渡自然，十二色绿线的搭配确实见出真功夫。唯其如此，才能判断这是一次关乎大小姐命运的刺绣劳作，自行开启了她对未来生活的沉思：她将走出深闺，进入到一个大户之家，终身有了托付。这在传统社会是最正常不过的事情，谁家的父母会嫌弃才德兼修的儿媳呢？在明清时期，刺绣技艺往往成为闺中女性待价而沽的砝码，增加嫁娶的身价，潜在地召唤能配得上的家庭和郎君，获得"伙伴式"婚姻。这一切随着传统社会的崩解丧失了交通和证明自我的功能，送到白总长家里的靠垫，一只被喝醉的客人吐脏，一只被当成脚垫踩踏，昭示了靠垫在转换府第之后存在的无意义性，也暗示了大小姐遭遇的可悲性。

　　时代把大小姐定格在历史的暗处，而光亮的地方，是新的刺绣物品正在工厂

---

① 白馥兰著，江湄、邓京力译：《技术与性别——晚期帝制中国的权力经纬》，南京：江苏人民出版社，2010年，第211页。

② 叔华：《绣枕》，《现代评论》第一卷第十五期(1925年3月21日)。

里的轮毂下被大批复制出来,创造经济价值。然而工厂里还有另一种情况,操作机器的女工自己也变成了机器,这是庐隐在《灵魂可以卖吗?》这篇小说中所申诉的。纱厂女工荷姑的耳朵和心灵每天都被轧轧隆隆的机器声搅扰着,失去了自我,感觉仿佛成了和纺车没有区别的机器。这正是工头的要求:"工厂里用钱雇你们来,不是叫你运用思想,只是运用你的手足,和机器一样,谋得最大的利益,实在是你们的本分!"思想在机器的转动中被挤压、被抽离,身心不能合二为一,这就是劳动的异化。荷姑说:"这工厂里的工人,实在不止是单卖他们的劳力,他们没有一些思想和出主意的机会,——灵魂应享的权利,他们不是卖了他们的灵魂吗?"①这确实是现代工业社会的困境,也是海德格尔批判技术、物质对人的挤压,转而寻求人之思予以超越的原因。

　　不能接通人之思的机械劳作只能制造出冷冰冰的物品,与手绣出来的绣品相比,失去了本雅明所说的围绕物品的"氛围"。"即便最完美的复制品也不具备艺术作品的此地此刻——它独一无二的诞生地。恰恰是它的独一无二的生存,而不是任何其他方面,体现着历史,而艺术作品的存在又受着历史的制约。"②艺术品具有复制物所缺乏的"本真性",《绣枕》中的那对靠垫便不可复制,大小姐再也绣不出同样的物品,因为她不可能回复到当时的思之状态。机械复制技术在刺绣制作上自动化程度越来越高,电脑绣花机可以完成高难度的刺绣程序,但是刺绣的人文性内涵消失了,"在艺术作品的可技术复制时代中,枯萎的是艺术作品的氛围。"③在氛围的枯萎中,刺绣与德性分离,成为身外的事情。刺绣变身为可复制的、能创造经济价值的物品,曾经坚固的传统烟消云散了。

(三) 十字绣对现代淑女贤媛的培养

　　新世纪以来,十字绣渐渐走进女性生活之中。这是一种简单易学的刺绣工艺,对针法、绣线和布料没有什么严格要求,很容易上手。十字绣在古代中国也叫"挑花绣"或"挑补绣",是流传于民间社会的刺绣工艺,注重实用性和装饰性,与闺阁绣在各个方面都有繁简的差异。欧洲在中世纪才出现十字绣,最初是贵族女性的喜好,文艺复兴时期开始传播到民间。欧洲传统十字绣选用麻布作为绣布,十八世纪后期,"潘尼洛普布料第一次被用在刺绣上,这种带有小孔的面料

①　庐隐女士:《灵魂可以卖吗?》,《小说月报》第十二卷第十一号(1921 年 11 月 10 日)。
②　本雅明著,王炳钧·杨劲译:《经验与贫乏》,天津:百花文艺出版社,1999 年,第 262 页。
③　本雅明著,王炳钧·杨劲译:《经验与贫乏》,天津:百花文艺出版社,1999 年,第 264 页。

备受欢迎，并逐渐成为十字绣专用的布料。"①目前市场上出售的十字绣原料，即是用这种布料设计好图案的半成品，刺绣者按其纹路绣下去即可完成作品。十字绣半成品产业利用电脑技术可以设计出各种各样的图案，时尚的、传统的，形象的、抽象的，能够满足不同阶层女性的审美要求。

作为一种现代工艺，十字绣可以说是传统手绣精简化的新形式。闺阁绣使用的绣线细到几乎看不见的程度，一根丝线能分出四十多根，然后再一根一根绣上去；十字绣则常用粗细确定的棉纱线，不再劈线，穿针就能绣下去。闺阁绣针法复杂，有上百种不同的针法，十字绣则只有三种简单的针法。闺阁绣的刺绣方法是由局部到整体，要求刺绣者先做到心中有数、胸有成竹；十字绣则已设定好坐标和整体图案，只要计算好位置就能绣出来，所以十字绣也叫计算绣。通过对比来看，十字绣不仅简化了闺阁绣技艺中复杂多变的"技法"，而且把技艺中刺绣者主体的"艺"也一并简化掉了。绣十字绣几乎等于一种机械性劳作，主体之思与手中织物难以形成同构关系，笼罩着闺阁绣独一无二的氛围在十字绣上消失了。任何女性都可以在同一张绣布上刺绣，可以根据相同的设计绣出同一的图案。从这一点看，十字绣具有机绣的可复制性，对刺绣主体没有人文性要求。

不过，十字绣毕竟是一种手工劳作，在调节身心、纯净心灵方面还是有很大的助益。不可否认，现代女性在生活中面临各种各样的压力，诸如感情、婚姻、家庭、职业、学习，这些基本生活内容在展开的时候难免互相碰撞，形成心理焦虑。十字绣缓解心理压力的作用甚至已经得到医学证明，"十字绣疗法可有效缓解患者情绪，加速疾病治愈的时间，提高患者的生活质量。"②

十字绣集时尚、休闲、复古、创造于一身，虽然不能像闺阁绣接通主体的沉思冥想，在刺绣中安身立命，但却提供了现代的生活价值。十字绣的工作环境一般在家庭之中，绣十字绣客观上要求女性停留在家中的时间比平时长久，这使她能够把精力更多地投入家庭中。现代社会中的家庭，是一个让家人休憩、积蓄能量的港湾，阻挡外界风雨的地方，温馨、和谐是最理想的家庭生活状态。但是，由于现代婚姻以爱情为核心，而开放的两性关系存在着不稳定因素，需要投入更多的精力来维护，愈益快速运转的生活节奏，常常让男女两性无暇经营家庭，久而久之便有可能产生裂痕，影响家庭的和谐。很多女性喜欢绣"家和万事兴"，说明她们意识到了家庭生活的重要性。她们一针一线绣成的期望家庭幸福、兴旺发达的十字绣，见证了她们向现代淑女的转变。

---

① 齐伟：《十字绣流行与传统手绣衰落原因研究》，《辽宁省交通高等专科学校学报》第 9 卷第 2 期（2007 年 6 月）。
② 方芳：《十字绣疗法对住院精神病患者康复的疗效观察》，《中国卫生产业》2012 年第 30 期。

与"女汉子"不安定、喜欢外向拓展，注重公共关系和影响不同，现代淑女关心家庭，修炼女性恬静、柔和的一面。修身以齐家是中华民族的优秀传统，现代女性往往困扰于家庭与事业的两难，又误以为只有事业才是个人独立的保证，一旦陷入家庭琐事便担心失去自我，所以在心理上不愿意把精力投入家庭事务中，结果导致传统难以为继，家庭争端频繁滋生，反过来又影响到个人的正常发展。变两难为双赢最好的办法是把家庭共同经营好，在中国缺乏家政教育的教育环境中，很多女性甚至连一颗纽扣都不知道怎么钉，家庭事务更难应对自如，加强家庭主妇的能力和修养，做一个现代型贤妻良母，既能在外撑起一片天空，又能在内立起一个家庭，这是目前来看女性最好的发展方向。

十字绣被称为现代女红，是培养现代淑女贤媛的最佳方式，这与闺阁绣培养传统淑女的道理一样。十字绣锻炼现代女性的柔和与耐性，在劳作中涵养静、和、柔、韧的现代女性人格，唤醒女性的家庭身份和家庭承担，在生活中发挥出女性的性别优长，让女性魅力在生活中发光，照亮人生的长途。悬挂在庭室里的十字绣点亮了家庭生活，把家庭成员的目光由外界吸引到家庭，形成家庭内部一种新的凝聚力，共同构建和谐、幸福的日常生活。

十字绣对现代女性家庭意识的唤醒，确实促进了她们的家庭责任感，她们不仅利用自己绣制的十字绣装点居室，给家庭增加文化品位，还会绣制一些挂件类的小饰品送给家人，表达对他们的关注和关爱。十字绣促进了女性与家庭的亲密关系，家庭生活反过来又培养了女性的贤妻良母气质。在对传统的接续上，十字绣引发现代女性对传统的回望，整合传统女性文化中的优质资源，把修身、齐家当作现代女性人文素质的重要成分，逐渐培养出现代社会的淑女贤媛。十字绣手工蕴含的这种正能量一旦被挖掘出来，便能为现代女性综合素质的提升和家庭和谐生活的促进提供源源不断的动力。希望更多的女性制作属于自己的十字绣，在劳作中领会生活的意义与价值。

四 与谢野晶子与日本近代贞操观的变革

日本社会由传统向近代的嬗变始于 1868 年明治维新,制度变革与思想启蒙如舟车之两轮,推动了日本社会向"文明开化"的方向迈进。个性解放、男女平等的新思想催生了近代自我的觉醒,在向传统伦理道德的反叛中展示出鲜明的个性精神。与谢野晶子恰逢其时,作为一个新女性,对传统贞操观的叛逆使得她的人生和创作在日本妇女解放史和女性文学史上占有举足轻重的地位。

(一) 日本传统贞操观的形成

日本传统的贞操观念主要是受中国儒家思想的影响而形成的。古代中国的贞节观在《周易》中初显,如《恒卦》云:"六五,恒其德,贞,妇人吉,夫子凶。"贞在《说文解字》中的含义是"卜也",占卜的意思。考量"恒其德"者,女子为吉男子则凶。又云:"妇人贞节,从一而终",这里的贞节指的就是女性的贞操。

汉代董仲舒"罢黜百家,独尊儒术",在他的《春秋繁露》中提出"三纲五常"之说,其中"夫为妻纲"对传统贞节观的影响甚大。刘向编撰《列女传》,褒扬贞顺、节义等符合儒家伦理的女性。班昭著《女诫》,从日常生活中规定女性的思想和言行,不仅是男尊女卑的性别等差表述,使女性处于被压抑的地位,而且必得柔弱、顺从。对于贞节,她说:"男有再娶之义,妇无二适之文。"班昭还论述了女性的"四行",即妇德、妇言、妇容、妇功,把《周礼》中宫廷妇女的行为标准"四德"予以普泛化,后来与源出自《礼记·郊特牲》中的"三从"(即"妇人从人者也,幼从父兄,嫁从夫,夫死从子。")一并称为"三从四德",构成传统贞节观的基本内涵。宋代理学兴起以后,对女性贞节的要求更为严酷。程颐提出"饿死事小,失节事大"的观点,在程颐这里,贞洁大于了生命,清代时戴震就指责宋儒是"以理杀人"。从明代开始,为贞节女性建牌坊旌表成为定制,受到王朝政府的鼓励,贞操于是成为女性的唯一价值选择。

传统日本社会接受了宋代以前中国的贞节观念,虽未受到理学病态贞节观的影响,但对日本女性的威压还是非常严重。江户时代以还,出现了众多的女训著述,宣扬儒家贞节观。北村季吟把刘向《列女传》译为『假名列女传』,黑泽弘忠撰述日本社会的『本朝列女传』,班昭的《女诫》被译述为『女诫插图女实语教』,1716 年出版综合儒家思想的『女大学宝箱』(又名『女大学』),另外,以"女今川"、

"女实语教"命名的系列女训,均对儒家贞节观念进行了普及。

日本女训承续了儒家三从四德、男尊女卑的思想主旨,对女性实施贞顺、柔弱的规训。『假名列女传』中就记载有贞女、烈妇的事迹,『女诚插图女实语教·女童子教』阐述道:"妇行存心间,洁白守贞操,专心为一途。"『女大学』中写道:"女子别无主君,以夫为主君,敬慎侍奉,不可轻侮,妇人之道,一切贵在从夫。"①这种从一而终且仅限于女性的贞操观念,使女性丧失了自我,沦为男性的附属物。按福泽谕吉的话说就是,"日本是妇女的地狱"。

(二) 明治时期的女性教育与新女性

明治时期『学制』颁布后,日本近代女性教育走上制度化、平民化道路,初等、中等和师范教育相继开展起来。明六社成员森有礼认为:"国家的根本在于教育,教育的根本在于女子教育,女子教育的成败关系到国家的安危。"1880 年初等学校女性就学率达到 22%,1877 年,中等学校女生有 2 744 名,1878 年,受到师范教育的女性已有近 2 000 名。②

日本女性虽然就学上实现了男女平等,但所接受的教育内容却显出不平等。1890 年颁布的『教育敕言』确立塑造柔顺、贞淑女性的儒家方针,社会需要女性成为贤妻良母,而非具有自主意识的新女性,贞操观念在教育上没有发生改变。不过,以明六社为代表的启蒙运动和西方传播过来的女权主义思想对传统贞操观产生了巨大冲击。

『明六杂志』批判传统伦理道德,宣扬人的自由、平等、幸福,承认人的各种欲望。谨田真道在『情欲论』中说:"人之情欲出自天性之自然,如饮食男女之大欲即是。"③明六社关于男女同权与个性解放的启蒙思想为西方女权主义的输入提供了平台。1877 年,尾崎行雄摘译出版『权理提纲』(即斯宾塞《社会静学》,其后松岛刚译为『社会平权论』出版),1878 年深间内基出版译著『男女同权论』(即穆勒《妇女的屈从地位》),明治时期还译介有关于女性教育、法律等方面的著述。西方女权主义思想渗入明治时期的启蒙运动之中,福泽谕吉就多次引用穆勒的观点阐述他的启蒙思想。

明治初期的女性教育虽以培养贤妻良母为宗旨,却不期然地为新女性的出现奠定了社会基础,以『青踏』为代表的新女性正是女性教育振兴的产儿,她们又

---

① 转引自王慧荣:《论儒家思想对近世日本女训的影响》,《解放军外语学院学报》第 30 卷第 1 期(2007年 1 月)。
② 参见张淑英:《日本明治初期的女子教育》,《贵州民族学院学报》2004 年第 3 期。
③ 谨田真道:『情欲论』,『明六杂志』第三十四号。

反过来抨击明治初期的贤妻良母教育，这是启蒙运动和西方女权主义影响了她们的价值选择。『青踏』的创刊与社会上关于"新女性"的讨论都发生在 1911 年。坪内逍遥的文艺协会在帝国剧场演出了易卜生的《玩偶之家》，使得娜拉这一反叛家庭的新女性成为公论的话题。平塚雷鸟在『青踏』发刊词中阐述了新女性的激进思想，"我们所期待的真正的自由解放是什么？……首先是要冲破阻碍它发展的一切障碍。"摧毁旧道德、旧伦理，追求自己的自由和幸福，创造适合女性生存的新世界，显示出反抗封建思想的决绝。

大正初年（1912 年）民主主义运动兴起，『青踏』、『太阳』杂志以新女性为主题，广泛探讨了恋爱、婚姻、家庭问题，其中贞操问题作为女性解放的核心引起极大关注。与谢野晶子相继写下『婦人と思想』、『私の貞操観』、『貞操は道徳以上に尊貴である』等文章，促成了贞操观的近代变革。

（三）作为新女性的与谢野晶子

与谢野晶子原名凤晶子，明治十一年（1878 年）出生，当时正值女性教育蓬勃发展的时期，大力推行贤妻良母的教育思想，标榜新式女国民。同时，明六社发起的思想启蒙运动和西方女权主义思想已经在社会上逐渐漫延，与贤妻良母教育在某些方面如贞操观上构成强烈冲突。社会在文明开化，传统的贞操观念愈来愈失去其合法性，遭到人们的质疑，与谢野晶子在明治后期便发出了女性反叛的声音。

作为一个叛逆了传统伦理和贞操观念的新女性，与谢野晶子的爱情经历显示了一种近代的新观念，以实际行动实践着个性解放的新思想。大胆追求两情相悦的爱情，冲破家庭和社会羁绊与所爱的人结合，这时候爱情即是独立人格的显现，与谢野晶子因此成为一个勇敢的新女性。

明治三十三年，凤晶子结识与谢野铁干坠入爱河，成为她人生的转折点。与谢野晶子后来回顾到：『思いも寄らぬ偶然な事から一人の男と相知るに到って自分の性情は不思議なほど激変した。自分は初めて現実的な恋愛の感情が我身を焦（こが）すのを覚えた。その男と終（つい）に結婚した。』①这次有违明治社会道德的爱恋，因掺杂了"师生恋、三角恋、第三者、离家出走"②而闹得沸沸扬扬。明治三十四年，记载自己恋爱心境的诗集『みだれ髪』出版后，遭到严厉的

---

① 与谢野晶子：『私の貞操観』，『女子文壇』1911 年 11 月。
② 姚继中：《〈乱发〉——日本浪漫主义诗歌的顶峰——论与谢野晶子叛逆的青春赞歌》，《四川外语学院学报》2003 年 5 月。

攻击。"此一书所记猥行丑态之处甚多,岂能不断定其于人心有害、于社会教化有毒?"①与谢野晶子终于顶住来自各方面的压力,实现了女性自我的解放。十年后,又以大量的评论文章抨击陈腐的贞操观念,建构新型的贞操观。

明治末年女性解放运动兴起,与明治初期的启蒙运动不同的是,女性自身成为解放自我的主导力量。与谢野晶子说:『近年婦人解放という問題が出ている。しかしそれは婦人自身が言い出したのでなく』,因此她认为还得女性自我去争取,『婦人自身に目を覚(さま)さねばこの問題の正しい解決は著(つ)かないであろう。』②

女性的觉醒最根本的是贞操伦理的觉醒,与谢野晶子犀利地指出:『貞操の起原は男子の威圧からである。女子にあっては本来被動的(うけみ)のものである。』③把女性禁锢在奴隶的地位上失去追求幸福的人身自由和独立人格,像江户时代的『女大学』宣扬的旧贞操和伦理道德,就是对女性群体的压抑。与谢野晶子质疑男女两性不同的贞操观念:男性可以二色,女性却只能作贞妇,只要女性守贞操,男性可以豁免,这只能让女性永久作道德的奴隶。与谢野晶子认为自己最尊重贞操,她说:『私達の人間生活の持續と發展とに矛盾なくして役立つものなら新しい道德として歡迎したいと思ひます。』她提出一种新的贞操观念:『私は囊に「太陽」誌上で、私の貞操は道德でない、私の貞操は趣味である、信仰である、潔癖であると云ふ意味のことを述べました。』④把贞操当作一种道德以上的高尚优美的物事来看待,这样就超越了现实的伦理关系,也消解了束缚女性的传统贞操观。

把女性从依附于男性的贞操观念中解脱出来,把女性从依附于男性的客体地位转变为具有独立自我的主体地位,冲出传统伦理的困境,这才完成了女性由传统向近代的转变。

(四)『みだれ髪』: 反传统伦理的一面镜子

与谢野晶子所以能够提出新的贞操观,既与当时妇女解放思潮有关,更重要的是,在明治时代,与谢野晶子就是一个妇女解放的先觉者,明治三十四年出版的『みだれ髪』,先行以文学的形式向传统伦理道德发起了攻击。

---

① 福田清人、浜名弘子:『与谢野晶子』,第 145 页,日本清水书院 1980 年。
② 与谢野晶子:『婦人と思想』,『太陽』1911 年 1 月。
③ 与谢野晶子:『私の貞操観』,『女子文壇』1911 年 11 月。
④ 与谢野晶子:『貞操は道德以上に尊貴である』,『與謝野晶子全集 第十五卷 評論感想集二』,講談社 1980 年 5 月。

　　关于头发，《仪礼》记载有女子年满十五岁当行"笄礼"，意示女子成年，挽髻插笄，从此行为举止便须检点，在日本，女子成年也需要盘发（『髪上げ』）。挽髻或盘发显示了头发在仪态上的伦理要求，是女性贞淑的见证。与之相对，披发或乱发则是对伦理道德的反叛。『みだれ髪』中大量描绘了自由舒展的黑发，使得女性抒情主人公成为传统伦理道德所认定的"坏女人"。『くろ髪の千すぢの髪のみだれ髪かつおもひみだれおもひみだるる』，①散乱的头发昭示一种迷乱的风情，一种对于男人来说充满诱惑的热情。在道学家眼里，具有挑逗意味的乱发无疑是放荡的表现。

　　从散乱的黑发到温软的肌肤，近代女性发现了对儒教伦理极具颠覆性的身体。把『みだれ髪』称作埃莱娜·西苏语义上的"身体写作"并不为过，西苏认为，女性的身体一旦被压制，她的呼吸和言论也就被抑制了，女性要以写身体的方式夺取话语权，发出自己的声音，维护自己做独立女性的权利。于是，我们看到令道学家坐卧不安的诗句：『やは肌のあつき血汐にふれも見でさびしからずや道を説く君』，②因这句诗而被称作"玉肌晶子"的诗人，发出冲破传统贞操观追求性爱自主的尖锐呼声。『八つ口をむらさき緒もて我れとめじひかばあたへむ三尺の袖』，③冲决男权传统的樊篱，正视女性的生命欲望，把性爱主动权从男性手中夺取过来，张扬女性的性爱意识，从传统伦理最隐秘的地方釜底抽薪，在这个意义上，所有针对『みだれ髪』具有诬蔑意味的不实之词均显得苍白无力。

　　日本的近代化伴随着人的发现进而是自我身体的发现铺展开来，身体尤其是女性的身体在儒教伦理的桎梏下苏醒、开花。人最基本的存在方式不是伦理的存在而是肉身的存在，儒教贞操观压抑女性身体，视其为洪水猛兽，使女性的声命存在异化变形，『みだれ髪』正像一面发光的镜子，照亮了妇女解放的征途。

---

① 　鳳昌（ママ）子（与谢野晶子）：『みだれ髪』，東京新詩社伊藤文友館，明治卅四年八月（1901年）。
② 　鳳昌（ママ）子（与谢野晶子）：『みだれ髪』，東京新詩社伊藤文友館，明治卅四年八月（1901年）。
③ 　鳳昌（ママ）子（与谢野晶子）：『みだれ髪』，東京新詩社伊藤文友館，明治卅四年八月（1901年）。

五 "她"字的来源、认同与女性主体性

海外中国现代文学学者刘禾女士曾认为"她"字是"五四"时期"所发明的最迷人的新词语之一"[①]，对这个字有相同关注兴趣的黄兴涛先生，从 2003 年开始着手研究，到 2009 年出版了《"她"字的文化史——女性新代词的发明与认同研究》(引用只注页码)，历时长达七个年头。此书运用考据学和文化研究的方法进行历史的叙述和评论，书中引述资料之丰富，足以称得上是对"她"字的知识考古，迄今未见出其右者。黄先生在后记中引用两位史家之言为自己的研究作佐证，一是胡适说的："发明一个字的古意，与发现一颗恒星，都是一大功绩。"一是陈寅恪说的："凡解释一字即是做一部文化史。"这说明为一个字写一部文化史殊非易事，黄先生运筹帷幄，考镜源流、辩章学术的功力相当扎实，堪称新史学的典范之作。显而易见，只要读过黄先生此书，几乎没有不点头称许的，[②]笔者亦叹服之。

不过，也许是"她"这个字在其语义的演变过程中附着了太多的意义，既有横向移植的情况，又有纵向演变的过程，累加一起又交叉碰撞，致使意义含混而难以把捉，剥离起来相当棘手，黄先生自然难以面面俱到，在某些方面力有不逮亦是可以理解之事。笔者仅就与"她"字有关的来源、认同与女性主体性确立三个方面谈一点小小的看法，敬请黄先生和读者批评指正。

(一) 关于"她"字的来源

黄先生在引论及文内数次提到刘禾《跨语际实践》中关于"她"字的论述。刘禾的基本观点是："她"这个汉语第三人称阴性代词，是晚清至民国期间为了对译西方语言中的第三人称阴性代词而被发明出来的，而这显示出不同语言间的不平等，以及中国知识分子的表达焦虑。[③] 黄先生并不全然认同这个观点，他说：

[①] 刘禾：《跨语际实践——文学，民族文化与被译介的现代性(中国，1900—1937)》，北京：三联书店，2002 年，第 49 页。

[②] 参见贾永梅：《〈"她"字的文化史〉读后——兼论中国女性史研究的困境与出路》，《山西师大学报》第 37 卷第 5 期，2010 年 9 月。倪雪君：《"她"字文化是怎样层累的》，《博览群书》2010 年第 1 期。方维规：《"叫我如何不想她"》，《读书》2010 年第 1 期，该文是方先生从他为黄兴涛《"她"字的文化史》所写的序言中抽取出来的。

[③] 参见刘禾：《跨语际实践——文学，民族文化与被译介的现代性(中国，1900—1937)》，第 49—56 页。

"'她'字在汉语中的合法化，本质上并不是因为它来源于霸道的西方，不是西方语言中有，汉语中也就必须有，而是因为它在根本上与汉语在新时代被激发出的现代性诉求，或者说现代化发生了关联，从而为汉语所接纳。在这里，'她'字的西方性与现代性只是偶然发生了重合而已。"（第154页）这说明黄先生充分重视了"她"字发生的本土因素，是现代性诉求催生了"她"字新义的出现。这是极有见地且符合历史发展事实的。

不过，黄先生多少还是被刘禾的论说带进去了。因为黄先生的研究起点正与刘禾相同，起于晚清止于民国，也是从语言的翻译做起，把视点放在了汉语与西语的对应上，而后在这个基点上开始他的文化史的清理。这样做的结果弱化了"他"、"她"在汉语中自身的变化情况，致使其来源被处理得有些残缺不全，面目不很清晰。其实，黄先生也注意到这个问题，他说："诚然，在南朝梁代的《玉篇》等古文献中，都曾有过'她'这样一个文字符号。但其字或谓乃古文'姐'的异体，或谓乃'毑'字的异体。就认同较多的前者而言，它也不是'姐妹'之'姐'，而是'母亲'的称谓字，且不是代词，而是名词。两者之间所同者不过仅为字形而已，字音、字义、词性均风马牛不相及。"（第177页）这话说得大体上并不错，只是省略抑或是忽略了一些比较重要的内容。

首先，"她"在顾野王的《玉篇》中指的是"姐"字，说指称母亲乃地方性称谓。东汉许慎《说文解字》中说蜀地谓母曰姐，淮南则谓之"社"。亦作"她"，或作"媎"。元代戴侗所著《六书故》云：姐古文或从也声作她，或从者声作媎。就是说均读作"姐"（"jiě"）声。

其次，古语"她"虽为名词，但不是和今天的代词"她"毫无瓜葛。古语的"她"字在其出现的时候已经有了性别的意义，原初就是一个表示女性称谓的词。这即便不是刘半农用"她"作第三人称阴性代词的一个原因，也是这个字最后在与别的指代第三人称女性的词相较量而胜出的社会心理原因。就是说，作为本来就与女性称呼有关的词，其由名词演变为代词不正是现代性诉求的结果吗？

最后，"他"与"她"字在汉语发展演变中词义均发生了较大的变化。在古汉语中，"他"原指的是某件事情，不是指人也不是指某件物品，后来指代人是汉语史中出现的一种语义转化现象。"他"字指代人在一个很长的历史时期内并没有性别纠纷，因为中国本土的女性主义思想未能在礼教全面控制的时代与父权思想形成尖锐对抗，"他"作为"人也"的象形字就顺理成章地指代男性或泛指人了，这样一直到清末西方女权思想传播进来、要求两性平等时才有了性别方面的困惑。可见，是社会性别意识的觉醒引发了人称代词的性别区分，是世界性的妇女解放思潮重组汉语词性和语义的一个明显结果。两个人称代词以新的面目出现以后，积极影响了性别文化和社会观念的塑造，这确实是一个黄兴涛先生所说的

"文化史事件"。

(二) 关于"她"字的性别认同

从性别上看,男性和女性能否在语言中得到清晰确认以及如何去进行确认,是人类在使用语言时需要面对的一个重要问题。在成熟的语言系统中,两性应分别拥有能够表达自身身份和思想的语言系列。在性别问题上,由于女性历史地被父权所拘囿,既没有自己的语言符号,也因长久失声而丧失了表达的权利,那么,在颠覆父权压制的时代,为女性进行言语的赋权就是顺应历史发展潮流的事情。就第三人称代词来说,亚洲语言的性别区分是较晚形成的事情。日语的「彼女」(かのじょ)、韩语的「그녀」(geu nyeo)以及汉语的"她"的普遍使用和获得广泛认同,都是进入二十世纪以后的事情,这与亚洲国家的现代化均属于后发被动型有极大关系。十九世纪后期以来,在西语主要是英语的影响下,亚洲语言主体才开始萌发对第三人称女性代词的探求,其中,汉语的情况最为复杂。

十九世纪来华的传教士较早对人称代词进行了性别区分。在从事语言翻译工作时,由于汉语当时尚并没有出现对应英语"he, she, it"的词语,马礼逊(Robert M0rrison)就在《英华字典》(1822 年)中就把"woman"称作"该妇"。在另一本书《英国文语凡例传》(1823 年)中,马礼逊把"she"称作"他女",把"her"称作"他女的";在翻译语句的时候,把"I saw her"译为"我见他(妇人)",把"That is hers"译作"那个是他(妇人)的"。这种翻译在汉语的语境里明显是有性别歧视的,属于男权主义式的译介,但对于一个外国人来说,可能也是没有其他办法的事情。50 年后,一个叫郭赞生的中国人出了本《文法初阶》(1878 年),用"伊"来翻译英语的"she"。按,伊本来无性别区分,男女皆可指认,1874 年曹骧的《英字入门》便把"he, she, it"统译为"伊"。在郭赞生的书中,"she, her"分别被译为"伊、伊的",例句如:"He is in the garden, but she is in school."翻译为汉语是:"他在园内,但伊在书馆。"这种做法无疑对人称代词的性别区分来说是一个巨大的推进。"他"指男性,"伊"指女性,这样区分也未尝不可,只是从字形上"伊"还显示不出女性的性别色彩。尽管有不足,"伊"作为语言对译的一个过渡却也显示了晚清女权主义在语言改造上的实绩。

"五四"时期的女权运动从晚清关注女性的宪政权、人身权发展为关注女性的人格独立和两性在文化、思想上的平等,一并汇入到社会性的个性解放思潮之中。转向后的女权思潮为作为第三人称表述的"她"字的出现奠定了思想和文化基础。1918 年,周作人谈到他和刘半农对第三人称性别问题的看法:"中国第三人称代名词没有性的区分,很觉不便。半农想造一个'她',和'他'字并用,这原是极好；……现在只怕'女'旁一个'也'字，印刷所里没有，新铸许多也为难，所以不能决定用他；姑且用杜撰的法子，在'他'字下注一个'女'字来代。"①用"他_女"作指称，显然是周作人的权宜之计，只是"他_女"在字音和字形上均很别扭，字音上仍读"他"音，无法从语音上区分出来（这个问题一直延续至今）；而字形上看，又不是一个完整的汉字，尽管前有周作人的提倡，后有叶绍钧的响应，这个奇形怪状的字还是难以普及开来，得到大众的认同和使用。

虽说"他_女"使用起来相当困难，但这个字显示的信息却是鲜明的。个性解放思潮与女权运动联姻后，要解决的一个重要问题是女性的个性和人格独立，促其从传统的家族礼教中脱离出来，成为一个有性别意识的独立个体。叶绍钧1919年发表在《新潮》上的小说和论文，即有争取女性独立的意思，用的就是"他_女"字。

中国女权运动的一个基本特色是男性提倡在先，女性响应在后，晚清到"五四"都是如此。而男性在讲述女性、确认女性屈从地位的时候，要给女性一个合适的新称谓才能去进行性别上的启蒙和呼吁，上述各种尝试显示出男性表达、讲述女性时言语上的困难，自然也就难以取得女性的心理认同，没有实质性的后果。这即是说，如果找不到两性都认可的女性第三人称代词，那么，女性启蒙以及个性解放在观念上就不能很好地扩散开来，庞大的女性群体将继续困守在黑蒙蒙的「铁屋子」里，难以获得关于自身性别的历史和现实知识，更谈不上去主动争取人身和人格的权利了。

是言语表达的焦虑推动了探索的脚步。1919年《新青年》第六卷第二期发表钱玄同和周作人的讨论对话《英文"SHE"字译法之商榷》，说明这已经是一个必须认真面对的问题了。其中共列出四个待选字："他_女"、"妳"、"她"、"伊"加以讨论，这是"她"字又一次露面，虽然钱、周二人因为印刷局可能不方便等原因而选用"伊"字，并影响了一部分人跟着使用"伊"来指称女性，但并不妨碍"她"字此后进入人们的视野，在书写实践中逐渐覆盖了"伊"这个在字形上难以辨认性别身份的汉字。

其实，据黄兴涛先生考证，最早用"她"指称女性进行书写实践的是康白情，他在《北京学生界男女交际的先声》一文中使用了两次"她"字，用以标示一个在公共场所发言显示了性别色彩的女性。北京的"新潮社"和"少年中国学会"的一些成员在新文化运动时期比较集中地进行了"她"字的书写实践，很快引发关于这个汉字的广泛争论。

应当重视这个论争，它吸引了更多人的注意力。最初是在1920年4月的

---

① 瑞典 August Strindberg 著，周作人译：《〈改革〉之译序》，《新青年》第五卷第二号，1918年8月15日。

《新人》、《时事新报·学灯》上展开拉锯战,随后《民国日报》、《晨报副镌》、《新青年》等报刊被卷入,阵势逐渐扩大。寒冰的文章《这是刘半农的错》主张废弃"她"字,并指出"她"字古文中就有,并非刘半农自造。刘半农《"她"字问题》对此事却未多作辩解,而是就应用上分析"她"字使用的必要性。"我们因为事实上的需要,又因为这一个符号,形式和'他'字极像,容易辨认,而又有显然的区别,不至于误认,所以尽可以用得。"还说"她"的读音当改变,不能再读"姐"的音,不妨把"他"的另一个音"túo"派给"她"。① (这个读音后来被废,形成"他""她""它"读音的均一化。)至此,古语"她"字完成了从读音到意义的转变,成为第三人称女性代词。

论争未起之前,在书写中使用"她"字的都是男性,而经过这次论争,冰心、庐隐等第一代新文学女性作家浮出历史地表,开始了书写上的响应,创造现代意义上的女性文学。这说明"她"字在获得男性认同之后,又逐渐取得了女性的认同,尽管还只是局部的认同。综上所述,"她"字的胜出,还是因为在古汉语中本有性别的含义,而从字形上又极容易辨认其性别色彩,适合进行现代性的改造,这样,一个现代意义上的翻译问题终于被解决了,开始面向大众接受检验。

(三)"她"字与女性主体性

因为"她"字的出现与女性解放思潮密切相关,人们对这个字的认识很快就超越了翻译层面,而在人与性别的意义上考量了。据黄兴涛先生的考证,"她"字的社会化过程充满了曲折与坎坷,反对的声音此起彼伏,先是男性、后是女性,为何会有这样一致反对的声音呢?

先看几条黄兴涛先生使用的如下材料。

1. 1920 年 4 月壮甫发表在《民国日报·觉悟》上的《"她"字的疑问》,其中说道:

> 现在一般提倡新文化的人,对于妇女解放问题,……无非是想将男女的阶级拆掉他,界限打破他,叫世界上的男女,除开生理的关系外,没有区别,一同走到"人"的地位去。
>
> 在这个竭力消灭男女行迹的时候,标出这样一个新样式的"她"字,把男女界限,分得这样清清楚楚,未免太不觉悟了。

---

① 刘半农:《"她"字问题》,《时事新报·学灯》1920 年 8 月 9 日。

2. 1924 年，中华教育改进会开会讨论"采用他、她、牠"的提案，朱自清事后的描述：

> 一位教师说，"据我的'经验'，女学生总不喜欢'她'字——男人的'他'。只标示一个'人'字旁，女子的'她'，却特别标一个'女'字旁，标明是个女人，这是她们所不平的！"

3. 1934 年《妇女杂志》的"启事"：

> 启者：中国自胡适之、刘半农等提倡白话文以来，将第三身的代名词"他"字分为三个字。"他"、"她"、"牠"是，而以之代"男"、"女"、"物"。本刊同人，以人字旁代男子、女字旁代女子，牛旁代物件，含有侮辱女子非人之意，所以拒绝用"她"字，而以"伊"字代之。务请投稿诸君注意为荷！

第二年，《妇女杂志》以《本刊拒用"她"字启事》为题把上述意思重新发布了一次。这些观点其实有一个相同的认识基础，那就是要在抽象的"人"的意义上理解男女平等。而对此"平等"的内在含义细加品味，感觉反对者是要使女性提升到和男性完全一致，也就是向男性看齐，可看作晚清"男女平权"的余响。《民国日报》主笔邵力子针对这种理解还有所辩解："第三身单数代名词，女性和男性不同，不过为文字上容易辨认，和男女不分界限的主张没有妨碍。"①当然，邵力子在那时不会想到强调两性要在差异中谋求平等，我们知道这是由于男性和女性之间存在的生物性差异而决定的。这么说，晚清至民国这一个历史时段，男女平等的说法恰恰是以被遮蔽的不平等而得到阐释的，甚至影响了新中国成立后一个较长的历史时期。

当"她"字的使用被理解为依旧是重男轻女、理解为不平等、不公平，对女性有歧视的时候，那些反对者所要求的向男性看齐的平等反而助长了新的不平等。在生物学的意义上，两性之间确实存在着不可通约的差异性，这个差异是考量两性社会行为的基础，并不能完全看齐。这个问题是很值得思索的。

从性别的意义上说，女性由于长期被压抑、扭曲了性别意识，正是需要张扬女性的性别特征以期获得女性人身、人格的独立，体现女性的主体性，以此批判父权和男权的谬误。"她"字意义的确立，正是女性性别意识的一个具体体现，有利于女性主体性的建构。在这样的阐释语境中，黄兴涛先生的判断显得相当中

---

① 忆萱、邵力子：《第三身代名字底讨论》，《民国日报·觉悟》1920 年 6 月 27 日。

肯,在考察了女性作家使用"她"、"她们"这些新代词的情况后,他认为:"通过这些新代词符号的熟练书写,这些女性作家借以自由抒发女性特有的思想情感、社会关怀,张扬着新时代勃发的女性主体意识。"(第128页)女性书写者通过语言上艰难的性别确认,找到进入历史和现实的途径,书写被男性遮蔽的自我,创造自身性别发展的传统,询唤同性姐妹回归自己的家园。德国诗人荷尔德林与哲学家海德格尔均认为语言是心灵的栖居之地,通过丰富语言来丰富心灵,正是现代女性对抗男权异化的最佳方式。

从语言的基本特征来说,汉语是特殊的字中心语言,其原因在于汉字的特色一是一音多字,从读音上难以区分;一是从造字上说,多是象形字,其意义直接显示出来。"她"字的被发掘,主要是书写的困惑造成的,而书写正是表达自我、发出自我真声音的一个重要方法。如果不加以区分还用一个笼统的"他"来指代女性,那么,在书写上,女性这个群体就仍旧被包裹在男性群体之中,正如女性漫长的历史被男性之笔、之语所遮蔽一样,自我尚且难以辨认,又何来人的意义上的平等对待呢?

从"她"字的发生史看,这个女性人称代词的形成,从观念上结束了几千年明确宣扬男尊女卑、男主女从、从各方面限制和压制女性的传统父权制时代,为女性反抗现代男权、追求两性和谐发展的现代文明打下第一个坚实的基础。"它显然参与了揭示妇女被压迫的遭际、呼唤女性权益的妇女解放运动,同时也是语法改造和女性解放主题等多个方面,参与了白话文运动和新文艺运动。由于当初'她'字的设计和实践,主要是新文化阵营的人们所为,故可以说在某种意义上,它实际也构成了'五四'新文化运动史的一个有机组成部分。"(第161页)"五四"新文化运动有三个重要的发现:人的发现、女性的发现和儿童的发现,这三者的关系,就如中间一个女性挑着担子,前面是人,后面是儿童,从而构成了女性丰富的现代人生。这确实是一个意义丰盈的文化史事件。

六　冰心女性文化守成思想论略

我要挽那"过去"的年光，
但时间的经纬里
已织上了"现在"的丝了！
——冰心《春水·六二》

女性文化守成主义略说

在中国的现代化进程中，女性知识分子面向传统文化伦理的反应有一种既非激烈颠覆，又非完全守护，而是从传统中吸取可资利用的成分，合理有效地与现代文化伦理相融合，构建一种新型的文化伦理关系，如吕碧城、冰心、苏雪林、凌叔华、林徽因等人的现代反应，我尝试把这种反应称作女性文化守成主义，以勘查她们的东方之思。

美国汉学家艾恺(Guy S.Alitto)对文化守成主义有出色的研究，他称之为世界性的反现代化思潮。艾恺先生在反现代化的语境里论述文化守成主义，注重的是对现代化进程的文化批评，认为中国的文化优越论者，"提倡融合的中西文化"。他对此判断说："我把这种立论，称作'文化守成主义论'。"①这与我的描述看起来相似，但实有不同。一、我说的女性文化守成主义并不是反现代的，她们对现代化持认同的态度；二、她们对传统的汲取建立在性别分析的基础上，去芜取菁。因此，她们所建构的女性行为主体就不是传统的，而是现代的。

女性文化守成主义与刘思谦女士提出的女性人文主义也同样貌合神离。刘思谦女士探讨的是现代女性主体的西方文化资源，论证女性从做人再到做女人的合理性与合法性。在西方人文主义对人的发现中，刘思谦女士认为包含着女性的发现与觉醒，她把这提出来命名为"女性人文主义"。② 而女性文化守成主义则是较多关注传统资源，认为传统文化伦理的合理内核对现代女性主体的塑造多有裨益。如果换个说法，那就是目标相同，方法各异，虽同归却殊途。鉴于学界常常对吕碧城、冰心、苏雪林等人的女性观做出有保留地赞同的暧昧态度，

① 艾恺：《世界范围内的反现代化思潮——论文化守成主义》，贵阳：贵州人民出版社，1991 年，前言第5页。
② 刘思谦：《中国女性文学的现代性》，《文艺研究》1998 年第 1 期。

有必要对她们的女性思想做一个新的合理定位,本章以冰心为例先行陈说。

(一) 冰心研究中游移的路径与心态

　　冰心与传统之间的复杂关系,早在二十世纪二三十年代就已经有人指出了。毅真说:"闺秀派的作家写爱是在礼教的范围之内来写爱。无论她们的心儿飞到天之涯也好,跑到地之角也好,她们所写的作品总是不出礼教的范围的。……这一类的作家,可以冰心女士为代表。"[①]这里提到的"礼教",也就是"五四"时期已饱受诟病的"家族礼教",即以儒家思想为核心而形成的结构性的中国传统伦理道德。但毅真并未在这个方面对冰心进行臧否,只是在抽象的意义上认为当男子向旧礼教开火时,女子还有相当的畏惧。就是说,女子那个时候不开火也情有可原。

　　郁达夫也道出了一二。他说:"她的写异性爱的文字不多,写自己的两性间的苦闷的地方独少的原因,一半原是因为中国传统的思想在那里束缚她,但一半也因为她的思想纯洁,把她的爱宇宙化秘密化了的缘故。"[②]这个"束缚"是相对而言指冰心的题材多写家庭生活,少涉足郁达夫自己擅长写的性爱与性苦闷。"束缚"在这里可当作"影响"解,是陈述性的说明,非批评性的价值判断。

　　茅盾对冰心的评价与他们不同,他把冰心放到一个动态的进程中去考察,考察之一:冰心不喜欢"极端派"的思想,"所以在《两个家庭》中,她一方面针砭着'女子解放'的误解,一方面却暗示了'良妻贤母主义'——我们说她是'新'良妻贤母主义罢,——之必要。"[③]考察之二:冰心的文学创作逐渐从关注家庭向关注社会现实转变,从天真向成熟转变。言下之意,写作《两个家庭》时期的冰心,还是相当单纯,借用陈西滢的话就是:"一望而知是一个没有出过学校门的聪明女子的作品,人物和情节都离实际太远了。"[④]显然,茅盾和陈西滢在评价冰心的时候都给予了价值判断,即不仅仅是客观陈述,还增添了主观上的看法。

　　好在这种主观上的看法只是就冰心作品的"成熟"程度而发表,未添加道德上的砝码,没有当时流行的意识形态判词,大体上符合冰心的创作实际,所以还不能说改变了冰心评价的路径。真正改变路径的是蒋光赤,他说:"冰心女士真是个小姐的代表! ……冰心走来走去,总跳不出家庭的一步。""若说冰心女士是

---

①　毅真:《几位当代中国女小说家》,黄人影编:《当代中国女作家论》,上海:光华书局,1933 年,第 4 页。
②　郁达夫:《现代散文导论》(下),蔡元培等著:《中国新文学大系导论集》,上海:良友复兴图书公司,1940 年,第 219 页。
③　茅盾:《冰心论》,《文学》第 3 卷第 2 号,1934 年 8 月。
④　陈西滢:《冰心女士》,范伯群编:《冰心研究资料》,北京:知识产权出版社,2009 年,第 174 页。

女性的代表，则所代表的是市侩性的女性，只是贵族性的女性。"①蒋光慈的话语充满了阶级判断所特有的道德意识形态气息，他对冰心这朵"暖室的花"嗤之以鼻，宣布革命的大风暴要将之吹倒。

道德意识形态说教在蒋光赤之后继续发展。贺玉波基本上否定了冰心的创作："她所吟咏所描写的终不出于有闲阶级安逸生活的赞美；……她对于社会太盲目了，感不到分毫的兴趣；以至所描写的事件大半是一些家庭日常生活的片段。……在她的作品里只充满了耶教式的博爱和空虚的同情。"②"因了她对于现社会的组织过于盲目，而找不到正当的社会改良方法，于是鼓吹着空虚的博爱。这点对于她的作品没有什么好处，只赢得了一个对社会的幼稚病。"③这是二十年代后期以片面的"唯物辩证法"面目出现的唯物史观在作家论中的典型体现，在这样的话语系统里，冰心的创作对于社会而言只显示了负价值。阿英也有类似的判断："从她的作品中所展开的世界看去，她对于社会只是一种远观，对于人类并没有深入的接近，对于一切的社会的问题并没有加以深邃的探讨；她只是在她自己的世界中，唯心的去论断了一切。""她只是一个资产阶级的唯心论者。"④又说："反映在作品中的冰心的思想，显然是一种反封建的，但同时也多少带有一些封建性；这就是说，她的倾向是反封建的，但在她的观念形态中，依然有封建意识的残余。"⑤阿英的论断影响深远，一直到新世纪的今天仍有余响。

民国时期对冰心的评价在阿英这里算是定性定型了，只是阿英的论说充满了矛盾：冰心成了具有封建性的资产阶级唯心论者。还需要注意的是，前述毅真和郁达夫所说的礼教和传统思想，到阿英这里被置换成了封建意识，而封建意识毫无疑问在三十年代的阶级话语中是需要批判和打倒的，这显示了评价者尴尬的心态：不能否认冰心的实绩，但又不能去赞同她赞美她。而阶级话语的介入又使冰心成了兼具封建阶级和小资产阶级的"两面派"，这两面在与无产阶级的面孔相映照时均显示出意识形态性的渺小和无意义。"十七年"承袭了这种阶级话语判断，丁玲说冰心的生活趣味"很符合小资产阶级所谓优雅的幻想"，⑥范伯群和曾华鹏认为冰心"对软弱的中国资产阶级的改良主义方式有所肯定"，《两

---

① 蒋光赤：《现代中国社会与革命文学》，范伯群编：《冰心研究资料》，北京：知识产权出版社，2009年，第173页。
② 贺玉波：《歌颂母爱的冰心女士》，范伯群编：《冰心研究资料》，北京：知识产权出版社，2009年，第195页。
③ 贺玉波：《歌颂母爱的冰心女士》，范伯群编：《冰心研究资料》，北京：知识产权出版社，2009年，第202页。
④ 阿英：《阿英全集》第2卷，合肥：安徽教育出版社，2003年，第283—284页。
⑤ 阿英：《阿英全集》第2卷，合肥：安徽教育出版社，2003年，第612页。
⑥ 丁玲：《"五四"杂谈》，《文艺报》第2卷第3期，1950年5月。

个家庭》"是镀上一层薄薄的西方文明的金液的中国封建式的贤妻良母主义"。①
仍然是阿英的定位方式，暧昧而又尴尬。这种奇特的评价方式把冰心推到一个
无所适从的境地，一个时代的夹缝中。

　　把冰心从阶级话语中超拔出来的是二十世纪八十年代复现的人文主义话
语。但是人文主义话语在关注人的世俗生活方面是反传统的，在欧洲以反宗教
神学的面目出现，在中国则以反宗法礼教的面目出现。"五四"时期已经反过一
次，八十年代以来的人文主义话语同样对宗法制度所建构的社会形态不看好，这
就给评价冰心带来了新的尴尬。刘思谦女士认为《两个家庭》、《别后》、《第一次
宴会》，"都表现了冰心以传统女性角色心理为基础的传统家庭观念。其特点是
家庭以男子为本位，妻子对丈夫对子女承担着应尽的角色任务，这是女子的本
分，无论是新女性还是旧女性，都不应失去这一本分。"②这样的观念使刘思谦女
士在九十年代初期很难以"言说"，辨析得相当困难，通过把冰心表达的母爱自然
化，她说"冰心的家庭问题小说里的家庭观念，深层的心理便是由这没有断裂的
母爱的纽带为核心的健全的女性角色心理。其观念的、显在的层次，如对《两个
家庭》的分析那样，是传统的、男性中心的，然而内在的、心理的层次则是自然的、
女性的。"③言下之意，她的家庭观念是不能肯定的。

　　李玲女士的思路与刘思谦女士如出一辙，亦是极力辨析和开脱，也许力度稍
大显得有些捉襟见肘。她说："冰心在思考男女相对待的关系上主要不是批判男
性世界的，但不批判男性世界的未必就是维护男权的。"这是说冰心并未卫护男
权。接下来，冰心有些作品"显然在有意无意间继承了男权文化在面对人类的过
错时把责任尽量转嫁给女性、从而掩护男性主体地位的一贯思路。"好像是把话
说反了。其中还有论断：冰心对传统文化进行了扬弃，其价值取向"是保守的，
但仍然是积极的。"冰心强调的责任意识，又"有力地建构了现代女性的生命境
界，极大地充实了现代女性的主体性内涵"。这样论述下来，所谓现代女性的主
体性内涵不是就包含有男权观念了吗？最终，李玲女士不得不说冰心的性别意
识相当复杂，"既有对男权思想的盲从，也有对女性生命的深切关爱。"④说到底，
冰心还是被框定在了男权文化的圈子里，要想张扬冰心精神，就只有和刘思谦女
士一样挖掘自然亲情、母爱了。

　　林丹娅女士也很细致地辨认了冰心的女性观，在比较分析了《"破坏与建设
时代"的女学生》和《两个家庭》后，归纳出冰心的女性观："女性应该接受现代教

①　范伯群、曾华鹏：《论冰心的创作》，《文学评论》1964年第1期。
②　刘思谦：《"娜拉"言说：中国现代女作家心路纪程》，开封：河南大学出版社，2007年，第108页。
③　刘思谦：《"娜拉"言说：中国现代女作家心路纪程》，开封：河南大学出版社，2007年，第109页。
④　李玲：《冰心创作中母性之爱的复杂性》，《中国现代文学研究丛刊》2008年第3期。

育；女性应该把新知识用于家政与家教之中；新女性可以在小家庭中成为一个绝好的贤妻良母。从中可见，冰心虽然力主女性接受新式教育，但并没有改变女性传统角色及位置的意思。"探寻其中的缘由，林丹娅女士认为主要在于冰心所提出的女性教育是一种新"闺训"，属于新瓶装旧酒。既然冰心认同女性的"贤内助"角色，那么她就不能"对女性角色的传统定位，发生本质上的质疑与改变其定位的意向"①。

　　三位女性学者都对冰心与传统之间的亲和关系发表了不同程度的微词，感觉冰心提供的女性主体性、性别意识似乎晦暗不明，这说明她们的评价标尺——对传统的看法——基本一致，认为以礼教为根本法则的传统社会全方位压抑女性的生活、生命和感情，这是一种典型的"五四"思维，其实是激进以至于有些矫枉过正的，这正为当年的冰心所极力反对，所以起来好像是南辕北辙。当然，这里没有以偏概全的意思，并进而否定她们对冰心的悉心评价。事实上，她们的批评在冰心研究史上占有着重要的地位，即使在冰心与传统的关系这个问题上，她们也能客观地指出，给人以认识上的启迪，只是她们对传统"成见"较深，在评价上还有待商榷。

　　另一种与之不同的评价方式是关于冰心的现代性话语批评。在这种话语系统里，冰心建构的家庭、塑造的贤妻良母，就不是传统而成为现代的了。韩国学者任佑卿女士认为陈晓媚在《西方主义》中关于冰心的评价草率且自相矛盾，陈晓媚的论断是："冰心的《两个家庭》所透露出的父权性，着实让人震惊。这篇小说里女性教育的唯一目的是让她们更好地履行'贤妻良母'在家庭中的应尽义务，而这正是'五四'作家试图努力清除的儒家意识形态。"②相反，任佑卿女士认为冰心的"贤妻良母"，是与"儒家意识形态决然不同的现代构成物"。"冰心将主妇亚茜描写为从外部有别于西方女性、从内部完全有别于传统女性、同时又和同时代职业女性或下层女性完全不同的全新民族形象。"③这个观点确实新颖，完全撇清了冰心与传统的复杂联系，但同时也把冰心女性观、两性观的根基抽空了。不可否认，冰心"贤妻良母"的生成语境是现代的，但不能就此认为冰心与传统——儒家意识形态没有瓜葛，任佑卿女士其实也是把儒家意识形态视为保守的封建思想，所以才坚持要与之撇清干系。海外中国现代文学研究中任佑卿女士对儒家意识形态的看法并非只此一家，颜海平女士对冰心的研究虽关注点不

①　林丹娅：《冰心早期女性观之辨析》，《南开学报》2005 年第 5 期。
②　任佑卿：《现代家庭的设计与女性\民族的发现：从冰心〈两个家庭〉的悖论说起》，《中国现代文学研究丛刊》2008 年第 3 期。
③　任佑卿：《现代家庭的设计与女性\民族的发现：从冰心〈两个家庭〉的悖论说起》，《中国现代文学研究丛刊》2008 年第 3 期。

同,但观念似乎是相同的。她考察了冰心的"母爱"之后认为与"中国传统"有复杂的关联,"一方面,这些表达援引和借用了父母慈爱的文化习俗和社会实践。……另一方面,这种唤起并没有顺从那种要求这种情感恰当符合社会等级秩序的法则"。① 因而"这种母亲式的爱的运作,既接续又弃绝了中国传统中的家族关系的习俗及其实践,……这种感知系统超越并可能摧毁儒家制度中的家族等级制及其功能性礼仪"。② 颜海平女士把传统的习俗和制度分开而谈,殊不知习俗与制度成对应关系联系密切,而非相反。看来,在中国女性研究中,对传统儒家思想的"成见"不分地域和国别地呈现出惊人的一致。

近百年的冰心研究史,就连贯着这一条不变的线索,冰心研究中绕不开的传统问题像一条不光彩的尾巴,怎么摆弄都摆弄得不顺心、不称意。阶级话语、人文主义话语、现代性话语在看待儒家传统时,没有一家对之青睐的。因为这些话语都建基于反传统礼教的基础上,自然不能对儒家意识形态加以青眼。所以说在这个问题上,研究者的认识基本上是徘徊在二十世纪二三十年代的原发地,没有什么实质性的拓展。几乎没有人有意识地沿着这个路线,跟随冰心的思想轨迹理一理她究竟如何看待传统,如何精心地从传统中汲取出了什么内容;这些传统的内容究竟是与冰心描绘的现代世界格格不入,还是相得益彰、相映生辉。一个"没有出过学校门的"女学生就真的只是写得浅,不能来得深吗? 有这种或明或暗看法的人才真是掉进男性中心主义的陷阱里了。

(二) 冰心对传统文化伦理资源的理性汲取

以上评述的几位女性学者,她们对冰心的传统意识其实是心知肚明,并且明白冰心并非无条件地向儒家意识形态致意。林丹娅女士针对冰心女性角色的传统性立论,所留下的一点缝隙,在我看来却是闪光的地方。她历数了冰心对"女学生"的几项建议后说:"这种从外在到内在的事业建设,很重要的一个目的即为'改良家庭,服务社会'而服务的。冰心的确在这里为自己建设立项中的新女性形象找到一个合适的角色,一个合适的位置。女性的确也只有在这样的角色与位置上,似乎才能两全其美地在现代学养中固守传统,在固守传统中又体现现代信息。"③这是很能给人以启发的,只是"固守"这个词用得不太妥帖了,"似乎"这个词又显得游移不定。比较接近我的意思的说法是刘思谦女士未展开分析的一段话:"冰心的艺术气质,基本上是古典主义的,但她不是那种拘泥守旧的死板的

① 颜海平:《中国现代女性作家与中国革命,1905—1948》,北京: 北京大学出版社 2011 年,第 116 页。
② 颜海平:《中国现代女性作家与中国革命,1905—1948》,北京: 北京大学出版社 2011 年,第 117 页。
③ 林丹娅:《冰心早期女性观之辨析》,《南开学报》2005 年第 5 期。

古典主义，而是融合吸收了东方和西方的人文主义精神的古典主义。"①宽泛地说，"古典主义是传统和返归古代的一种典型现象"，②讲求传统的秩序和原则，以传统文化为优位，认为现代（抑或当下）文化破坏了古代的高贵与优雅，以致力于恢复古典秩序为己任。刘思谦女士的意思大致是：冰心主要倾心于古典主义，但是不全盘肯定，有所取舍，并且吸纳了一些人文主义精神。这样的精神其实更类似于新古典主义，因为新古典主义对古典传统并非一味继承，而是有所创造。刘思谦女士注意到了冰心对传统的选择并非"拘泥守旧"，这个判断是很正确的，可惜对于冰心取舍了什么传统内容却语焉不详。带有启发性的说法还有李玲女士，她部分承认冰心是"传承传统文化"，尽管她没有判断出冰心的文化选择是"保守的或是现代的"。③ 其实，从某种意义上说，冰心既是现代的又是保守的。说她现代，因为她的文化选择体现了现代特征，与现代社会相得益彰；说她保守，因为她反对女性激进主义，偏爱家庭改良。还有，即使认定冰心是文化保守主义（亦称文化守成主义）也不合适，因为世界范围内的文化守成主义带有明显的男性特征，与冰心的文化守成并不合拍。冰心立足现代社会，传承的是中国传统中合理的女性文化，这种思想我认为称作"女性文化守成主义"可能更恰当些。

中国传统女性文化是依据先秦、两汉儒学和宋明理学而生成的一套自足性的文化系统，与儒学一样，主要是伦理道德上的阐述与规约。传统儒学是农业文明的衍生物，它的价值判断在两个不同的层面上显示出来，如果不加辨析或混而为一的话，其合理性就会被淹没，就容易全盘判定为封建糟粕。这两个层面第一是农耕时代的社会价值层面，与农耕生活相适应，传统儒学巩固着帝王制、等级制、家族制、父权制、多妻制并对女性提出严酷的贞节要求，级位之上的人拥有管辖级位之下的人的绝对权力，在这个层面上，女性毋庸置疑经受着制度和性别的双重压制。第二个层面是超越农耕社会制度的人文价值层面，与人的个人生活、家庭生活和集体生活相适应，传统儒学强调个人修身、讲求仁爱与和谐、注重责任意识，在这个层面上，女性较少或在某些方面并不经受男性的压制，这是不可否认的。中国传统女性文化既然是儒学的衍生物，显然其伦理道德上的价值判断也是在上述两个不同层面上彰显的。在第一层面上，以女教或女学为灌输机制的传统女性文化强调女性的婚姻要听从父母之命、媒妁之言并从一而终、保持贞节，要求女性缠足、固守女性于家庭之内限制其个体自由，认定男尊女卑为天

---

① 刘思谦：《"娜拉"言说：中国现代女作家心路纪程》，开封：河南大学出版社，2007年，第105页。
② 《世界艺术百科全书选译》Ⅱ，上海：上海人民美术出版社，1990年，第61页。
③ 李玲：《冰心创作中母性之爱的复杂性》，《中国现代文学研究丛刊》2008年第3期。

道、天意不得违反等均是对女性人格和人身的不合理压制，是让女性自觉屈从于父权、自我沉沦的意识形态工具。在第二层面上，培养女性端庄的仪容，宽容的人格，与家庭和睦相处等，这些合理的要求超越了具体时代，并非是所谓的封建社会所独具，而是任何时代的女性都合适的立身基础，不应否定。

传统女学还有一些内容，本来不含性别压制，但在漫长的历史时期被曲解而沾染上了性别压制色彩，需要认真鉴别。如"三从四德"，"三从"最早出自《仪礼·丧服》，所谓"未嫁从父，既嫁从夫，夫死从子"是指女性在服丧期间，其丧服要随所处的具体情况而确定，"从"的意思是"随从"、"遵从"之意，后世曲解为"服从"，且服从的范围扩大到整个两性生活领域，性别压制也跟着形成了。"四德"最早见于《周礼·天官冢宰》的"九嫔"条，是对宫廷女性的礼容教育，东汉时班昭作《女诫》对其做了系统阐发使其由宫廷走向了民间。"四德"要求女性做"淑女贤妇"，有人说"这不但不是对女子的约束和压制，而恰恰是对女子生命意义的一种肯定和重视。"① 又如"女子无才便是德"，本是晚明时期针对女性知识群体增多，对女性以诗词歌赋为才情为己任的一种反驳。针对的是晚明时期危及礼教的"情欲"思潮，并不是压制女性学习知识。传统儒学对人的要求以"德"为本，当"才"妨碍了"德"时，才会舍"才"而取"德"，也就是以"读书守礼为本，文词技艺为末"。② 历史地看，清代女性知识群体较晚明有增无减，相反，无才的女性却也没有得到多少优厚的尊崇，可见传统女学并非教导女性要无知无识。再有就是"贤妻"、"良母"，其实主要是"贤妻"，"良母"的内涵并没有多大变化，要求女性做良母而不是恶母是任何时期的两性和社会都赞同的。据考证，贤妻之"贤"的意思指"贤明"，"直到清末，所谓的'贤慧'主要指一位妇女善于处理复杂的家庭关系，而顺从反在其次。"③关键在于人们往往把传统的"贤慧"与女性不出家门、容忍丈夫纳妾，与顺从包办婚姻、缠足等行为联系在一起，这样就不是"贤"而是"愚"了。段江丽女士有一个判断很耐人寻味："为妻之道主要包括敬顺卑从、爱夫以正、从一而终、宽慈不妒等等；为母之道主要包括善教、仁慈、公正、严毅、清廉、聪慧、明智等等。简单地说，这些为妻之道和为母之道就是传统'贤妻''良母'的标准。这些标准是否合理，需区别看待、具体分析。一个毋庸置疑的客观事实是，数千年来，正是这些标准和规范中所蕴含的正面质素，培养了中华民族无数优秀的妻子和母亲，而且，正是千千万万优秀的母亲养育了千千万万优秀的中华儿女。"④这算是一个善意的提醒吧，看待历史问题不能草率地以偏概全。女性文

① 刘文剑：《"三从四德"还需正确理解》，《孔子文化》2012年第1期。
② 刘丽娟：《"女子无才便是德"考述》，《妇女研究论丛》2009年第5期。
③ 程郁：《二十世纪初中国提倡女子就业思潮与贤妻良母主义的形成》，《史林》2005年第6期。
④ 段江丽：《也谈中国传统贤妻良母观——兼与李卓教授商榷之一》，《中国文化研究》2009年秋之卷。

化守成主义正是因为汲取了传统女学、儒学中的正面质素而玉成其事的。

冰心对传统文化伦理的有益提取，主要从女性修身和贤妻良母两方面着手。她对于传统儒学、女学并不陌生，十岁那年，她的读本"除了《国文教科书》以外，又添了《论语》、《左传》和《唐诗》。（还有种种新旧的散文，旧的如《班昭女诫》，新的如《饮冰室自由书》）。"①后来开始读宣扬新式贤妻良母的《妇女杂志》、《东方杂志》，②以及宣传女性解放思想的《新青年》、《新潮》等刊物。这个阅读状况使得冰心对传统文化的理解与运用，是建基于新思想、新文化的基础上，为现代女性的"立人"工程而努力的。众所周知，冰心不赞同激进的女权主义，她在以"男士"为笔名发表的《我的母亲》中说："关于妇女运动的各种标语，我都同意，只有看到或听到'打倒贤妻良母'的口号时，我总觉得有点逆耳刺眼。当然，人们心目中的'妻'与'母'是不同的，观念亦因之而异。我希望她们所要打倒的，是一些怯弱依赖的软体动物。"③这表明冰心有自己的"贤妻良母"标准，而且没有不加选择地跌进传统里面去。她说："无论如何复古，也不能使二十世纪的中国青年人，仍去守那尊奉君王和一夫多妻的制度。"④充分说明冰心并不看好农耕时代的社会制度，只从那包含人文精神的文化中含英咀华。这种文化选择决定了冰心持守的是社会改良的稳健立场，即如她的小说创作，也秉持同样的态度。她说："我做小说的目的，是要想感化社会"⑤，以改良家庭为手段，进而促成社会的改良。诚如鲁迅所言："外之既不后于世界之思潮，内之仍弗失固有之血脉，取今复古，别立新宗，人生意义，致之深邃，则国人之自觉至，个性张，沙聚之邦，由是转为人国。"⑥这种合理有效的文化进取路径，对于任何文化上的"偏至"都是有益的制衡。

与鲁迅解决"沙邦"转成"人国"的方法"首在立人，人立而后凡事举"⑦一样，冰心首先思考的也是女性如何才能"立人"于现代社会，《"破坏与建设时代"的女学生》便是冰心给"女学生""立人"规划蓝图的一篇论文，其中吸纳了传统儒学、女学关于修身、养性的部分内容。在清末民初西潮与新潮激荡的代际转换时期，女性教育由私塾化向社会化迅速转换，接受新式教育的女性逐渐增多，于是"女学生"就成了"近数十年来发生的新名词"。⑧ 与众多那个时代出现的新名词一

① 《〈冰心全集〉自序》，范伯群编：《冰心研究资料》，北京：知识产权出版社，2009年，第125页。
② 冰心：《我到了北京》，《收获》1981年第4期。
③ 《冰心全集》（3），福州：海峡文艺出版社，1994年，第208—209页。
④ 谢婉莹：《论文学复古》，《燕大周刊》1923年4月14日第8期。
⑤ 冰心：《我做小说，何曾悲观呢?》，《晨报》1919年11月11日。
⑥ 鲁迅：《文化偏至论》，《鲁迅全集》第一卷，北京：人民文学出版社，2005年，第57页。
⑦ 鲁迅：《文化偏至论》，《鲁迅全集》第一卷，北京：人民文学出版社，2005年，第58页。
⑧ 女学生谢婉莹投稿：《"破坏与建设时代"的女学生》，《晨报》1919年9月4日。

样,"女学生"喻示着与传统"女弟子"内涵不同的新观念。女学生的内涵是指外在的新式服饰、新式发型,内在的认同男女开放、社交公开、"女子参政"。其外延是不仅真正的学生被称作"女学生",即如经常出入交际场所、在公众面前亮相的交际型女性也一并被称为"女学生",多有泛化的现象。冰心是针对狭义的"女学生"而言,但这种泛化的现象无疑加重了公众对"女学生"的抗拒心理。冰心说:"她们的'目的''思想''行为'。都是完全的模仿欧美女学生'模范表式'。便也竭力的图谋'参政选举''男女开放'。推翻中国妇女的旧道德。抉破中国礼法的樊篱。"①这在冰心看来也是"嚣张的言论行为",致使女学生"变成了女界中最不良分子的别名",而学校也连累被看作"女子罪恶造成所"了。女界的事情还得女界自己努力解决,冰心是这么认为的,所以才特意引用了孔子的话"己欲立而立人,己欲达而达人"作为立论的依据。

冰心"立人"策略的第一条讲女学生的服饰,在班昭《女诫》中属于"四行"中的"妇容"。她很不欣赏女学生的社交装束,认为这暴露出女性"飞扬妖冶的态度",因此要有所"节制"。她建议衣裙的颜色以"稳重"、"素雅"为宜,样式以"平常"、"简单"为好,"珠钻玉石"类装饰物尽量不用或少用。美在天然,不在雕饰,所谓"清水出芙蓉",才显女性之美。这样一来,当公众再依凭服饰来判定女学生的人格,那就不是"飞扬妖冶",而是端庄素雅了。班昭对"妇容"的要求就是"不必颜色美丽",应以"服饰鲜洁"为标准,②此后历代女学均从是说,经吕碧城(本文不拟论述)、冰心等人的努力传承到现代社会。冰心本人亦是身体力行,她曾自述道:"我不喜欢穿颜色鲜艳的衣服,我喜欢的是黑色、蓝色、灰色、白色。有时母亲也勉强我穿过一两次稍为鲜艳的衣服,我总觉得很忸怩,很不自然,穿上立刻就要脱去。"③可见并不是鲜艳的服饰才能显出女学生的靓丽和神采。1923年冰心初到美国时拍了一张照片,她在背面的题字是"到死未消兰气息,他生宜护玉精神",这"兰气息"和"玉精神"岂是外在的衣饰比得上的?

第二讲言谈。规避"好高骛远"、"不适国情"的说辞,代之以"实用"、"稳健"的问题讨论。其言语范围是"家庭卫生"、"人生常识"、"妇女职业"类有效的话题,能起到实际的效用。班昭《女诫》对"妇言"的要求是"择辞而说,不道恶语,时然后言,不厌于人"。④ 意思是不空谈、不逞臆,言辞得体。二者之间遥相呼应。冰心把话题引到女性、家庭上来,正是要以此赢得社会的尊重,以免女学生再受"轻蔑讥笑"。第三、四、七讲行为。大致意思是要女学生远离剧场、游艺园一类

---

① 女学生谢婉莹投稿:《"破坏与建设时代"的女学生》,《晨报》1919年9月4日。
② 班昭:《女诫》,张福清编注:《女诫——女性的枷锁》,北京:中央民族大学出版社,1996年,第3页。
③ 冰心:《我的童年(一)》,《中央日报》(重庆)1942年4月6日。
④ 班昭:《女诫》,张福清编注:《女诫——女性的枷锁》,北京:中央民族大学出版社,1996年,第3页。

的刺激性场所，多去聆听"学术演讲会"、"音乐会"，多去观赏博物馆和园林景物以及自然美景，以此培养正当、高尚的"趣味"。班昭《女诫》讲"妇德"时说："清闲贞静，守节整齐，行己有耻，动静得法，是谓妇德。"①这其实就是冰心所欣赏的女性举止。班昭的"四行"是一种理论的提升，冰心则是具体的实践。班昭提出女性应该怎样，冰心回应女性应该这样。今天看来，冰心的建议没有什么不合理的，再说，冰心也只是拣选了班昭部分说辞，像班昭津津乐道的女子要卑弱啦，要从一而终啦，要曲从啦等等，冰心从未正面宣扬过。她也不认为女性仅仅关心家庭就可以满足，这是她超越传统女学的地方。对于女学生应该了解什么、掌握什么知识来扩展自己的才识，冰心是以现代知识而不是传统女学为参照，第五、六说的就是这个问题。

冰心很重视女学生了解新知、新潮，放宽眼界而不是局限于家庭。注意"世界和国家的大事"、"欧美近代女子教育的趋势"、"我国妇女界今日的必需"这种世界性的和有益于民族国家及女性群体发展的问题，与传统女学要求的"妇无公事，休其蚕织"相比具有明显的叛逆色彩。在这方面，冰心既不满意女性"因才失德"，也不认同具有历史合理性的"女子无才便是德"，而是追求女性的德才并举，德才双修，这是对传统女性德才观有意义的创造性转化。最后三条讲交际和事业。与传统女学教导"男尊女卑"、"男女有别"、"男女授受不亲"、"男女之大防"不同，冰心并不反对男女交际，但也不推崇自由无序的交往，而是讲秩序、讲节制，有尺度。至于事业，冰心认为要以"普及教育"、"改良家庭"为目的来关心"家事实习"、"儿童心理"、"妇女职业"，也就是以做合格的妻子、母亲为己任。与传统儒学、女学提倡的"贤妻""良母"既有联系，又有区别。

很多学者认为冰心推崇的是新式贤妻良母，潜在意思是改头换面的贤妻良母，这不太妥当，也不能反映冰心塑造贤妻良母的实质。恰当的概括我以为是"现代型贤妻良母"，以传统"贤妻""良母"为底蕴，以现代家庭生活及社会生活为依托，追求家庭的和睦、和谐并兼顾女性的社会价值。冰心拓宽了传统"贤妻""良母"的生活空间和价值空间，规避了性别压制和男尊女卑的父权制礼法，代之以平等、自由的现代伦理，很好地做到了传统文化伦理的现代性转化。在文化急剧更换、价值失范、伦理崩毁的社会转型时期，冰心提供的是一条稳健的女性发展之路，其意义不容小觑。然而自陈西滢认定冰心作品是没出过学校门的聪明女子的构想，这样的看法在冰心研究的不同时期都会以相似的面目出现，就连传承了中国贤妻良母观念的韩国学者，也有了同感，以为"太理想化、不实在"，②仿

---

① 班昭：《女诫》，张福清编注：《女诫——女性的枷锁》，北京：中央民族大学出版社，1996年，第3页。
② 崔银晶：《重建家庭与女性的关系——以冰心、陈衡哲为中心》，《中国现代文学研究丛刊》2002年第3期。

佛不具有可行性。但其实,现实中是有的,沈骊英女士在冰心看来就是现代型贤妻良母的典范。"骊英是一个'已婚女子',以'生育为天职',同时又是一个'公务员','亲理试验乃分内事',在双重的重压之下,她并不躲避,并不怨望"。[①] 冰心为此深为感动,认为像沈骊英女士这样以"助夫之事业成功为第一,教养子女成人为第二,自己事业之成功为第三"的人生信条,正见出沈骊英的"伟大"。[②] 有快乐的家庭和称心的职业,婚姻和职业并行不悖,这不正是现代社会的合理期许吗? 不仅如此,在家庭生活上,冰心也不是只对女性有贤良的要求,也不是只强调责任忽视感情:

> 男女之爱,最重要的是恋爱结婚,没有恋爱的结婚是不道德的。因为那并不是为自己而结婚,而是为家庭为父母而结婚。同时男女之地位是平等的。贞操的问题也是平等的,所以表彰贞妇烈女的文章也是片面的。中国妇女运动有过标语"打倒贤妻良母"。我们并不是不要贤妻良母,可是同时也要贤夫良父。贤和良不应该只是一方面的义务。[③]

清末民初以来,现代爱情婚姻观念逐渐兴起,带动了两性关系及各方面生活的根本转型。于此,在恋爱自由与自由恋爱之间,在新贞操观与旧贞操观之间,在新家庭与旧家庭之间,在冲出家庭的新女性与闷在"铁屋"中的旧女性之间,在权利与责任之间,冰心对现代型贤妻良母的建构与倡导,明显看出深得传统儒家"中和"思想的真髓,在现代社会中创造了一片独特的、具有东方神韵的女性新天地。

(三) 冰心"现代型贤妻良母"的文学实践

冰心对现代型贤妻良母问题的思考不是一下子就定型定性的,而是有一个不断深入的探索过程。按照冰心思考的顺序,我们可以把她的现代型贤妻良母建构分成三个阶段,以方便论述。

第一阶段是现代型贤妻良母的初步构型。上承《"破坏与建设时代"的女学生》,冰心创造了她的第一篇小说、也是现代型贤妻良母首次亮相的《两个家庭》。为了突出现代型贤妻良母亚茜的优秀素质,冰心特意设计了一个对比映衬的反面人物、不贤不良的家庭妇女陈太太,而且这个陈太太竟然是一个女权主义者,

---

① 冰心:《悼沈骊英女士》,《冰心全集》(3),福州:海峡文艺出版社,1994年,第240—241页。
② 冰心:《悼沈骊英女士》,《冰心全集》(3),福州:海峡文艺出版社,1994年,第240页。
③ 冰心:《怎样欣赏中国文学》,《冰心全集》(3),福州:海峡文艺出版社,1994年,第514页。

以女权的名义索要权利、逃避责任、放任家庭。小说采用空间移动的叙述方式，把两个家庭空间并置一起。陈太太家的院子是这样的情景：厨房墙壁被炊烟熏黑了，门口堆着破瓷盆一类的杂物，两个孩子在吵架，一个孩子在玩泥巴、泥都抹脸上了，陈太太在院子里叱责佣人没看管好孩子。之后陈太太打扮得"珠翠围绕"，要去高家"打牌"，一并晚饭也不回来吃。陈先生回来看不见家人，也一赌气出门。按照空间理论，空间在被生产出来的同时影响、制约着空间创造者的存在方式。① 这个场景无疑反映出陈家无序、混乱的生活式样。家园作为人类的栖居地理应给人以归属感、依赖感和安全感。这种基本的家园精神作为一种固定的场所精神理应逐渐培养着人的乐园意识，增强人的幸福感和生存价值。而陈家正好背道而驰，上演了一出具有警示性的"失乐园"故事。

与此构成对照的是表哥和亚茜创造的井然有序的新空间，以及由此上演的乐园复归的故事。亚茜家的院子里栽种了草坪和花木，小男孩在摆弄有益于开发智力且充满趣味的积木。客厅里放置钢琴、古玩、花草等，"错错落落的点缀得非常静雅"，书房"里面几张书橱，磊着满满的中西书籍"②。这是一个透露出高雅情调、有书香和花香、怡人舒适的宜居型空间，设计和布置得井井有条，一如荷尔德林和海德格尔所说，是可以诗意地栖居的地方，显示出女主人高尚的才艺和学识。这还仅仅是空间性的呈现，如《圣经》所描述，是一个开满鲜花、草肥水美的地方。而要想进入这个伊甸园般的空间，重要的是人要克服自身的恶习（在宗教的意义上就是《圣经》教导的通过忏悔改恶从善）从善如流，这样才能复归天堂。③ 所以在表哥家这个人间天堂里，一切都是向善发展。所谓向善，就是一切行为都有益于自身及他人的正当性发展。在这个意义上，显示了亚茜形象的理想性和典范性。

冰心通过亚茜塑造的现代型贤妻良母形象，给文化伦理转换时期的现代女性树立了一个可以为之努力的标杆。亚茜形象的意义不在于实际有，而在于可能有。她本来是理想化的塑造，一旦与现实对号入座，就混淆了实然与应然的关系，偏离了冰心的本意。遗憾的是，至今少有人注意过这个问题，纷纷跌入误区里面，从而影响了对亚茜的价值判断。

亚茜形象体现的现代意义有以下几个方面：① 她经营的是有别于传统大家庭的现代独立小家庭。这里没有传统的宗法礼教、没有男尊女卑，不存在统治与被统治的权力关系。家庭运作以民主、科学为底蕴，呈开放性与社会相联结。② 亚茜的工作是尽职家庭与服务社会的结合。任佑卿女士对亚茜的工作性质

---

① 参见吴冶平：《空间理论与文学的再现》，兰州：甘肃人民出版社，2008年，第1页。
② 冰心：《两个家庭》，《冰心全集》(1)，福州：海峡文艺出版社，1994年，第16页。
③ 参见《圣经·旧约·创世记》有关伊甸园的记载。

分析得很到位,她说:"亚茜所履行的多种主妇角色不仅包括负责私人领域的再生产,而且包括教育、启蒙、翻译等能够实现民族现代生活的现代化事业。"①③ 亚茜本人是一个现代知识分子。她受过高等教育,有知识有文化,能与丈夫一起"红袖添香对译书",懂得教育的重要性,以新式教育方式培育下一代。

　　这些素质无疑说明亚茜是一个优秀的家庭主妇,但并不是西方中产阶级家庭所推崇的家庭主妇。易卜生在《玩偶之家》中批判过中产阶级家庭浓重的男权意识,让以家庭为本位的娜拉觉醒出走。贝蒂·弗里丹在《女性的奥秘》中揭示了中产阶级家庭主妇神话的虚幻性,为争取女性赋权——公共职业参与权而努力。这都与亚茜的形象不符合,她的底蕴是中国传统的"贤妻""良母"。表现在以下几个方面:① 亚茜的德性是和蔼静穆且安于本分。前述班昭《女诫》中的"妇德",提供的就是这样的标准。②《女诫》"妇功"讲"专心纺织"、"洁齐酒食",从这里看出来亚茜是个称职的主妇。家庭整体上"洁净规则"、赏心悦目;亚茜会纺织(给儿子织袜子),做的菜肴可口;持家勤俭(太忙,才雇了一个做粗活的老妈)。③ 教导子女、辅助丈夫尽职尽责。这是传统话语中"贤妻""良母"的本意,亚茜在这两个方面表现得极为出色。任佑卿女士据此分析亚茜与中产阶级女性的区别,"与过去中产阶级女性将家务和育儿交付给佣人不同,冰心将此强调为主妇的责任。"②班昭说:"女有四行","此四者,人人之大德,而不可乏之者也。"③《论语》说"克己复礼为仁",所以班昭引《论语》的话作为女子修行的最高境界,"仁远乎哉? 我欲仁,而斯仁至矣。"这也是刘向《列女传》,《女四书》中的《女论语》、《内训》、《女范捷录》以及大量的女教书籍所追求的终极目标。作为具有传统修养的亚茜,她的这些内在品行使她既区别于中产阶级家庭的主妇,也区别于陈太太这样官宦之家培养的主妇,并因之成为现代型贤妻良母的典范,她用辛劳创造的尘世乐园赋予她以神性的光辉,照亮众多女性前行的道路。

　　第二阶段以现代型贤妻良母为隐含基准,对偏至家庭的问题思考。

　　1. 旧家庭旧伦理的偏至。问题首先由《两个家庭》中的陈太太引发出来,陈太太尽管喜欢讲女权,处处以维护女权自居,但其实是一个新旧混杂、错乱变异的怪胎。她出身官宦之家,娇生惯养,没有女学教养,"一切的家庭管理法都不知道,天天只出去应酬宴会,孩子们也没有教育,下人们更是无所不至。"④女权虽然讲个性解放、人身自由,但不是鼓励自我放任,冰心引易卜生的话说:"如今完

① 任佑卿:《现代家庭的设计与女性\民族的发现:从冰心〈两个家庭〉的悖论说起》,《中国现代文学研究丛刊》2008年第3期。
② 任佑卿:《现代家庭的设计与女性\民族的发现:从冰心〈两个家庭〉的悖论说起》,《中国现代文学研究丛刊》2008年第3期。
③ 班昭:《女诫》,张福清编注:《女诫——女性的枷锁》,北京:中央民族大学出版社,1996年,第3页。
④ 冰心:《两个家庭》,《冰心全集》(1),福州:海峡文艺出版社,1994年,第19页。

全脱余之系属而自由；汝之生活，返于正道，今其时矣，汝可自由选择，然亦当自负责任。"①指出自由与责任是并行的，二者缺一不可。冰心还阐释过燕京大学校训中自由与服务的关系，②均把自由当作是相对的原则。陈太太这种虚无主义的自由观其实就是对自我、家庭的放纵，把自由绝对化，看似很激进很革命，实则是反革命很落后的，是传统女学时时提防的不知"妇道"的愚妻恶母。由此可见，一个不重视女学的旧家庭培养出来的主妇，她自己的家庭也不会是新的，只会把家庭搞得越来越糟糕，最终分崩离析、家破人亡。

旧家庭的危害还不仅于此，它还能把新女性吞噬。《秋风秋雨愁煞人》中有理想有信念的女学生英云，由父母主张嫁入一个"完完全全"的旧家庭。英云叙述家庭的状况：子弟十几个，"新智识上是一窍不通"，纨绔子弟的习气倒是沾染得足足的。"我姨母（注：英云的婆婆）更是一个顽固的妇女，家政的设施，都是可笑不过的。……家庭内所叫做娱乐的，便是宴会、打牌、听戏，……姨母还叫我学习打牌饮酒，家里宴会的时候，方能做个主人。不但这个，连服饰上都有了限制，……必须浓妆艳裹，抹粉涂脂，简直是一件玩具。……像这样被动的生活，还有一毫人生的乐趣吗？"③英云也想去教育子弟走正道，改变他们的观念，只是旧习太深，阻力甚大，自身力量薄弱，苦心付之东流。所谓哀莫大于心死，当旧伦理的大水浇灭新思想的火焰，英云沉沦为一个受旧伦理摆布的提线木偶。

2. 新伦理新家庭的偏至。冰心对女权、解放、自由等新思想一直很警惕，常常有保留地赞同或竟至于反对，她不是盲目地发表看法，而是进行过理性的思考。新文化运动作为一种除旧布新的社会思潮，代表历史前行的动力，但是当它越过正当性的界限，也会显示出吃人性。鲁迅在《伤逝》中探讨过这个问题，给人以警醒和深思。④冰心《小家庭制度下的牺牲》写的是新思想导致了人性的沦丧。老夫妻辛辛苦苦、变卖家产供养儿子海外留学，儿子学成回国娶了文明的妻子，宣布与父母断绝关系。儿子在给老人的信中说道："我们为着国家社会的前途，就也不得不牺牲了你二位老人家了……新妇和我都是极其赞成小家庭的制度，而且是要实行的……简单说一句，我们为要奉行'我们的主义'，现在和你们二位宣告脱离家庭关系。"⑤这是以国家民族的名义放逐了人伦，失去了人自身赖以存在的基础，与禽兽何异？《是谁断送了你》讲男女社交公开、恋爱自由的新思想造成的悲剧。一个男学生在怡萱并未应允的情况下单方面确定两人之间的

① 冰心：《解放以后责任就来了》，《冰心全集》(1)，福州：海峡文艺出版社，1994年，第144页。
② 冰心：《真理——自由——服务》，《冰心全集》(1)，福州：海峡文艺出版社，1994年，第221页。
③ 冰心：《秋风秋雨愁煞人》，《冰心全集》(1)，福州：海峡文艺出版社，1994年，第42页。
④ 毕新伟：《爱与善的两难：论〈伤逝〉》，《中国现代文学研究丛刊》2010年第4期。
⑤ 冰心：《小家庭制度下的牺牲》，《冰心全集》(1)，福州：海峡文艺出版社，1994年，第116页。

交往,并写信:"蒙许缔交,不胜感兴,星期日公园之游,万勿爽约。"①这是打着恋爱自由的名义在欺骗、玩弄女学生,致使怡萱在误解中抑郁而终。冰心在一首题为《人格》的诗中说:"主义救不了世界,/学说救不了世界,/要参与那造化的妙功呵,/只有你那纯洁高尚的人格。/万能的上帝!/求你默默的藉着无瑕疵的自然,/造成我们高尚独立的人格。"②那些丧失人格的人,无论把什么新的东西披在身上,都难以掩盖其狼的本性。

《我们太太的客厅》讲一个摩登中透着陈腐气息的家庭妇女,她的新潮都是表面文章,朋友络绎不绝却难以填补内心的空虚。她有富裕的家庭却不珍惜丈夫的宽容,与各色男人虚与委蛇,追求虚荣的满足。与诗人调情,对女性嫉妒,整天沉迷于集会宴会,虽挣足了面子,但难掩心灵的寂寞。冰心轻轻一笔,就剥开了她的本质:"我们的太太虽然很喜欢谈女权,痛骂人口的买卖,而对于'菊花'的赠嫁,并不曾表示拒绝。"③处在东西方文化伦理碰撞的时期,她既没有保持住东方的神韵,又没能学习到西方的精华,已然沦为男人的玩品,还在沾沾自喜。这个家庭看着富丽堂皇,但内在早已被抽空,亲情、夫妻感情严重金钱化、沙漠化,离幸福已经很遥远了。

3. 传统的延续问题。《六一姊》拥有两个叙事视点,一个是童年之我对六一姊的回忆,一个是成年之我对六一姊的评价。在回忆部分,小说不加判断地讲到六一姊十一岁的时候自己缠了足,然后开始学习女红。还认为六一姊的品性温柔。成人视点便据此推断嫁后的六一姊一定是一个勤俭温柔的媳妇。六一姊是传统女学的自觉传承者,冰心称赞她的表现是"嘉言懿行",显然很欣赏了。传统如果没有遇到外力的干扰,它自身会给自己创造传承的条件。一旦外质力量强大地介入进来,如何使自身进行调试,一直是冰心思考的问题。《第一次宴会》通过一次家庭晚宴来塑造女主人公,瑛出身于官宦之家,但是父母开明,从小教她读书做人,知书达理,养成清净素雅、温柔贤惠的品行。新婚的瑛,以做一个合格的家庭主妇为己任,她要布置一个新家、举办一次宴会。这个家庭是比照亚茜的家庭布置出来的,小巧精致,有书香有温情无金钱气无脂粉气,显示出瑛的心灵手巧。宴会中落落大方,周到圆满,见出她待人接物的素质。夫妻之间互敬互爱、互相欣赏,家事也是共同承担,互相体贴。这样一个平民化的现代型家庭主妇,冰心有意在向社会推而广之。

围绕着现代型家庭主妇,冰心二三十年代多管齐下,从不同层面叙写家庭主

① 冰心:《是谁断送了你》,《冰心全集》(1),福州:海峡文艺出版社,1994 年,第 152 页。
② 冰心:《人格》,《冰心全集》(1),福州:海峡文艺出版社,1994 年,第 239 页。
③ 冰心:《我们太太的客厅》,《冰心全集》(3),福州:海峡文艺出版社,1994 年,第 24 页。

妇的持家、立身，描述不同环境对女性成长造成的影响。她非常重视现代型家庭主妇对于改良家庭、改良社会的重要性，为创建一个幸福美满的人间乐园孜孜不倦地挥洒着笔墨。进入四十年代，已到中年的冰心渐渐稀释了之前创作的理想色彩，走向她问题思考的第三个阶段。

冰心在四十年代出版的《关于女人》中主要写了两类人，一类是顺境中的贤妻良母，一类是逆境中的贤妻良母，均增添了新质。以"我的"弟妇为题的三篇构成一个顺境中的系列性家庭物语，她们的个人生活经历基本相同，家庭生活却有些差异。三个女性都受过高等教育，婚姻都经过恋爱的洗礼，因而家庭生活幸福美满。其中二弟妇因大家庭需要未曾另立门户，接替婆婆成为新主妇，为大家庭输送了新鲜血液，实现了成功的改良。冰心对现代型贤妻良母内涵的丰富，从两个方面显示出来：① 强调了恋爱对于婚姻的重要性，把爱情和责任的交叉叠合作为家庭运行的支点，家庭主妇幸福感的来源就不仅仅是通过劳动使家庭兴盛一途，还有来自夫妻双方感情上的关爱与呵护另一途径。"通过恋爱而结婚"这个在"五四"时期形成的新观念已经达成社会共识，被认为是现代婚姻的精髓和婚姻顺利实施的精神性保障，它使家庭成员的劳动与付出呈现为一种自愿性、自觉性行为，家务劳动也不存在异己感、异化感，因有爱情的支撑转化为自我主体性呈现和自我存在价值彰显的日常性证明。② 现代型贤妻良母不仅适合小家庭，大家庭可能更需要。大家庭受传统伦理的束缚较多，培养出来的下一代缺乏现代精神，容易陈陈相因。所以，二弟妇以新女性的身份入主大家庭，就不失为一个改良家庭的便利途径，尽管冰心在《秋风秋雨愁煞人》中没有改良成功，但还是不愿放弃这方面的努力。《我的母亲》就是入主大家庭的现代型贤妻良母，"她有现代的头脑，稳静公平的接受现代的一切。她热烈的爱着'家'，以为一个美好的家庭，乃是一切幸福和力量的根源。"①她的开明使得家庭充满了民主的气氛，也给二弟妇接手家政创造了条件，实行家庭由传统向现代的一步步转化。基于此，冰心一直对"打倒贤妻良母"的女权思想表示不满，传统女学中那些优秀的资源是不能断绝的。

第二类处在逆境中的贤妻良母，冰心主要突出她们生活的艰辛，表达了理解的同情。《我的学生》、《我的邻居》描写了家庭主妇面临的两个困境，前一篇写女主人公积劳成疾，表现了家庭与事业兼顾对女性健康造成的严重影响，最终香消玉殒。比冰心早一年，丁玲在延安写了杂文《"三八"节有感》，畅谈延安女性的苦衷，她提请妇女们注意的几项建议，第一条就是关于健康的。"第一，不要让自己生病。……没有一个人能比你自己还会爱你的生命些。没有什么东西比今天失

---

① 男士(冰心)：《我的母亲》，《冰心全集》(3)，福州：海峡文艺出版社，1994年，第206页。

去健康更不幸些。只有它同你最亲近,好好注意它,爱护它。"①解放区与国统区关于女性健康的唱和,说明这是一个普遍性的问题,也证明了中国女性的无私和伟大,尽管是悲剧性的证明。后一篇讲主妇整日忙碌于家庭琐事,任劳任怨,却得不到丈夫和婆婆的理解,想出去工作也不被允许,一个人跌跌撞撞地守护着家庭,有苦楚只能咽到肚子里去。她并不惧怕家务,不求安逸,只是希望"心里能得到一点慰安,温暖……"②这至少说明了两个问题,① 爱情在婚姻中被磨蚀,② 婆媳之间存在交往的鸿沟,致使主妇被置于精神的真空地带,几近于窒息。这当然不是冰心对现代型贤妻良母表现的失望,而是藉此向社会呼吁,对她们要多一些理解,多一些同情。冰心化名男士在《我最尊敬体贴她们》中谈到了两性间的理解问题,她说丈夫下班回家看到饭菜没有做好,孩子们在打闹就会心烦、头疼,竟至于破口大骂,但是不会想到妻子也在辛苦地经营着家庭,她若是委屈得哭了,丈夫还一准看不起她,认为女人就知道哭。还谈到职业女性两者兼顾的难处,当丈夫责备妻子的时候,他没想到妻子和他一样工作了,回到家还要操持家务。所以,妻子为家务没做好而抱歉是对丈夫的尊敬,丈夫责备妻子则是对妻子工作以至于人格的漠视,是传统遗留给他的男权思想在作祟。妻子的艰难正说明家庭改良的急迫,果真这一代无可救药了,还有下一代,当年鲁迅不也是疾呼"救救孩子"吗。如果按照激进女权主义、无政府主义打倒贤妻良母、打破家庭的思想去实施家庭、社会的革命性转型,在父权和男权混合存在的畸形社会里,或如冰心所描述的,女性不仅不能建立起自己的主体性,反而会沉沦于男性霸权的深渊之中,这与冰心通过培养现代型贤妻良母、进而改良家庭和社会的思想相对照,究竟哪一种对建立女性主体性更恰当,也就不用再费笔墨去进行论证了吧。有时候,传统会表现得比现代更"现代",只要用心去发现。

---

① 丁玲:《"三八"节有感》,《丁玲全集》第 7 卷,石家庄:河北人民出版社,2001 年,第 63 页。
② 男士(冰心):《我的邻居》,《冰心全集》(3),福州:海峡文艺出版社,1994 年,第 317 页。

第二卷

德性与思想

一 "五四"新文化的一页前史

如果不求全责备的话,大致说来,传统中国社会是有男女两性恋爱之实,而无男女两性恋爱之名。从文化观念上说,"爱"在传统社会主要不是指异性之间的情感交流。据统计,《论语》中爱字共出现九次,如"泛爱众而亲仁"等,多泛指人与人之间心理和行为的一种施动方式,以求达到仁的境界。关于"恋爱",宋代刘斧在《青琐高议后集·小莲记》中有述:"公将行,小莲泣告:'某有所属,不能侍从,怀德恋爱,但自感恨。'"此处的恋爱应理解为怀想的意思,指某种情感在记忆中的留存,与现代的两性恋爱关系不大;明代王廷相《雅述·上》说:"生计微,则家贫无所恋爱矣。"此处是留恋的意思,与两性恋爱无涉。但也不是没有涉及两性关系的,《战国策·齐策三》讲了一件这样的事情:"孟尝君舍人有与君之夫人相爱者",高诱注曰:"爱,犹通也。"叶舒宪先生认为:"'相爱'在上古曾指私通行为",[①]这是不正当的男女关系了。章锡琛曾说过:"'LOVE'这一个字,在中国不但向来没有这概念,而且也没有这名词。近来虽然勉强把他译成'恋爱',但概念还是没有。"[②]章锡琛的判断大体上是可以成立的。传统社会中表达两性恋爱的词语当然不是 LOVE,也不是恋爱、爱情,而是怀、怜、思等语词,这些词语所描绘的男女两性之间趋于隔离的因相思而恋的状态,与现代爱情观念所表达的两性通过自由交往而恋爱的状态大不一样。而这大不一样,就给我们提出了比较重要的问题,作为一种改变了中国人情感体验方式的文化观念,现代爱情在中国是怎样发生的? 并且,是否是学界一直认定的直到"五四"新文化运动才发生?

(一) 爱情在婚姻内提出

中国现代爱情观念是伴随着中国女权观念的发生而发生的。晚清维新派在强国保种的意义上推动了女权运动的兴起,在改良家庭文化和生活的措施中引入了现代爱情观念。1901 年,康有为构思并写作《大同书》,至 1902 年完成书稿的大半部分,其中针对两性关系和家庭存在方式提出的就有男女爱情的关系,但此书出版较晚,另当别论。同年,马君武翻译的《斯宾塞女权篇达尔文物竞篇合

---

① 叶舒宪:《高唐神女与维纳斯》,西安:陕西人民出版社,2005 年,第 155 页。
② 王平陵、章锡琛:《恋爱问题的讨论》,《妇女杂志》第八卷第九号,1923 年 9 月。

刻》由少年中国学会发行；1903 年，爱自由者金一所著的《女界钟》由上海大同书局出版，都关注了爱情的问题。尽管在此之前，爱情这个词语或许已经出现，但真正使爱情作为两性之间的一种情感关系来使用，并使其在社会上扩散，应该是在这个时期。而女权这个词汇，也正是在这个时候在中国言论界开始普及。[①]

维新派强国保种的思想在清末民初有极大的受众，而强国保种的一项重要措施是提倡从日本传播过来的贤妻良母观念，因为贤妻良母之形成需要爱情的熏陶，这是培养新型家庭关系和抚育新一代国民的关键，所以，爱情最初在婚姻内被提倡便不足为奇。

传统中国的婚姻生活有自己的特色，《礼记》规定了婚姻的作用："昏礼者，将合二姓之好，上以事宗庙，而下以继后世也。"[②]这种责任型的夫妻关系并不提倡两性之间爱的情感的交通，而"男女授受不亲"的观念又把男女两性的生活空间人为予以区分，造成了婚姻内感情的压抑。在这个意义上，维新派借助宏大话语改良婚姻关系，承认爱情在婚姻内的重要性，不能不说是两性关系上的一个大飞跃。

清末女权运动在男女平权的维度上展开，希望把女性提升到和男性同等的地位。此同等当时有两个指向，一是在参与革命、接受教育的外部空间里提倡男女同等；一是在家庭婚姻、日常生活的内部空间里倡导男女平权。清末女权运动虽然没有打破传统男主外、女主内的外在家庭结构模式，但其推崇的贤妻良母与传统的贤妻良母期待已然有了本质的不同，因为清末贤妻良母在创造良好的家庭关系和抚育新国民的责任里包含着新的民族国家创建的期待，这就不仅仅是一个家庭的事情，还关系到整个国家民族的兴衰危亡。因此，要创建新型的家庭关系，包含了两性平等的爱情就成为唯一的改良方法，舍此无他。

马君武所译斯宾塞的《女权篇》对家庭问题作了重要解析。斯宾塞认为女性曲属于男性，一向被传统伦理作为美德认可的"夫唱妇随"这时已被看成野蛮的习俗，严重破坏了夫妻间的感情。"夫世人之用压力凌驾其妻者，欲其爱情之无伤，不可得也。爱情既伤而欲一家之有好效果，不可得也。故命令者，决不可用之家庭夫妇间也。"[③]"一为主一为属是诚极野蛮风俗，不可不改良也。此风不变则夫妻之间必无真爱情。必奴主之势尽革则夫妻之间真爱情乃充满而无极，是非虚言。"[④]斯宾塞所说的"我国"男女不平等的状况自然指的是英国，而马君武

---

① 须藤瑞代：《中国"女权"概念的变迁——清末民初的人权和社会性别》，北京：社会科学文献出版社，2010 年，第 51 页。
② 元·陈澔：《礼记集说》，北京：中国书店，1994 年，第 499 页。
③ 马君武：《斯宾塞女权篇达尔文物竞篇合刻》，少年中国学会 1902 年发行，第 8 页。
④ 马君武：《斯宾塞女权篇达尔文物竞篇合刻》，少年中国学会 1902 年发行，第 7 页。

的译本中"我国"的意指却比较微妙,难以确认到底指英国还是中国,①由于中国的家庭同样存在不平等,马君武译述时应该是想要用斯宾塞的言论救治中国恶劣的家庭关系,试图构建新型的以爱情为底蕴的两性关系模式。

所谓"真爱情",我们今天的理解,大约是指祛除传统男主女从意识笼罩下的、只有敬畏而无对等交流的举案齐眉式的伪爱,在互相平等的基础上强调夫妻感情的融合。马君武所译斯宾塞的《女权篇》虽然提出了婚姻内的爱情,但并没有具体指认什么样的爱情是真爱情,这未免让人有只知其名而不知其实的迷茫感,因为互相平等不等于爱情,也不等于一定就能产生爱情,它只是爱情产生的基础而已。那么,婚姻与爱情的关系、婚姻内的爱情究竟在世纪初是如何被确认的,这就需要转换到金天翮的《女界钟》来探讨了。

金天翮说:"夫妇之际,人道之大经也。而人道何以久? 非婚姻,婚姻其仪式也。仪式之中有精神,是名曰爱。"②他认为维持夫妇人道恒久的并非婚姻的组合框架,而是这框架中内涵的神圣、洁净的爱。也就是说爱情本是婚姻应有之义,而过去时代从未有过这样的婚姻,都是人的不自由、不能选择所造成,因而当今需要提倡"婚姻自由"以挽救被异化的婚姻。他说:"婚姻者,世界最神圣、最洁净的爱力之烧点也。"爱为何会燃烧呢? 是因为"物理上异性有相吸相感之力,而心理上同类有至恳至热之情"③的缘故。在相吸相感、至恳至热之情的心理作用下生成的爱,在碰撞(即构成婚姻)时便会生成耀眼的火花,照亮婚姻的长途。在引入爱之后,金天翮反思东西方对爱的不同认识,"中国人之言爱,异乎欧洲人之言爱。中国人之言爱也,其意轻,其义亲而不尊,是故防其爱之流于荡、入于亵,……凡属鞠躬、拜跪、抱腰、接吻,皆原人状态之表著,惟中国则以战余之威赫为荣,而欧人则以交情之恋著为幸,此相异之点也。"中国之缺乏两性之间的亲密关系,由此可见一斑。金天翮明确指出,欧洲人结婚"居恒选择,必于同学之生、相交之友,才智品德、蠢灵妍丑较量适当,熟习数年,爱情翕合,坦然约契,交换指环。"④这里的爱情,指两性在自由交往中发生的相爱的感情,而相爱必有具体的拥抱、亲吻相关的行为表现,来显示心心相印,这在传统中国是绝不可能允许的。杨纫兰在为《女界钟》所作的序中说:"其文章则流丽芬芳,语长心重;其议论则惊心动魄,一字千金。"⑤

亲密关系是爱情的外在表现,它的内在支点又是什么呢? 伦父从日本太阳

---

① 须藤瑞代:《中国"女权"概念的变迁——清末民初的人权和社会性别》,第53页注释⑤。
② 金天翮:《女界钟》,上海:上海古籍出版社,2003年,第67页。
③ 金天翮:《女界钟》,上海:上海古籍出版社,2003年,第67—68页。
④ 金天翮:《女界钟》,上海:上海古籍出版社,2003年,第78页。
⑤ 《同邑杨女士序》,金天翮:《女界钟》,第7页。

杂志译介的户田博士的论文对此予以了回答。文章说：西洋夫妇"其间爱情浓厚，异体同心。但于一定之界限内，各守其独立之地位，各自主张其权利或利益"，皆有"独立之人格"。[①] 要想使婚姻内生成爱情并维持下去，使婚姻关系和谐愉快，还需要人身和人格的独立。人身的独立在维新派那里已然受到重视，男女平权即是人身独立的要求；而人格独立，通常认为是在新文化运动时期才提出的，现在来看那是想当然，这种判断应该往前提。就连沸沸扬扬的贞操问题，在世纪初已然受到关注。为人译介的日本浮田和民发表在日本太阳杂志的文章中说："今则男女之别，惟在形体。男不必贵，女不必贱，贵贱者不根于天性，不域于职业，而惟在人格之存，固已视为伦理之大本，文明之真理矣。是以自今厥后，男子苟望女子之节义，则亦不可不自保其贞操。"[②]论者之所以谈论人格和贞操问题，是因为从这里可以看出，在清末民初，人们所理解的婚姻内的爱情已经可以说是健全的爱情了，这样的观念称之为现代爱情观念应该是没有异议的。打破男尊女卑的观念，追求两性人身、人格的平等和独立，在此前提下谋求彼此忠诚的爱情，构建新型的两性关系和婚姻关系，作为一种理想，在清末民初以一种高调的姿态在舆论空间很快散布开来。这在两性发展史上是空前的，值得深入研究。

（二）爱情提到婚姻之前

基于两性自由交往而发生的爱情，构成婚姻后是一种存在方式，而婚姻之前则是另一种存在方式。从现代情感发生学来说，男女两性往往是经由自由交往产生爱情，爱情成熟之际创建婚姻，之后，爱情进入婚姻时期的新阶段。清末民初探讨的婚姻内的爱情，实际上在情感发生学上是颠倒的，当然在传统伦理观念尚未得到大规模清理的时期，找到婚姻家庭这个突破口来传播爱情观念，亦是难能可贵。但也客观上形成了自我束缚，遮挡了人们的视线。民元后，现代民族国家的建构不尽如人意，1910年代中期，思想观念上向传统回潮，尊孔读经、褒扬贞节的保守主义思想抬头，刺激了人们对传统家族礼教、伦理道德的深重反思。就在这个反思传统伦理观念的文化思潮中，爱情摆脱了婚姻的约束再次受到追问。

自然，追问还要从婚姻问题开始。"吾国习俗男女之婚嫁，向从父母之命令，或因亲戚朋友之媒介而成，是不得谓之理想恋爱无论矣。即谓之恋爱，亦且不

---

① 伦父：《东西洋社会根本之差异》，《东方杂志》第八卷第三号，1911年5月23日。
② 为人：《现代生活之研究》，《东方杂志》第七卷第五号，1910年7月1日。

当。夫先恋爱而后结婚,乃自然之顺序,而吾国之习俗,则期恋爱于结婚之后,若结婚之后,不幸不见恋爱之成立,势必两皆抑郁,绝无生趣,甚至非离婚不可。"①爱情要经由恋爱才能形成,若先行结婚,再谋求恋爱生发爱情,就背离了爱情的自然性、自由性,恋爱发生的可能性有多大,就值得怀疑了。而实际上,出于父母之命、媒妁之言而非自由选择的婚姻,在传统中国几乎没有发生恋爱的空间。因为传统婚姻最佳的状态是相敬如宾,宾是在礼的意义上对来访者的尊敬称谓,有宾客时,须得礼仪端庄、言行谨慎。在著名的举案齐眉的故事中,梁鸿和孟光之间即是相敬如宾,孟光给梁鸿送饭时,把托盘高高举在头上,不敢看梁鸿,那种敬畏和谨慎的姿态能断定他们之间有甜蜜的爱情吗?② 那么,要想改善婚姻关系,就不能局限在婚姻内谋求爱情,这就只能到婚前来求取了,求取的方式是两性须有恋爱。

爱情前移到婚外,并认识到恋爱是发生爱情的途径,是两性关系的又一个大飞跃。恋爱这个词语被赋予了新义,即在自由交往的前提下,两性之间对爱的探求。因此,人的自由就显得极为重要,"恋爱为一生之大事,即其人之生命,故父母亲戚亦无干涉之权。"③把恋爱与生命相提并论,可见恋爱在当时被重视的程度,而恋爱的神圣性在此已见端倪。恋爱需要倾注双方的注意力和感情,即被一种不可思议的力所牵引,这样才能相恋相爱。诸如钱财、权势这些身外的东西,如假于其上,就会破坏恋爱的纯洁性,非理想的恋爱了。恋爱关系一旦确立,应当始终不渝,不可三心二意、见异思迁、喜新厌旧,即便结婚之后,也应当保持忠诚,恋爱的排他性也得到了确认。假如一方身死,另一方尽管可以再娶或再嫁,但在理想恋爱的意义上,"当其倾注恋爱于恋人之时,绝无他顾之余隙,始终如一,不以生存,不以死渝。一旦所恋之人身死,其心亦决不他向。"④这种理想的恋爱其实已经有了准宗教的性质。恋爱的理想化描述,在清末民初达到了它的最高峰:恋爱就是人的生命价值的体现,它因为能够生发不可思议的力量创造出爱情,因而是神圣的;恋爱天然具有蔑视钱财和权势的特性,绝不为外在因素所干扰,因而是纯洁的;恋爱是男女两个人之间本体的事情,拒绝第三者或更多的人介入,不允许别人的破坏,因而具有强烈的排他性;恋爱不是短暂、易变的,自我倾注于恋人,不以生死而改变,因而具有宗教献身的意味。在未接触这个论题之前,论者也以为现代爱情观念发生较晚,现在才知,清末民初这个阶段,有关

---

① 趋理:《结婚改良说》,《妇女杂志》第三卷第五号,1917 年 5 月 15 日。
② 孟光"每次送饭,皆以托盘举眉前,不敢正视,以礼待之,而受人尊敬。"事见刘向著,张涛译注:《列女传译注》,济南:山东大学出版社,1990 年,第 337 页。
③ 趋理:《结婚改良说》,《妇女杂志》第三卷第五号,1917 年 5 月 15 日。
④ 趋理:《结婚改良说》,《妇女杂志》第三卷第五号,1917 年 5 月 15 日。

恋爱的基本知识和基本观念已经全部在社会上展布开了。这样的观念在改变着人们对于家庭婚姻和两性关系的认知模式，从伦理的核心动摇着传统家族礼教的伦理道德观念。人们开始去体认爱情，尝试着接受爱情，并对恋爱进行可贵的探索。

爱情观念与女权观念相伴而生的性质，决定了清末民初以至"五四"以后爱情话语的展开往往从女性一方说起。当爱情和自由这样的现代观念刚在世纪初被确认的时候，就开始出现反对的声音；直到1910年代中期，爱情观念已基本普及的时候，还能看到视自由与恋爱为洪水猛兽的言论，并且很顽强地延续到"五四"之后。一篇论及女学生品行的文章中说："观其品行，则轻浮成习。辄借学生之名以资放纵，托自由之说陷于非义。"于是列十五条不准"以救青年女子之堕落"，①主要内容是隔绝女性与男性的交往，把女学生保护（其实是禁锢）起来。女性是否可以动情，以及女性应当如何用情，在当时看来是一个大问题。在一篇指南性的文章中，作者阐述道："我国旧派之女子教育，深讳言情。情之一字，除却诗词歌咏而外，自爱之女子，每羞道之。于是一生关系之婚姻，悉听命于父母，听命于媒妁，其结果足以酿成一生之不幸。"首先论证情（即恋爱）的正当性，欲求幸福之人生，必先有情。然情之萌发，需有一重要前提，即自立，"不能自立者，决不可以用情"。欲求自立，又需以下条件：知识、道德、职业和健康。具备这些要件后，用情还得十分谨慎，不可乱用情，用情之前先看看有无爱情上的冲突，"每见今之女子，不问所用爱情之人，有无其他之爱情，遂用之而不复顾，亦足演成惨酷之悲剧。"②因此，女性既需用情又不可不注意自我之人格，把情藏之于内，审慎选择，既免于做第三者，又有效提防不轨之徒的诱骗，当在合适之际，找到合宜的对象，创造人生的幸福。

在中国两性交往史上，传统中国社会仅对两小无猜时的青梅竹马表示认可，童年过后，男女之间的交往便被禁绝，男女有别作为一种礼的正当使用方式在传统社会被视为人之大伦，直至结婚后，仍不许有所逾越，因而中国古典文学中充满了无尽的相思，绵延不绝。清末民初，在欧美及日本现代爱情观念的影响下，敢于认可婚前男女两性的自由交往，敢于追求两性的恋爱，无论这恋爱以什么样的形式被认可，都是石破天惊的。综观这个时期关于恋爱、爱情的讨论，精神的成分被放大，性的成分被缩小甚至予以抵制，爱与性呈现出分离的状况；恋爱尤其提防性的渗入，说明视性为洪水猛兽的观念仍然根深蒂固。然而，谈恋爱回避性的问题，无论如何面面俱到，总是不彻底的，这就给"五四"新文化运动预留了

① 瑞华：《敬告女学生》，《妇女杂志》第一卷第七号，1915年7月5日。
② 飘萍：《女子用情正当之方法》，《妇女杂志》第三卷第二号，1917年2月5日。

现代爱情观念中的最后一个大问题,此是后话了。

(三) 爱情到底是什么样的?

爱情作为一种中国历史上所没有的、从西方传播过来的现代观念,理论上再多提倡、描述,总归有些抽象,不如文学描写更直观。人们不仅可以从文学中看到恋爱的细节、了解到爱情对一个人或两个人的改变,还可以诉诸人们的想象,在精神世界体味爱的新奇。文学与爱情本是有亲和力的,然则文学创作者所表现的情是否是爱情就另当别论了。一篇《论言情小说撰不如译》的文章就此有所论析,作者认为,国人所撰的言情小说并非演绎真正的爱情,多是些风流韵事,此中西言情小说之大不同也。何以如此呢? 因为,"西方习惯多与吾国不同,吾寻绎其旨,当指婚嫁生死而言,社会大事,无过于婚嫁生死,而言情小说,实包此四者。婚嫁生死之制度,国本之所寄也。是故结婚不自由也,重男轻女也,财产世及也,义务教育之不知也,皆吾国与泰西特异之点。问何以异,宗法为之障也。宗法不变,则四者不革。"①因此,就言情小说而言,还是译述为妥。苏曼殊的《碎簪记》有一个情节,一对恋人相对无语时,游人大声呼喊:"Love is enough, why should we ask for more?"张莉对此分析道:"两种陌生语言、两种不同的爱情观遭遇在一起的情节耐人寻味。在西人眼中,除了爱情,其他都不重要。可是在这对民初的青年人那里,还有难违的父母之命,以及那早已被安排的婚姻命运。纵然两情相悦,也只能默默无语,走投无路时便共同赴死。"②这样看来,在译述里寻找爱情还是妥当的。

说起来,对爱情文学的翻译还是挺早的。1898 年,林纾出版了他的第一本译著《巴黎茶花女遗事》,这是一部"有催魂撼魄之情"③的爱情小说,如论其影响,当以严复的评价最为精当:"可怜一卷茶花女,断尽支那荡子肠"。④ 小说叙述青年亚猛对美丽的妓女马克一见倾心,而马克也对亚猛倾注了挚爱之情:

> 余自思人生受一美妇人之怜,……故余头脑中满装一马克之外,并不许更有盛满之物,与马克争余脑中位置。觉既爱此人,每日必有所惬心之事,常至余前,逐日变易,无一雷同,斯亦怪矣。余与马克,每值月明,辄依林阴

---

① 铁樵:《论言情小说撰不如译》,《小说月报》第六卷第七号,1915 年 7 月 25 日。
② 张莉:《浮出历史地表之前——中国现代女性写作的发生》,天津:南开大学出版社,2010 年,第113 页。
③ 《英敛之先生日记遗稿》,转引自邹振环:《影响中国近代社会的一百种书籍》,北京:中国对外翻译出版公司,1996 年,第 123 页。
④ 严复:《甲辰出都呈同里诸公》,《严复集》(二),北京:中华书局 1986 年版,第 365 页。

而坐，夜气冲融和悦，若将余二人镕成一片者。向晓，帘深浓睡未寤，偶为啼鸟惊觉，疑余身上之情，倾吐不了，幻为汪洋巨浸，合马克深沉其中，偶出口鼻以受天气，旋复堕溺水底，不可复出者。一日马克偶坐，若有泪容，余怪之。马克曰："亚猛，尔我二人情爱，似非寻常；然余偶尔后顾，辄用悲凉，何者，人情不常，我爱亚猛，亚猛知之已审；设一日亚猛念余旧污，忽尔拂袖而去，又将如何？然吾领略双栖滋味已久，心便安之，万不能更揽新欢，断我旧爱。"余曰："誓之，永不负马克也。"①

缠绵、热烈的爱恋溢于言表，浪漫的爱情气息也相当浓郁。不过，林的译本虽描绘的是法兰西风情和风光，但内蕴的却是中国传统伦理的内核，使得自由爱情处处受到儒家伦理的规约与束缚，如当其是一种调适，则成为中西合璧的有中国特色的西洋爱情，而这样的爱情观念实在还不算很现代。另外，译本对爱情类词语的使用，论者查找了一番，尚未发现恋爱、爱情字样，与之类似的倒有情爱和爱一类时代感不明显的字词，还有大量的怜、侍、昵、欢等性别差等意味很浓的不对等艳字，丘炜萲所谓"哀感顽艳"②的风格，与这样的语词频繁使用应该大有关系，而现代爱情的自由品格也被规训得所剩无几。饶是如此，在十九世纪后期的王朝时代，林纾的笔致已经算得上相当越轨，毕竟通过这个缠绵悱恻的故事，人们开始模糊地想象西洋两性之间陌生的恋爱了。

一九一五年九月《青年杂志》创刊，从第一号起连载陈嘏译屠格涅夫的小说《春潮》，至第四号载完；第五号至第二卷第二号连载陈嘏译屠格涅夫另一篇小说《初恋》。连载两篇小说的时间跨度一年有余，如此集中的译介，充分显示了从《青年杂志》到《新青年》的现代爱情观念：爱情是在自由意志和两性吸引力的作用下生发的。

在《春潮》译序中，陈嘏认为"此篇为其短著中之佳作，崇尚人格，描写纯爱，意精词瞻，两臻其极。"③所谓纯爱，按小说的叙述内容，当是男女之间生发的纯洁感情，具有强烈的精神性品格。双方把整个心灵投注于对方，挣脱现实羁绊，从对方身上汲取爱的勇气和力量。因是一篇佳作，译者特意申明"各国皆有译本"，中国自然也应当译介。

小说叙述青年萨稜由意大利旅游后返回俄国途中，在德国法兰克福停留时

---

① 引文见冷红生、晓斋主人译：《巴黎茶花女遗事》，收入《中国近代文学大系·翻译文学集·一》第11集第26卷，上海：上海书店1990年版。

② 陈平原、夏晓虹编：《二十世纪中国小说理论资料》（第一卷），北京：北京大学出版社，1997年，第45页。

③ 俄国屠而格涅甫原著，陈嘏译：《春潮》，《青年杂志》第一卷第一号至第四号，1915年9—12月。

发生的一段爱情故事。因车马问题萨稜当日寓于白鸽馆,访歌德故居后闲步到一意大利糖果店,恰好此时店主人的儿子发病,女儿仙玛情急之下请其诊治。萨稜得以一睹陌生女郎芳容,遂一见倾心。萨稜与店主家人相处甚和谐,仙玛也已有意于萨稜,二人"由音乐而诗,而小说",相谈甚投契。一日,萨稜受邀与仙玛及其弟和未婚夫柯留倍尔同游风景名胜地梭典。午餐后一醉醺醺的士官滋生是非,抢走仙玛的蔷薇花,是时,柯留倍尔携众离开,萨稜极为不满,复从士官手中取回蔷薇。萨稜与士官因此决斗之后,仙玛向母亲表明退婚的意愿,而其母则请萨稜劝阻。萨稜左右为难,却在向仙玛转述时领悟了仙玛诚挚的爱恋。正当爱情浓烈之时,萨稜被贵妇玛利亚姿色诱惑,坠入深潭,再无颜面对仙玛。从此,萨稜在痛苦中浮沉,晚年变卖家产找寻仙玛。

作为一篇描写现代爱情生活的小说,《春潮》在词语的选用上使用的是恋爱和爱情字样,其中有说:"若萨稜,若仙玛,皆向不知恋爱为何物者也。今彼二人全身精神,业为魔神所幽因。人生最初之恋爱为精神上一大革命,平和简单之生活状态忽粉碎如微尘,纵界铁壁以防之,而彼青年侪辈,高揭纯爱之革命旗,绝不稍存畏怯,奋身飞跃。"再如:"大千世界中,若有'真诚'之物在,则如予今日恋爱姑娘之心,……予之恋爱姑娘,直达斯境。萨稜热烈之爱情,溢于眉宇。"①小说还极为精细地描绘二人的心理世界,萨稜之敢于对抗士官,仙玛之敢于提出退婚,皆是因为心中已有意于对方,是爱在他们心中产生的力量推动着前行,爱情可以超越一切,甚至生死。拥有爱情的人是富有的,双方都在向对方付出,而付出同时也成了回报,因而,伦理的规约和财产的诱惑均在爱情面前无能为力,只要有爱的意志,就可以创造更有意义的生活。爱的给予性品格在小说中充分显示了出来。正因为爱情来之不易,所以拥有爱情的人应当好好珍惜,萨稜错过仙玛后,一生都沉浸在痛悔之中,这实际上是在对人们进行语重心长的提醒。小说提到的纯爱,从此开始影响中国知识界对爱情的体认,两性的自由恋爱很快成为社会上的一个热点话题,被人们热情地讨论。

紧接《春潮》的《初恋》进一步追索爱情的秘密,讲述了一段复杂的恋情。奥尔兑玛年方十六岁,喜欢上邻家二十一岁的女孩琪乃达姑娘。琪乃达生性狷傲,善谈"摆伦嚣俄之诗,更议论古典主义、写实主义",②文学品性极高,有精神追求,虽常对流连于身边的男子嬉笑却不肯用情。奥尔兑玛在嫉妒、猜疑中深深爱上琪乃达,其一颦一笑皆令少年神魂颠倒,但女孩只当其是小弟弟,以挚友相待。琪乃达常流露人生的哀感:"不问何处,愿插翼飞去","吾不能堪","吾将来又如

---

① 俄国屠而格涅甫原著,陈嘏译:《春潮》,《青年杂志》第一卷第一号至第四号,1915年9—12月。
② 俄国屠而格涅甫原著,陈嘏节译:《初恋》,《青年杂志》(新青年)第一卷第五号至第二卷第二号,1916年1—10月。

何"。原来琪乃达与奥尔兑玛的父亲坠入了爱河，欲保持长久关系，终不能得。小说对此议论道："余窃思之，以一妙龄女子如琪乃达姑娘，明知吾父系已婚之人，身体非能自由，而独委身就之，是果何缘？……不恤一身之败裂而出此举，此诚难解之疑问，继而思之，此真所谓恋爱，所谓热情，所谓献身的行为者也。"①初恋之中套进婚外恋，显示出小说的奇情色彩，而在离奇的感情深处，小说对恋爱进行了饶有兴味的追问：奥尔兑玛的初恋是他少年情怀的初次展露，这使他对异性有了密切的关注，成为他成长过程中一段甜蜜而又痛苦的人生历程，人生在他眼里因而发生了巨大变化。琪乃达高标傲世，敢于冲破家庭伦理的束缚，即使为此受委屈也心甘情愿。这些都说明，爱情在人的生命中的超越性意义，爱与自由已成为衡量人的生命质量的重要的价值尺度。对异性的爱情，作为爱的原体验的一种，其生动的爱感图景在汉语里从此被赋形。

通过上述论析，大致可以认为，"五四"高涨期大量文学作品对恋爱的表现，主要是受惠于清末民初思想文化变动中的爱情探索，作为一种新的观念在起着作用。而"五四"新文化运动中对恋爱的社会性探讨，因与创作具有同时性，还不能马上影响作家的创作，两者其实是交相辉映的情况。并且，"五四"时期的恋爱讨论，也是因为之前有了这样的观念积累才能够适时地爆发出来。

---

① 俄国屠而格涅甫原著，陈嘏节译：《初恋》，《青年杂志》（新青年）第一卷第五号至第二卷第二号，1916年1—10月。

二 "自由之爱":《新青年》婚恋文献解读

1915 年 9 月 15 日,陈独秀创办《青年杂志》月刊,自第二卷起杂志更名为《新青年》。作为"'五四'新文化运动"的舆论中心,《新青年》非常关注妇女解放问题,把妇女解放与政治解放、经济解放相提并论,猛烈批判压迫妇女的封建专制和封建礼教,先后探讨了女子教育、女子经济独立、婚姻与家庭、女子参政以及男、女社交公开化等社会问题。

据统计,《新青年》在"'五四'运动"前就发表了 30 余篇有关妇女问题的专论及译文,之后又大量发表了有关妇女问题的文章。而在"五四"期间,《新青年》则掀起了对"封建贞操观"作全面批判的舆论浪潮,周作人翻译的日本与谢野晶子著的《贞操论》揭开了这一批判的序幕。1918 年《新青年》4 卷 6 号出版了"易卜生号",发表了易卜生的三部剧作,即《娜拉》、《国民之敌》、《小爱友夫》,此后娜拉的形象成为推动中国妇女解放的一面思想旗帜,促进了女性独立意识的觉醒。《新青年》还推出了"女子问题"专栏,发表女性作者所写的关于妇女解放的文章,也引起了广大青年的关注。

总之,《新青年》具有很大的思想启蒙和观念更新意义,其所提出的新婚恋观产生了深刻的影响,在社会上形成了一股追求女性解放的新思潮。

(一)《新青年》对于妇女问题的讨论

《新青年》从创刊之日起就积极关注女性问题,第一卷发表的有关妇女解放的文章如下:

表 1 《新青年》初期(1915—1916 年)发表的有关妇女问题的文章篇目

篇 名	作 者	译 者	刊 号
妇人观	〔法〕Max O'Rell	陈独秀	一卷一号,1915 年 9 月 15 日出版
欧洲七女杰	陈独秀		一卷三号,1915 年 11 月 15 日出版
女性与科学	〔日〕小酒井光次	孟明	第一卷第四号,1915 年 12 月 15 日出版
挪威之女子选举权			第一卷第四号,1915 年 12 月 15 日出版
罗兰夫人	李亦民		第一卷第五号,1916 年 1 月出版

《新青年》第一次用妇女的历史和现状对传统礼教进行清算和批判，吹响了女性解放的进军号。杂志主编陈独秀在《敬告青年》（一卷一号）中所说的一句名言是："女子参政运动，求男权之解放也"。他在《一九一六年》（一卷五号）中以极大的同情指出："女子，被征服者也"。他号召女性摆脱被征服的命运，"自居征服（To Conquer）地位，勿自居被征服（Be Conquered）地位"。之后他又发表了《孔子之道与现代生活》（二卷四号），这是一篇反传统的檄文，用较长的篇幅揭露了封建礼教和传统儒教对妇女的压迫。

从 1917 年 2 月 1 日的二卷六号起连续四期，《新青年》开辟了一个新的栏目："女子问题"，发表文章如下：

表 2　《新青年》"女子问题"栏目在 1917 年间所发表的文章篇目

篇　　名	作　者	卷、号
哀青年	李张绍南	第二卷第六号，1917 年 2 月 1 日出版
贤母氏与中国前途之关系	陈钱爱琛	第二卷第六号，1917 年 2 月 1 日出版
女子教育	梁华兰	第三卷第一号，1917 年 3 月 1 日出版
女子问题之大解决	高素素	第三卷第三号，1917 年 5 月 1 日出版
论中国女子婚姻与育儿问题	陈华珍	第三卷第三号，1917 年 5 月 1 日出版
女权平议	吴曾兰	第三卷第四号，1917 年 6 月 1 日出版
改良家庭与国家有密切之关系	孙鸣琪	第三卷第四号，1917 年 6 月 1 日出版

"女子问题"专栏仅仅持续了四期结束，真正深入探讨妇女解放主题的文章，见于 1918 年重启的"女子问题"专栏。

表 3　《新青年》"女子问题"专栏在 1918 年间所刊登的全部文章篇目

篇　　名	作　者	译　者	卷、号
贞操论	与谢野晶子	周作人	4 卷第 5 号，1918 年 5 月 15 日
娜拉	易卜生	罗家伦	4 卷第 6 号，1918 年 6 月 15 日
贞操问题	胡适		第 5 卷第 1 号，1918 年 7 月 15 日
我之节烈观	鲁迅		第 5 卷第 2 号，1918 年 8 月 15 日

民国初年，社会上非常关注"婚、恋自由"的问题。婚、恋自由，成为社会的一种新潮流，《新青年》对此起到了推波助澜的作用。该杂志探讨婚、恋问题的主要篇目如下：

表 4　《新青年》登载婚恋问题的文章篇目

篇　　名	作　者	译　者	卷　　号
结婚与恋爱	［美国］高曼女士	震　瀛	三卷五号，1917 年 7 月 1 日
婚制之过去现在未来	刘延陵		三卷六号，1917 年 8 月 1 日
自由恋爱	刘延陵		四卷一号，1918 年 1 月 15 日
玩偶之家	易卜生	罗家伦 胡　适	四卷六号，1918 年 6 月 15 日
结婚论	［芬兰］威斯达马克	杨昌济	五卷三号，1918 年 9 月 15 日
终身大事	胡　适		六卷三号，1919 年 3 月 15 日
男女问题	张崧年		六卷三号，1919 年 3 月 15 日
中国家庭制度改革谈	夏道漳		六卷四号，1919 年 4 月 5 日

(二)《新青年》所倡导的"新婚恋观"

中国的传统婚姻是"父母之命"、"媒妁之言"，婚姻的基础不是自由恋爱而是门当户对，注重门第和家庭财产，不重视个性、自由和感情。中国传统社会是男权社会，女性处于受压制的底层地位。妇女始终生活在以男性为中心的宗法制度下，妇女只是传宗接代的工具。封建宗法制度宣扬的"三从四德"、"男尊女卑"和"三纲五常"观念，使得女子对于自身的婚姻大事无权决定。对婚姻关系的主动解除，男子更是享有绝对的权力，女子只有被休遭弃的命运，她们是包办婚姻、买卖婚姻的牺牲品，没有权利去追求自身的爱情和幸福。

鲁迅说："当新妇被人放到新郎的床上的时候，她只有义务，她连讲价钱的自由也没有，何况恋爱。不管你爱不爱，在周公孔圣人的名义之下，你得从一而终，你得守贞操。男人可以随时使用她，而她却要遵守圣贤的礼教，即使只在心里动了恶念，也要算犯奸淫。"①传统婚姻家庭观念使女性被迫生活在不幸的婚姻中，她们已经丧失了自我，更没有自我意识，她们在这种婚姻中变得麻木，面对残害与压迫，她们不知反抗也没有反抗的意识。在这样的社会中，中国妇女成为男权文化统治的工具，传统的贞操观和节烈观束缚着女性，使得她们没有社会地位，没有做人的权利和人身自由。

《新青年》提出了很多关于婚姻、恋爱、家庭的新思想，其中包括自由恋爱的

---

① 鲁迅：《男人的进化》，《鲁迅全集》第 5 卷，北京：人民文学出版社，2005 年。

口号，恋爱以婚姻为基础、倡导恋爱在前的观点等。婚姻自由的核心和基础是爱情，实现婚姻自由的途径乃是在自由恋爱基础上的两性结合。婚姻自由和恋爱自由的真谛，就在于婚姻和恋爱由本人自主选择而父母无权包办。胡适提出婚姻生活的中心点是专一的异性的恋爱，也就是说如果没有专一的爱情，婚姻便会给双方带来束缚和压抑，使得婚姻不幸福。

《新青年》特别注重结婚自由，震瀛译美国高曼女士的《结婚与恋爱》彻底否定了传统的婚姻制度，认为婚姻应该是在双方自愿的前提下以爱情为基础进行的结合。婚姻自由指已成年的男女，对于婚姻有完全自主的选择权，而且要求实现一夫一妻制。《新青年》果断地否定了传统的包办婚姻，刘延陵指出：包办婚姻"视男女婚礴不为个人之事，而为全族之事；不定于男女自身之意见，而定于父母之命、媒妁之言、亲族之意"（三卷六号）。《新青年》中的很多文学作品对包办婚姻的危害进行了描述，苏曼殊的《碎替记》写的就是一个悲惨的爱情故事，揭露了包办婚姻的罪恶。《新青年》还刊登翻译的外国文学作品，屠格涅夫的《春潮》、《初恋》，王尔德的《意中人》，易卜生的《娜拉》等，这些文学作品也是主张婚姻自由，提倡个性解放，鼓励青年自由恋爱，摆脱封建礼教和婚姻制度的束缚，去追求人生的幸福。

除了提倡"婚、恋自由"，《新青年》还提出了"离婚自由"的惊世骇俗的观点。

古代的婚姻解除方式是"出妻"，男子休妻的理由有七条，即不顺父母、无子、淫、妒、有恶疾、口多言与盗窃，女子如果犯了其中一条都有可能被丈夫休掉。这种礼教制度体现的是男权的离异观，妇女没有主动权。关于离婚自由的讨论，张崧年认为婚姻是"从爱情生出来的人间关系，便该纯全随着爱情定去留"。"男女有爱情便可共处，爱情尽了，当然走开"。（六卷三号）这种观点强调的是爱情在婚姻中的重要性，婚姻的结合与离异要由爱情来决定。《新青年》也曾提出婚姻是一种契约，既然是契约就有缔约和解约的自由，也就是说要有结婚的自由和离婚的自由。自由结婚是对中国传统的"媒妁之约""父母之命"的反抗，离婚自由则是对社会男女不平等及封建礼教制度的反抗。离婚自由观点的提出又一次冲击了传统的婚恋观，强调爱情在婚姻中的地位，主张用离婚去结束不幸的婚姻。关于离婚自由的讨论使中国人开始重视婚姻中的情感地位，去追求自身的爱情和幸福。

（三）"自由恋爱"的实现途径

自由恋爱是婚、恋自由的重要方面，什么是自由恋爱呢？在《新青年》中有这样的论述："自由恋爱的离散未必全由于性欲的厌倦，也许是因为人格上有不能再同居的理由。他们既然是人格的结合，——有主张的自由恋爱应该是人格的结合！——如今觉得继续同居有妨碍于彼此的人格，自然可以由两方自由解散了。"①胡适认为自由恋爱是人格的结合，离婚是自由的，这种观点强调的是人性的自由解放。渭川对自由恋爱的解释："所谓'恋爱'的定义，是男女经过一种长时期的友爱，能够互相认识，——精神上的——互相了解，个性、志趣有好多相同处；并且将来能够通力合作，对于社会上有所贡献。"②青年毛泽东说："所谓恋爱，不仅只有生理的肉欲满足，尚有精神的及社交的高尚欲望满足。"③毛泽东将恋爱提到了精神的境界，将恋爱与单纯的肉欲区分开来，强调的是真挚的情感和高尚精神在恋爱中的地位。自由恋爱是婚姻的前提条件，没有自由和爱情的婚姻是异性的"强迫同居"，没有爱情的男女都是礼教的牺牲品。

"'五四'时期"的先贤们既然大力倡导"自由恋爱"，那么如何实现"恋爱自由"，也就成为倡导者们所关注的话题。其中的激进者们甚至提出要实现"自由恋爱"就要进行"恋爱革命"，与传统礼教进行坚决的斗争，以摆脱传统婚恋观的束缚。但具体而言，可从以下三个途径来进行：

1. "男女社交公开"与"男女共校"

在中国封建社会中，"男女有别"、"男女授受不亲"、"男女七岁不同席"是中国礼教之大防。"'五四'时期"的先进知识分子对此进行了猛烈的抨击，提出了"社交公开"的口号。

他们指出，"男女有别"是对中国妇女的束缚和人格的侮辱，妨碍女子就业。高素素说："男女之交际既无……社会事业必待于女子者，皆废而不举"，"丁兹生存竞争时代，各国国民尽其全力，吾国乃有半数无人格之废人，男子之功不能代女子之责。"④杨潮声在《男女社交公开》（六卷四号）一文中，直接提出了"男女社交公开"的响亮口号。认为男女自由正当的社会交往是男女平等、男女人格自由的要求，"男女社交公开"是实现婚恋自由的必要条件。徐彦之认为："人生痛苦，婚姻不良为一大原因，而解除此弊在婚姻自山。欲婚姻自由，非另有公然交际不可"，"婚姻自由的或利或弊，就看他有没有男女公然交际的这个条件，有这个条件为之前提，婚姻自由就可以得好结果，否则必至流弊横生"。⑤

中国女子没有社交的自由，自然没有机会认识男子接触男子，发生恋爱的机会很少。如果女子有社交的自由，男女之间就有了交际，有了友情，从真挚的友

① 胡适：《胡适答蓝志先书》，《新青年》第六卷第四号，1919 年 4 月 19 日。
② 渭川：《恋爱与社交》，《学生杂志》1924 年第 11 期。
③ 毛泽东：《恋爱问题——少年人与老年人》，《毛泽东早期文稿》，长沙：湖南出版社，1990 年，第436 页。
④ 高素素：《女子问题之大解决》，《新青年》第三卷第三号，1917 年 5 月 1 日。
⑤ 徐彦之：《男女交际问题杂感》，《晨报》1919 年 5 月 4 日。

情开始,便会有恋爱的爱情,这就实现了平等自由的真正感情恋爱的结合。所以"男女社交公开",是恋爱自由发生的第一步。因爱情的产生需要认识、交往、彼此了解,所以会提出这样的观点。但是必须认识到社交公开的目的并非全在于求偶,更反对那些带着不良目的交往的人,社交公开只是婚恋自由的前提。

实现社交公开的途径是多方面的,"男女共校"就是"男女社交公开"的实现途径之一。传统社会强调"女子无才便是德",女子没有受教育的权利。蔡元培提出:"改良男女的关系必要有一个养成良好习惯的地方,我以为最好是学校了。"①周建人也认为要救买卖婚姻的弊病,实现恋爱自由,须靠社交的公开及男女的共校,他认为男女同校有利于培养爱的艺术、提升爱的选择力、增进彼此对真诚恋爱的了解。②

在提倡"男女社交公开"时应该倡导正确的社交观,如果每个人都抱着求偶的心理去社交,就不能实现真正的社交,不能将"男女社交公开"和"男女共校"简单等同于"自由恋爱"。在社交中要对异性有起码的尊重,应该在人格平等的基础上正常健康地交往。"男女社交公开"口号的提出,打破了封建伦理纲常对人们的束缚,促进青年人的思想解放,唤醒了女性的个体解放意识,她们开始挣脱传统伦理纲常对自身的束缚,追求婚恋的自由。

2. 普及男子与女性教育

"'五四'时期"的先贤们认识到,实现女性受教育的权利是女性一切权利平等的渊源。女性要谋求职业掌握职业技能需要掌握知识接受教育,男女教育平等成为女性解放的第一步。《新青年》对女子教育问题也进行了一些论述,认为女子教育关系到国家和民族的兴衰。国家文明的标志是国民的知识和素质,在国家中女子占一半,所以必须重视女子的教育。梁华兰认为女子教育应与男子教育平等,女子无教育或限制其教育皆由轻视女子而生,"男女教育平等者非教育种类之平等,乃教育人格之平等"。(三卷一号)女子受教育一方面可以提高自身的道德修养,掌握更多的知识技能,实现自身的经济独立。另一方面可以通过教育成为人格独立的"新女性",摈弃"贤妻良母"观对自身的束缚,实现人格独立和人身自由。

在男女教育平等的社会舆论影响下,1920年北京大学首开先河招收女学生,王兰、邓春兰等人得以进入北京大学旁听。此后,"男女共校"成为先进的文化教育时潮,男女教育平等的观点打破了"女子无才便是德"的封建教条,冲击了"贤妻良母"的教育思想,更突破了"男女有别"的礼教大防,是中国妇女解放和教

---

① 蔡元培:《贫儿院与贫儿教育的关系》,高平汉编:《蔡元培教育论集》,长沙:湖南教育出版社,1987年,第225页。

② 周建人:《恋爱的意义与价值》,《周建人文选》,北京:中国文史出版社,1988年。

育改革的一件大事。男女教育平等使二十世纪开始的男女青年,从理论上皆得以接受西方的新思想,并用全新的眼光正确地对待恋爱和婚姻等人生大事。

3. 职业独立,经济自主

社交公开还需要女子实现自身的经济独立。女性职业关系到女性的生存权和经济独立权。如果女子没有经济权,在恋爱以后一切生活必需的衣食住和花销都要依靠男性,那么女子依然是被男性支配的,还会存在为谋生活而鲁莽恋爱。因此女子要实现人格的平等、婚姻中的地位平等就应该走上社会谋求职位,自食其力。

《新青年》对女子就职问题展开讨论,在第一卷第四号中就有关于挪威女子选举权的介绍。陈独秀多次批判"男主外女主内"的封建思想,号召妇女自主谋职,认为妇女只有从事职业,经济独立,才能享受自由的现代生活。他对女子参政给予高度的肯定,认为妇女参政运动,是现代文明妇人生活之开端。胡适介绍过美国妇女的职业情况以及她们在参政方面表现出的自立与热情,美国妇女非常热衷于参加各类社会活动,如妇女选举权运动等,他呼吁中国妇女学习美国妇女的自立精神,从事正当职业,谋求经济的独立和自身人格的解放。为了实现女子的经济独立一些知识分子提出社会上的职业除了一些特别职业女子不能参与外,其他职业应该向女性公开。受新思潮的影响,女性的就业观点也开始改变。在"五四"之后,越来越多的女性走上了职业岗位,为社会进步作出了各自应有的贡献。

(四) 结语

《新青年》杂志大力倡导的"新婚恋观"具有反封建的思想启蒙作用,是实现包括女性解放在内的人的解放的一种先进思潮。它以自由、平等为利器,打破了旧式婚姻对人性的束缚及其专制性,具备了现代社会所倡导的爱情观的基本特征,对现代爱情观的形成起到了积极的作用。

在文学领域,则主要表现为"女性文学"的诞生和女性题材作品的风靡一时。或如唐弢在《女作家黄庐隐》一文中所议论的:"庐隐发表作品,正当'五四'全盛时期,她是'五四'的产儿。'五四'的主要精神是反封建。所有反抗旧礼教,反抗买卖式的婚姻,争取恋爱自由等等,在庐隐的作品里有着鲜明的反映。从《海滨故人》(商务版)、《灵海潮汐》(开明版)、《曼丽》(文化版)、《象牙戒指》(商务版)、《归雁》(神州版)、《玫瑰的刺》(中华版)一直到《女人的心》(四社版),这一连串的作品里,就贯穿着这些问题。"因此,唐先生指出,"现在已经不大有人提起女作家黄庐隐的名字了,这是因为……庐隐的时代过去了。庐隐所拥抱的感情已经不是这一代人的感情，她的相对地被冷却，正是非常自然的结果"，而"热情，苦闷，感情与理智的冲突，庐隐的小说永远在这些圈子里兜⋯⋯她的后期作品，始终没有能够跳出前期的范畴，正是这种感情把她封锁了的缘故"①。

因为到了唐弢时代，自由恋爱、结婚自由、离婚自由等新观念，早已在《新青年》作者和庐隐作品们的合力并举下，冲溃了建筑在封建礼教基础上的旧式婚恋观的传统堤坝，广大男女青年的自我意识和人格尊严不仅被唤醒，而且被极大地激活了，婚、恋自主已经不再是这个时代的"奢侈品"。但饮水思源，回首不甚悠远的历史，时代青年们是不能忘却了以《新青年》杂志的编者和作者们当年对"自由之爱"的热切呼唤和积极推动的。

---

① 唐弢：《女作家黄庐隐》，《晦庵书话》，北京：三联书店，1988 年。

三 "交叉地带"的性别与德性

在我读过的关于路遥《人生》的评论里,李美皆的一段话对我触动很大。她说:"我避免再读路遥的《人生》已经很久了,因为怕受触动,因为它离我的一个生命时期太近。每个人都有自己的时代,最能够给你激情和痛苦的那个时代,就是你的时代,所以,我固执地以为,我是八十年代的人,我的精神血液是八十年代的。八十年代的流行歌曲,每一首我都狂热地去学,而现在的流行歌曲,几乎都与我隔着一层了,它们已经不能激起我骨子里的任何狂热。或许,现在什么都不能令我狂热了。在我最初的青春记忆中,八十年代最具有启蒙意义的精神事件就是《人生》,就是潘晓讨论。"八十年代我由懵懂的少年期迈向莽撞的青春期,正是埃里克森所说人生认同发生重要转换的时期,对我来说记忆深刻,意义重大,所以,我也能固执地认为,八十年代也是我的时代。在这个年代的后期,也就是1987年,台湾歌手齐秦录制发行了一盒名为《冬雨》的磁带,其中一首《外面的世界》表达了他对人生的复杂感受,"外面的世界很精彩/外面的世界很无奈/当你觉得外面的世界很无奈/我会在这里耐心的等着你"。我今天当然能够比较理性地看待歌曲中的"外面的世界",但我在八十年代听到的时候,只被一句歌词所打动,那就是"外面的世界很精彩",齐秦在演唱这一句的时候旋律是上扬的,它在我的青春期一直回荡。尽管我读到《人生》的时候已经是九十年代,但九十年代的我还是一下子就与八十年代的高加林产生了共鸣,因为他也是那么渴望着去"外面的世界"。李美皆还说:"八十年代与我的青春期相连,同时,我还见证了我的'哥哥姐姐'们的青春,他们,就是高加林,那是一个高加林的时代。《人生》是八十年代农家子弟的奋斗缩影,是一代回乡知青的精神记录。"[①]刘小枫有一本书的名字叫《这一代人的怕和爱》,高加林的人生,不也诠释了八十年代一代人的怕和爱吗?

我今天重读《人生》,并不是为八十年代、为高加林、为我的青春辩护,我更想在重读中反思我们这一代人的人生,以及由此产生的性别和伦理问题,为不断变化的生活提供一些借鉴。

---

① 李美皆:《重读〈人生〉》,《神剑》2007年第2期。

（一）"交叉地带"的人生还原

路遥在给阎纲的通信中说过"交叉地带"这个词是他的发明，他在社会发展的层面上谈到了这个问题。"我国当代社会如同北京新建的立体交叉桥，层层叠叠，复杂万端。而在农村和城市'交叉地带'，可以说是立体交叉桥上的立体交叉桥。……随着城市和农村本身的变化与发展，城市生活对农村生活的冲击，农村生活对城市生活的影响，农村生活城市化的追求倾向；现代生活方式和古老生活方式的冲突，文明与落后，现代思想意识和传统道德观念的冲突等等，构成了当代生活的一些极其重要的方面。这一切矛盾在我们社会的政治、经济、文化、思想意识、精神道德方面都表现了出来，又是那么突出和复杂。"①从对关键词的解释来说，路遥从生活经验中把散乱的现象提炼出来，予以适当的抽象和理论概括，以使其包容性更大、覆盖面更广，问题意识和矛盾性更突出，这样的解释方法确实可行，收效甚大，于今研究路遥者，几乎没有人不知道"交叉地带"的。但路遥的理论性说明弹性很大，而且是在具体生活之上的抽象概括，实际应用的时候需要还原到具体生活中才能发挥有效性，否则很容易把理论架空。日本研究路遥的学者安本·实发现了这个问题，专门对关键词"交叉地带"进行研究。他认为路遥的"交叉地带"有两个含义，一是"作为农村与城市的生活空间，长期以来一直处于对立状态，两者间没有平等的'交叉'，有的只是农村处在城市的绝对优势之下，因而被禁锢和封闭。"另一个是"包含有变革时期新旧时代'交叉'的意义"。他看到路遥从农村的角度和农民的视野出发写出了农村青年在这个"灰色地带"中的重重徘徊和挣扎，这其实就缘于路遥本人对"更广阔的外部世界"的憧憬。② 安本·实把"交叉地带"还原到路遥的个人生活中找寻其生成密码，这个做法对我很有启迪，我尝试把抽象的"交叉地带"还原到高加林的个人生活中，审视他的人生处境和他强烈的离开高家村的渴望。

麦金太尔说过："在我们的道德生活中，每个人总是在创造着自己的叙事，并由此含蓄地、有时也是明确地揭示由这种创造所预设的并不总是一致的理论路线。"③这就是说实际生活与理想生活、理论生活之间总是会有这样那样的错位，那么在错位中，个人追求有利于自己的生活方式是否具有合理性呢？这是我们如何看待高加林的关键问题。

---

① 路遥：《路遥文集》（一二合卷），西安：陕西人民出版社，1993年，第439页。
② 安本·实著，刘静译：《路遥文学中的关键词：交叉地带》，《小说评论》1999年第2期。
③ A.麦金太尔著，万俊人等译：《三种对立的道德探究观》，北京：中国社会科学出版社，1999年，第81页。

　　高加林虽然出身农家,但父母并没有培养他的土地和农民感情,而是寄希望于跳出农门,供养他高中毕业并培养了他的知识分子理想。这么说高加林与农村的隔膜是早已形成的一个历史性问题,并非他民办教师被拿下才出现。虽说高家村距离县城仅只五公里,但由于意识形态造成的城乡差别,使得高家村与县城分属于两个不同的世界,在路遥和高加林看来,一个是愚昧的世界,一个是文明的世界。高加林一心想去"外面的世界"的追求,因此包含了一种由愚昧向文明新生的意义。高加林其实一直在为此而奋斗,在县城上高中的时候当过学习干事,成绩很好,爱好广泛,敏感而充满幻想,是一个典型的城市文艺青年。如果以县城为中心点看高加林,我们也许能理解他为什么总想去更大的地方。

　　高家村是山窝里的一个村子,现代文明和文化信息少得可怜,只有高加林才是最好的代表;县城有热闹的集市和商店、各种文娱设施,且城里人的生活习惯符合卫生标准,但毕竟是一个山城,文明程度有限。而大地方就不一样了,像省城、像南京,其现代程度和开放程度均具有先锋性,各种各样的信息都可以接触到,生活也更有品位。如果一个人没有实际接触过新的文明和文化,就不会对其有太多的憧憬,安于不变的生活。而对于高加林,他有三年县城高中生活,对现代文明和文化有贴心的喜欢,他认为自己有在更广阔的世界里施展自己的才能(事实证明他完全可以),有远大的理想也是正当的。

　　八十年代的青年几乎都有高加林式的梦想。在我的记忆中,那些属于别人的从遥远的大城市带回来的物质文化产品和精神文化产品,如立体声录音机、红棉吉他、电子表、有发亮的金属纽扣的新潮夹克衫,还有流行歌曲、迪斯科舞蹈和港台流行读物,就像铁凝笔下的香雪,这些改革开放的成果织就了我对外面的憧憬和离开乡下的渴望。设若我当年生活的乡下固若金汤般封闭,对外面的世界只有陌生感而没有神秘感、诱惑感和新鲜感的话,我就不会有那些憧憬和渴望。以我之心度高加林之腹,情形也差不太多。所不同的是,高加林的人生起伏跌宕更剧烈,心理表现上自然也更强烈了。

　　但是高加林也不讨厌农村生活,他只是厌恶农村宗法/政治势力和一些伦理观念及其对他的伤害,甚至在一段时间里,受到伤害的高加林还努力让自己去认同这种现实,说明他的反叛是精神大于行动。高中毕业回到农村当民办教师期间,高加林的生活还是稳定且向前发展的,他担任五年级班主任,教他们算术和语文,以及各年级的音乐和图画,他让高家村见识了知识的力量,还获得了"特权"。我在乡下读书的时候,很多老师是民办教师,他们农忙时做农活,农闲时教书,因而乡下的学校比城里的多了两个假期:麦假和秋假。高加林和他们不一样,他不参与农事,村里人不说他闲话还敬重他。此时高加林的希望是通过考试成为公办教师,不是一心离开农村到城市去。这几年高加林生活得也算充实,

"亏得这三年教书，他既不要参加繁重的体力劳动，又有时间继续学习，对他喜爱的文科深入钻研，他最近在地区报上已经发表过两三篇诗歌和散文"。① 这么说来农村完全能够成就他的理想，事实上他本来就是一个在农村而脱离土地的人，他一度认可了这个生活环境。

在户籍制度严格限制人口发展、流动的情况下，做民办教师对他来说是利益最大化的选择了。政治学上有一种理性选择制度主义，说的是个体行动者在制度框架的影响和控制下，其行为受功利最大化的动机所驱使。② 当制度泛化为某些规范和规则的时候，在制度许可下的选择具有合法性、合理性。但不要忘记"交叉地带"的灰色性往往会使规范和规则发生变形，比如以制度的名义进行权力私人化的转移，就会褫夺他人的利益。正当高加林踌躇满志，以为曙光在前之际，政治与宗法势力联手击倒了他，并且还无法进行正当的反击。民办教师被顶替以后高加林窝火得很，才心生怨恨和报复，想过要离开高家村远走高飞。对于离开这个问题，蔡翔认为："高加林和乡村之间的关系就是一个逃离的关系。高加林的命运就是一个逃离。"③罗岗虽然不把高加林称作"逃离者"，也还是认为"他回来的结果不是去改变不平等的状况，而是如何逃离这块土地。"④我觉得高加林并没有"逃"的心理和行为表现，他被顶替的人生转折不是因为他的个人原因，相反他民办教师做得很好，而是外力作用的结果。也就是说高加林并不是人生的失败者，他被宗法/政治势力抛弃了，孙民乐认为，蔡翔所说的逃离，"到八十年代其实不是逃离，其实给定的名义是一种被抛弃的命运"。⑤ 这种被抛弃截断了高加林的进取之路，围绕着他的知识光环不再闪耀，他得和高家村的农民一样通过双手、而不是大脑的劳动挣取工分，成为他们中的一员。这对高加林和他的家庭来说简直是一个致命的打击，路遥开篇即通过天气骤变大肆渲染了这场突然降临的家庭风暴，可见其重要性。高加林的人生还从未和土地发生过直接的联系，他是"在而不属于"农村的回乡青年，虽身在农村，但害怕当农民；人不在城市，但心系城市。既然已被灰色体制所抛弃，那么他另谋打算也是情有可原的。

现在梳理一下高加林与农村、土地的关系并做一个小结。首先是交叉地带的灰色驳杂对人进行的规训。陈思和研究民间文化形态时有一个基本判断："民主性的精华和封建性的糟粕交杂在一起，构成了独特的藏污纳垢的形态。"⑥高玉厚巴望儿子读书成人，是传统"万般皆下品，唯有读书高"观念起的作用，耕读

---

① 路遥：《路遥文集》（一二合卷），西安：陕西人民出版社，1993年，第4页。
② 燕继荣：《发展政治学》（第2版），北京：科学出版社，2010年，第209页。
③ 程光炜，杨庆祥编：《重读路遥》，北京：北京大学出版社，2013年，第185页。
④ 程光炜，杨庆祥编：《重读路遥》，北京：北京大学出版社，2013年，第196页。
⑤ 程光炜，杨庆祥编：《重读路遥》，北京：北京大学出版社，2013年，第190页。
⑥ 陈思和：《民间的沉浮——对抗战到文革文学史的一个尝试性解释》，《上海文学》1994年第1期。

传家的愿景世代流传,推动了社会发展;高加林回乡教书也能说明这种传统观念具有现实基础,所以高加林才走了一条偏离土地的人生道路。但高加林并没有与农村、土地隔绝,一直身"在"其中,是权利冲突使他成为利益的牺牲品,这即是冠冕堂皇里的藏污纳垢。但路遥显然淡化了问题的严重性,只以冲突、矛盾来解释这种现象,放弃了制度性反思。其次高加林的起意离开,甚至产生报复心理乃是一种应激性反应,非蓄谋已久借机起事。高加林在农村的意义不是用体力劳动来衡量的,他传播的是知识和文化,不能因为身在农村就必须参与农事,高加林的作用类似于传统乡绅,所不同者高加林播撒的是科学文化知识。撤了他的民办教师,就等于收缴了他的立身之地,陷入权力之网的高加林被困于钱钟书描写的"围城","一无可进的进口,一无可去的去处",亦如鲁迅所言"彷徨于无地"。需要明白不是高加林抛弃了藏污纳垢的农村,而是这个农村抛弃了高加林,交叉地带的复杂性正在于此。

(二)"交叉地带"的爱情与性别

就在高加林一边不情愿地出山劳动,一边暗自思索如何离开高家村的生活无序、断档期,刘巧珍把握好时机出现,黄亚萍虽时机未到但也已现身,先后在高加林面前出场,共同演绎了一场起伏跌宕的爱情故事。我暂且不讨论里面的是是非非,先看看性征/性别在这场爱情故事中占了多大的比重,我觉得这个问题很重要。评论界对此的讨论大体上有两个思路,一是叙事模式上英雄美人的现代版,一是社会性别塑造成的男性气质、女性气质问题。两个思路有重叠的地方,都认为路遥跌入了性别刻板模式的窠臼,演奏了一首多声部的男性狂想曲。性征是社会性别的一个分支,理论上主要探讨容貌、体质等性的生理特征如何影响了性的社会表现。性征毫无疑问在两性交往中起着或隐或现的作用,需要落实到具体问题之中分析判断,如果一味谴责路遥与高加林犯了男性中心主义的错误,顺此思路认为高加林和刘巧珍只有冲动没有爱情,高加林和黄亚萍才有爱情,这样的判断实际上已经落入传统"红袖添香夜读书"观念的窠臼了。

刘巧珍在村里的地位和高加林差不多,他们二人有许多可比之处。一是容貌上,二是气质上,三是对待人生的态度上。容貌上称他们为村里的金童玉女不算为过。刘巧珍不仅是高家村,而且还是整个川道里的"头梢子",人称"盖满川"。"刘立本这个漂亮得像花朵一样的二女子,并不是那种简单的农村姑娘。她虽然没有上过学,但感受和理解事物的能力很强,因此精神方面的追求很不平常。加上她天生的多情,形成了她极为丰富的内心世界。村庄前后的庄稼人只看见她外表的美,而不能理解她那绚丽的精神光彩,可惜她自己又没文化,无法接近她认为'更有意思'的人。她在有文化的人面前，有一种深刻的自卑感。"①路遥不停地强调刘巧珍与其他农村女孩的区别，"刘巧珍看起来根本不像个农村姑娘。漂亮不必说，装束既不土气，也不俗气。"②这些情况使刘巧珍处在农村中一个比较尴尬的高位上，俗话说高不成低不就，与高加林一样是悬浮的。琼·W.斯科特是性别研究的奠基者，她把性别划定为一个分析域，探讨文化象征、规范化概念、亲属关系、主观认同等因素对社会性别观念的形成与变化起到的重要作用，认为性别在社会化的作用下构成了一种以性别差异为基础的权力关系，每个人都在这种权力关系中定位自己的性别属性。她说："我们必须重视象征性系统，即社会反映性别的方式，社会运用这一方式表达社会关系规则的途径，以及其意义的构成方式。"③村庄前后的庄稼人营造了刘巧珍的生存环境，在众人眼中她是一个不简单的漂亮女子，没有几个人能捉摸到她的心思，虽然上门说媒的络绎不绝，但刘巧珍一个也没看上眼。这种性别隔膜造成了刘巧珍另类且高不可攀的假象。庄稼人不仅看重她的美，更重要的是她宜室宜家的本领，就连她父亲刘立本也把这些作为嫁娶的本钱，企图做性的政治经济交易。这是刘巧珍的困境，她一直寻找机会挣脱。

路遥毫不掩饰地渲染高加林的健美，"他的裸体是健美的。修长的身材，没有体力劳动留下的任何印记。但不很壮实，看出他进行过规范的体育锻炼。脸上的皮肤稍有点黑；高鼻梁，大花眼，两道剑眉特别耐看。头发是乱蓬蓬的，但并不是不讲究，而是专门讲究这个样子。他是英俊的，尤其是在他沉思和皱着眉头的时候，更显示出一种很有魅力的男性美。"④高加林的健美对两位女性有莫大的吸引力，但对于庄稼汉来说就失去效用了。在性别系统中，男性之间的权力关系是通过"对男性特权进行差异性的分配、定义"的，⑤也就是说，"社会性别秩序既是关于对妇女的压迫，也同样是关于男人之间的统治和从属关系，以及男人之间的竞争和联合。"⑥高加林在农村性别秩序中毫无疑问处于被剥夺的弱势，从刘立本对他的鄙薄中看得很清楚，他在女性眼中的优势到了男性眼中反而变成了劣势。如果不是因为他当民办教师的话，这种形象在农村里无异于不务正业的二流子。黄文倩认为高加林总是"生活在远方"，⑦也是因为高加林并不认为这是一块属于他的土地。

① 路遥：《路遥文集》（一二合卷），西安：陕西人民出版社，1993 年，第 16 页。
② 路遥：《路遥文集》（一二合卷），西安：陕西人民出版社，1993 年，第 9 页。
③ 佩吉·麦克拉肯主编：《女权主义理论读本》，桂林：广西师范大学出版社，2007 年，第 176 页。
④ 路遥：《路遥文集》（一二合卷），西安：陕西人民出版社，1993 年，第 9 页。
⑤ 王政、张颖主编：《男性研究》，上海：上海三联书店，2012 年，第 116 页。
⑥ 王政、张颖主编：《男性研究》，上海：上海三联书店，2012 年，第 115 页。
⑦ 黄文倩：《生活在远方——重读路遥〈人生〉》，《现代中文学刊》2013 年第 3 期。

再看黄亚萍,高中从外地插班进来,见过世面,聪敏、大方、不俗气,在学校里很惹眼,出类拔萃。与高加林互有朦胧的喜爱,一度遭人议论,但仅止于此。高加林到县城当上通讯干事,再看她时,"她已不像学校时那么纤弱,变得丰满了。……两道弯弯的眉毛像笔画出来似的。"①两人正式确立恋爱关系后,"她自己也重新烫了发,用一根红丝带子一扎,显得非常浪漫。浑身上下全部是上海出的时兴成衣。"②显然黄亚萍女性的性特征比刘巧珍突出,更符合现代女性的性感美。但张克南与她交往时唯唯诺诺不懂这种浪漫,虽然他们的恋爱关系确定得更早。黄亚萍心中有比高加林更远的远方,她也是在而不属于这个县城之人。两个远方一旦碰撞,就会爆发巨大的能量,不仅他们在眩晕中会被灼伤,还会波及刘巧珍。

以上分析可以看出,三个人产生复杂的感情纠葛,与他们在交叉地带的位置及地带本身的混杂性有莫大关系。路遥说:"随着体制的改革,生活中各种矛盾都表现着交叉状态。不仅仅是城乡之间,就是城市内部的各条战线之间,农村生活中人与人之间,人的精神世界里面,矛盾冲突的交叉也是错综复杂的。各种思想的矛盾冲突,还有年轻一代和老一代,旧的思想和新的思想之间矛盾的交叉也比较复杂。"③体制改革的进行,使得交叉地带成为多种问题的交汇点,原本统得过死的生活出现了松动,整个交叉地带弥漫着一种跃动、浮躁的情绪,青年人的个性自由在这块土壤里顺势生长,脱颖而出,在与各种习俗、观念的较量中逐渐走向成熟。这注定是一个比较艰难的过程,继"五四"新文化运动之后的第二轮个性觉醒从高加林们的时代拉开帷幕,至今我们仍在这个征途上做启蒙的工作。

与"五四"时期的个性觉醒相似,八十年代的个性解放也主要在生的苦闷和性的苦闷上表现出来,只不过"五四"青年的任务是冲击"家族制度和礼教的弊害",④而八十年代的青年除了冲击带有传统礼教残余的弊害之外,还需要冲击依然僵化的体制对人生的束缚。也因此,高加林、刘巧珍、黄亚萍在生的苦闷和性的苦闷的压力下迸发出来的爱情才显得那么复杂和剧烈,又因为他们单薄如初春的乳燕,刚刚张开翅膀,还没有飞翔的经验,彼此之间的互相碰撞也就在所难免,所以受到的内伤也极其严重。

在以上敞开的生活场域中,我试着分析一下他们之间的感情动态。路遥说高加林养成了清高的习性,这在感情上造成了他和村民的分离,他不愿意和村民打成一片。这种情况刘巧珍最清楚,她常年默默地注视、观察他,但是密切关注

---

① 路遥:《路遥文集》(一二合卷),西安:陕西人民出版社,1993年,第56页。
② 路遥:《路遥文集》(一二合卷),西安:陕西人民出版社,1993年,第72页。
③ 路遥:《路遥文集》(一二合卷),西安:陕西人民出版社,1993年,第444页。
④ 《鲁迅全集》第6卷,北京:人民文学出版社,1981年,第238页。

却加重了刘巧珍的自卑感，明明知道高加林是她梦寐以求的白马王子，却不敢向他做任何表白。刘巧珍的倾慕对象与"十七年"和"文革"时期广大女性倾慕的劳动模范和军旅青年不一样，可以说大异其趣，他爱的是长得帅气有文化但不喜欢农业劳动的青年人。性与知识的结合在这里否定了与体力的结合，一个时代的爱情观念开始扭转。但驳杂的时代又有它自身吊诡的一面，刘巧珍飞扬的机遇恰恰来自高加林痛苦的坠落，爱情在三重矛盾互相胶着的状态中降临了。一、刘巧珍既为高加林当农民而高兴，又因为高加林的痛苦而痛苦；二、高加林猛然坠落谷底，梦想破灭，内心感受十分复杂，情绪变幻不定。三、刘巧珍与高加林之间存在着巨大的文化、情趣落差，情感与理智之间难以平衡。按说高加林困于厄运不会有接纳刘巧珍热情的兴致，那么他对刘巧珍态度的突然转变就另有原因了。为了叙述的方便，我把这个诱因称作"红头巾事件"。

　　高加林正式成为农民之后经济吃紧，不情愿地去城里卖馍，但又拉不下脸，刘巧珍帮他把馍"卖"了出去。在回村的路上，两个人慢慢地走着。"高加林由不得认真看了一眼前面巧珍的侧影。他惊异地发现巧珍比他过去的印象更漂亮。她那高挑的身材像白杨树一般可爱，从头到脚，所有的曲线都是完美的。……高加林突然想起，他好像在什么地方见到过和巧珍一样的姑娘。他仔细回忆了一下，才想起他是看过一张类似的画。好像是幅俄罗斯画家的油画，画面上也是一片绿色的庄稼地，地面的一条小路上，一个苗条美丽的姑娘一边走，一边正向远方望去，只不过她头上好像拢着一条鲜红的头巾……"①黄文倩对这个片段印象很深刻，她给出了这样的解释："高加林之所以会喜欢上巧珍，某种程度上，亦是投射了自己所喜欢的苏联油画的形象，而似乎都不是真实的对象本身。"②刘禾往前又走了一步，她说："高加林已经看不见自己眼前的庄稼地，他看不见自己眼前的女孩。他看见的是那一幅画。在这细读可以看出：他和自己情感上最亲近的这个人之间隔着多么大的一个壕沟。"③我阅历有限，向很多人打听过这个画家和作品的名字，至今不得而知，尽管如此，我还是要对这个媒介的重要性作出分析。文艺青年高加林在回乡几年中一直努力开拓精神生活，也即另一个世界，这个世界的丰富性填补了物质生活的单调与乏味，两个生活世界由此获得了平衡。而此时的高加林却是一个完整的生活世界被打破，动辄即感受到屈辱的落魄者，刘巧珍的援助既帮他解了困窘又给予了他莫大的心理安慰，白天的屈辱感被稀释了，心情因此而处于某种升华的状态，此时此景此人接通了他看过的那幅俄罗斯油画。高加林从刘巧珍联想到油画，又从油画回返到刘巧珍，这其中是

① 路遥：《路遥文集》（一二合卷），西安：陕西人民出版社，1993年，第19页。
② 黄文倩：《生活在远方——重读路遥〈人生〉》，《现代中文学刊》2013年第3期。
③ 程光炜、杨庆祥编：《重读路遥》，北京：北京大学出版社，2013年，第210页。

艺术品在起着审美的连接作用。高加林能够发现刘巧珍的美,第一个原因是他的农民身份与刘巧珍齐平了,正如海德格尔所说:"人就他所归属的那个维度来测度他的本质。这种测度把栖居者带入其轮廓中。"①第二个原因是艺术品的激发,"艺术品以自己的方式开启存在者之存在。"②"作品本身愈是纯粹地进入存在者由它自身开启出来的敞开性中,作品就愈容易把我们移入这种敞开性中,并同时把我们移出寻常平庸。服从于这种挪移过程意味着:改变我们与世界和大地的联系,然后抑制我们的一般流行的行为和评价,认识和观看,一边逗留于在作品中发生的真理那里。"③也就是说俄罗斯油画既把高加林拉进乡村的视域中,又让高加林发现了农村女性特有的美丽,这当然是一种心理作用,然而产生了一种超越性的力量,使他和刘巧珍的关系发生了质的飞跃。

尽管高加林后面反复不定,我仍然认为这场爱情的发生是出自内心的,即使不停反复也能看出他们的恋爱是在艰难地上升。虽然他们之间因为文化和心理定位的差异不可避免会有一些隔膜,但如果没有高加林进城的"转机"和黄亚萍的加入,这场乡村爱情也能开花结果。这两件事情产生的合力扭转了高加林与刘巧珍并不宽阔的爱情道路,被逼进了一个无法回转的死胡同。

在新构成的三角关系中,高加林的感情出现了艰难的流动。流动的原因,一是相比于女性气质的静与动,高加林富于律动的男性气质更容易与黄亚萍性感、动态的女性气质相呼应。二是在感情网络中,刘巧珍的爱情观表面落后于黄亚萍,实际上超前于黄亚萍,让高加林无法继续接受。爱情通常表现为异性之间因为互相吸引而产生的、超越了日常生活的一种激动性情感,这是为什么人们总认为爱情非常浪漫的原因。爱情提供了一种至今难以解释得清清楚楚的"魔力",总是能够冲击规则性生活,尽情拓展两个人的浪漫世界,在探索、融合中走向婚姻的殿堂。刘巧珍毫无疑问尽量在缩短这个旅程,超前性地想要一步跨入神圣的殿堂。也就是说刘巧珍在与高加林交往的时候,已经提前进入心理上的婚姻状态了,以至于仍旧延宕在恋爱的冲动、激动期的高加林不免有乏味之感,而黄亚萍在高加林有些心理倦怠、事业正蓬勃发展之际主动示爱,使得两种感情形成强烈对比,高加林在审时度势中应和了黄亚萍的浪漫爱情。

黄亚萍的加入唤醒了高加林被压抑的向更远处飞翔的欲望。高加林之能够发生移情,是"因为黄亚萍把他带到了另一个生活的天地! 他感到新奇而激动,就像十四岁那年第一次坐汽车一样"④。不可否认黄亚萍自身的优势在感情争

① 马丁·海德格尔著,孙周兴译:《演讲与论文集》,北京:三联书店,2005年,第205页。
② 马丁·海德格尔著,孙周兴译:《林中路》(修订本),上海:上海译文出版社,2008年,第21页。
③ 马丁·海德格尔著,孙周兴译:《林中路》(修订本),上海:上海译文出版社,2008年,第47页。
④ 路遥:《路遥文集》(一二合卷),西安:陕西人民出版社,1993年,第72页。

夺中的作用,黄亚萍崇尚自我、爱好文艺、新潮浪漫,追求生活的情趣和品位,富于现代气息,集女性魅力、政治上位、经济宽裕、知识丰富这些优越条件于一身,从很多方面说,黄亚萍都是一个性价比很高的现代女性。就高加林的个性和成长经历来说,选择黄亚萍也是正常的。恋爱本来是一个探索、磨合、碰撞、融合的过程,暗含着分与合的选择。那种认为一旦恋爱就不能分手的态度,是一种伪善的态度,并不可取。

高加林的爱情问题不是该不该转向黄亚萍,而是转向黄亚萍后的恋爱实践出现了感情分裂。当然高加林旧情难断,黄亚萍心生猜忌在所难免,只不过黄亚萍有时敏感过头,过于专断,倒让高加林疲于应对了。这里显示了现代爱情一个致命的问题,即如何相信对方的爱情。这个问题鲁迅当年在《伤逝》中探讨过,张爱玲在《倾城之恋》等作品中也有思考。现代爱情由于破除了传统两性关系的父母之命、媒妁之言而产生了动态性,其约束力只有对方的忠诚,而如何验证忠诚却没能提供一个有效的爱情律,这就导致在爱情的验证中各种不当的问题滋生,反而会破坏纯洁的感情。这才是高加林和黄亚萍之间爱情的根本问题,即使高加林没有被告发,跟随黄亚萍去了南京这个更大的地方,由于高加林初始性的"错误",他们以后还会有猜忌,"苦恋"也不会转化为"蜜恋"。

综上所述,可以做如下小结。在三个人性与爱的纠葛中,《人生》中的个性解放话语次第展开。在个性追求的深层次上,他们通过自己的思想和行为实践了个人对生活的突破性追求。而在爱情的浅层次上,每个人爱情的选择都与自己的生活环境、受到的教育和理想目标互相牵扯,近于传统和近于现代的爱情观念作为两种不同的力量反向拉扯,使每个人都深陷于苦恋之中。感性的冲动和理性的拷问在每一个人身上都发生过激烈搏斗,显示出交叉地带特有的混杂型人生。其悲剧性经历,能够使人们对爱情有更多的思考。

(三) 人格的分裂与德性重建

爱情没有对错,但如何对待爱情则有正当与不当之别。盖尔·卢宾说:"当我们的生活面临着难以想象的毁灭的可能性的时候,人们更容易陷入对性问题的危险的狂乱之中。……在社会压力过于强大的时期,性应当受到特别的重视。"[1]性在生活中本有自身可调节的张力,而当生活出现失序或危机的时候,性的生物本能有可能冲破性的社会理性防线,变成宣泄自身焦虑和危机的一种危险方式。在与刘巧珍的交往中,高加林的生存压力就是以性冲动的形式表露出

---

① 佩吉·麦克拉肯主编:《女权主义理论读本》,桂林:广西师范大学出版社,2007年,第385—386页。

来的,性需求常常大于感情的交流,有时则又混杂在一起,使初始性的精神之间的对接越来越变得暗淡无光。而作为性安慰对象的刘巧珍在承受高加林性愉悦的同时(在那个年代的农村婚前拥抱、亲吻已经是很越轨的行为了),总是不忘记拿日后的婚娶提醒他这不仅仅是身体的愉悦,她是以结婚为目的而投向他的怀抱的。刘巧珍的提醒和高加林冲动过后的理性反思,使得性在两个人的恋爱中成为一个包含了德性的伦理问题。家庭本位与个人本位的伦理观在性的问题上发生了剧烈碰撞,时刻拷问着当事人的德性品格。

在八十年代的中国,性仍然是一件被传统伦理和政治意识形态双重锁定的事情,那时很多人包括我对性的理解仅仅局限在色情、流氓的负面认识上,听起来危险而又恐怖。性的开放和觉醒总是从生的苦闷和性的苦闷的堆积开始,性在人生中得以敞开也总是从城市开始向周围展布。在这个序列中,高加林对性的追求是正当的且有改变社会性观念的重要意义。但性的选择要以不伤害他人为目的,不能因为性的正当要求而打乱他人的生活,从这一点看,性对刘巧珍和黄亚萍的影响截然不同,刘巧珍与高加林交往受到的伤害远远大于黄亚萍,这是缘于两个人面对的伦理秩序的不同。

麦金太尔阐发克尔凯郭尔《非此即彼》提出的生活方式作为他重建现代道德生活的目标,"审美的和伦理的这两种生活方式之间的选择并不是善恶之间的选择,而是对是否依据善恶进行选择的选择。正如克尔凯郭尔所描述的,审美的生活方式的核心是力求在当下体验的直接性中丢掉自我。审美表现的典范是沉溺于个人激情之中的浪漫情人。相反,伦理表现的典范是婚姻生活,一种历久不变的承当与责任状态,在其中,现在受缚于过去又承诺未来。"[①]刘巧珍与黄亚萍分属于两种互相对立的生活方式,高加林的摇摆表明他对于哪一种生活方式都不是执着追求的。"在审美的生活方式里,人生被分解为一系列分离的现在时刻,人生统一体消失不见了。相反,在伦理的生活方式里,对未来的各种承诺与责任源于我们在其中接受了义务、承担了债务之过去的各个事件,这样,对未来的各种承诺与责任就以一种能够使人生成为一个统一体的方式将现在、过去与未来结合在一起了。"[②]高加林可以划归到对生活的审美追求上来,但是他又不想舍弃对未来的伦理规划,在潜意识里,他其实想要的是一种综合:刘巧珍妻子般的温顺依从和黄亚萍情人式的浪漫激情,这是一种典型的男性"红玫瑰与白玫瑰"悖论,张爱玲对此有深刻的揭示,她说:"也许每一个男子全都有过这样的两个女

---

① 阿拉斯戴尔·麦金太尔著,宋继杰译:《追寻美德:道德理论研究》,南京:译林出版社,2011年,第51页。

② 阿拉斯戴尔·麦金太尔著,宋继杰译:《追寻美德:道德理论研究》,南京:译林出版社,2011年,第307页。

人,至少两个。娶了红玫瑰,久而久之,红的变了墙上的一抹蚊子血,白的还是'床前明月光';娶了白玫瑰,白的便是衣服上的一粒饭粘子,红的却是心口上的一颗朱砂痣。"①双重欲望打破了高加林的人生统一体,他不得不经受两个女性、两种爱情、两种生活的撕扯,道德人格的完整性也由此分裂。

高加林在刘巧珍与黄亚萍之间左支右绌,产生了新的焦虑,这种性的焦虑叠加上生的焦虑(即离开还是留下)使他陷入一种神经性的狂乱之中,无论来自哪一方的爱情都不能化解他的焦虑,他甚至对双方都产生过讨厌的心理,男性的理解和宽容离他越来越远。高加林其实误解了个性解放和个人主义的含义,胡适说过,真正的个人主义是在不危害别人的情况下自我的努力发展和担当,个人主义完全不等于利己主义,但高加林却以个性解放为名,行利己主义之实,既伤害了他人也伤害了自己。在性关系和爱情关系上,高加林做得很不大方,令人奇怪的是,很多人都是一边谴责,一边又为他辩护,谴责他抛弃了刘巧珍,却为他和黄亚萍的爱情辩护。试想,两个利己主义者能够产生纯洁的爱情吗?范柳原和白流苏之间有那种爱情吗?显然是没有的。

高加林与黄亚萍之间原本有很好的交流基础,高中阶段萌生了朦胧的喜悦,但双方都顾忌对方的身份,只留下一股莫名的惆怅。按说现代爱情最大的功绩就是在人人平等的前提下打破身份、门第和功利观念,实现两性的自由结合,共同探寻爱的真谛。"五四"新文化运动时期还兴起过一股不大不小的纯爱思潮,以追求纯洁、神圣的爱情为旨归。这样看来,高加林与黄亚萍看似浪漫的爱情,其实被很多现实的功利目的所牵制,与现代爱情观念相背离。他们其实都是在为自己打算,高加林想通过黄亚萍获得更好的位置,黄亚萍则想通过高加林激活生活的浪漫与激情,但由于牵连着刘巧珍和张克南,他们的愿景实现起来困难重重。事实上在高加林被告发之前,他们的关系就已经出现了裂痕。爱情的本质在于互相无私地给予对方爱护和信任,构建爱的共同体承担外界的风雨。但他们之间却无论大小事情都会对感情造成冲击,最后还以身份的变化而告终,这就说明他们的爱情是温室里的花朵,柔弱易折。

最能检验一个人德性品格的莫过于爱情,恋爱中的高加林表现如何呢?可以这么说,高加林从未想过要为对方奉献什么,也没想过为了对方改变自己。两份爱情都不是他主动争取的,他既然能拿来,也就能舍弃,尽管取与舍都让高加林大费周章。不能简单地用爱与不爱把所有问题都化解掉,费尔巴哈说过:"爱就是成为一个人",人拥有爱并且能够真诚无私地爱人,就会在爱的实践中走向成熟,成为一个向善的德性高尚的人。因此,爱兼具了启蒙的性质,一如康德所

---

① 张爱玲:《张爱玲文集》(第二卷),合肥:安徽文艺出版社,1992年,第125页。

说,启蒙就是照亮蒙昧,使人脱离自己的不成熟状态。爱不仅成就对方,也能成就自己。遗憾的是,高加林先后经历了两份炙热的爱情,却没能够修养善德使自己变得成熟起来,反而暴露了越来越严重的利己主义品行。路遥对高加林的作风矛盾重重,有学者分析道:"一方面真实地描写了只会说老母猪下猪娃的巧珍与加林之间的明显文化差异,巧珍想让加林爱她又不知怎样才能讨他喜欢的尴尬,真实地表现了亚萍与加林的情趣相投;另一方面又抑制不住地一再流露出对加林抛弃巧珍,热恋亚萍的贬斥、非难,以至形成一个矛盾的结论:高加林舍弃巧珍、接受亚萍是符合爱情本质的正当行为,同时又是不道德的行为。"①矛盾来自路遥本人的爱情观和伦理观,他作为一个脱离了农籍的"血统的农民的儿子",与城市女性爱情、婚姻生活的不如意,直接导致了这种两难的困局。事实上路遥在面对他们每一个人的时候都表达了既肯定又否定的复杂态度,知道每个人的优长,也明白他们的缺陷,路遥也并不完全欣赏高加林和黄亚萍的现代爱情,就像他并不完全欣赏高加林和刘巧珍的乡村爱情一样。他想用传统伦理道德来修复现代个人主义(其实是利己主义)的德性观,所以让高加林回到农村从头再来。据说《人生》最初的名字叫《沉浮》,②通过高加林的人生起落提供一些生活上的经验教训,有学者提出路遥的人生指南是回归乡土伦理,路遥回应道:"这里面充满了我自己对生活的一种审美态度,这是很明确的。"③"我本身就是农民的儿子,我在农村里长大,所以我对农民,像刘巧珍、德顺爷爷这样的人有一种深切的感情,……这两个人物,表现了我们这个国家、这个民族的一种传统的美德,一种在生活中的牺牲精神。"④路遥在这里表达了一种情感主义的德性观,"情感主义是这样一种学说:所有的评价性判断,尤其是所有的道德判断,就其具有道德的或评价性的特征而言,都无非是偏好的表达、态度或情感的表达。"⑤事实上个人偏好的表达与评价性的表达在意义上存在着巨大的差异,不能等同起来。路遥对乡土伦理的认同影响了他对具体德性行为的评价,刘巧珍没有是非判断的全身心付出,惟高加林的喜好是从,这种带有依附色彩的观念并不值得赞赏,这种牺牲也没有什么正面的价值。再说,刘巧珍的依附还经常让高加林产生恐慌,成为高加林与她分手的潜在原因。德顺爷爷痛惜高加林丢了一块金子,当然路遥也痛惜,其实这块金子发出的光彩并不璀璨,有时反而黯淡模糊。强调利他主义的付出或牺牲毫无疑问具有正当性,也是社会的需要,能够对利己主义进行有效

① 姚维荣:《路遥研究之三:色彩斑斓浪漫苦涩的爱情世界》,《安康师专学报》Vol.11, No.4,1999(12)。
② 梁向阳:《新近发现的路遥1980年前后致谷溪的六封信》,《新文学史料》2013年第3期。
③ 路遥:《路遥文集》(一二合卷),西安:陕西人民出版社,1993年,第445页。
④ 路遥:《路遥文集》(一二合卷),西安:陕西人民出版社,1993年,第446页。
⑤ 阿拉斯戴尔·麦金太尔著:宋继杰译:《追寻美德:道德理论研究》,南京:译林出版社,2011年,第14页。

的抑制，但如果无原则地推崇利他主义，不仅不能抑制利己主义，反而会助长利己主义的气焰。再说了，现代道德观与传统有诸多差异，主张"人类利益的多样性与异质性，致使人们的追求不可能在任何单一的道德秩序中得到协调"①，那种强加于人的道德追求，极有可能会形成新的束缚和德性压制。

回归土地，让高加林在传统道德感化中获得新生只能是路遥的一厢情愿，虽然高加林的德性品格有时候并不光鲜，存在着暗影，但这是道德嬗变时期德性碰撞中特有的划痕，高加林已经为此付出巨大的代价，相信他会自我疗伤和锻炼自己的德性品格的。如果高加林真的被刘巧珍、德顺爷爷们的传统道德所感化，安于乡土生活，就像刘巧珍说的"天下农民一茬人哩"，那么高加林飞向远方的可贵梦想就土崩瓦解、烟消云散了，他的个性解放思想也许就会被他丢到爪哇国了。这分明是一种反现代的道德诉求，如果许许多多的高加林们都走上这一条人生道路的话，难道不是很可悲的吗？固守乡土，只会使民族迈向现代的步伐更艰难。

在高加林生活的河流里漫游，让我重新回到了斑驳的八十年代，那跌跌撞撞的少年意气回想起来仍旧感慨不已，对我来说回顾过去找寻自己的来路，正视现实调整自己，才能更好地面对未来。感谢路遥写出了《人生》，其中的经验教训值得再三反思。

---

① 阿拉斯戴尔·麦金太尔著，宋继杰译：《追寻美德：道德理论研究》，南京：译林出版社，2011年，第180页。

四　社会主义优生学与莫言的文学书写

荣膺 2011 年第八届茅盾文学奖、2012 年诺贝尔文学奖的莫言,其小说从成名作《红高粱》,中经《丰乳肥臀》,到历时四载、改易数次的《蛙》,贯穿着一条优生学叙事的长线索。优生学是十九世纪末期在中国出现的一种以改善民族、人种质量为旨归的观念性社会学说,它参与到民族国家的现代化进程之中,影响了二十世纪中国的曲折发展。《蛙》的大规模叙事,对于莫言来说,既是一次全方位的优生学叙述铺陈,又是对其优生学叙事的一个阶段性总结。也就是说,莫言在《蛙》中给他二十多年来的优生学思索打上了一个比较满意的结。因此,只有抓住这个结,在长时段中按照历史的步骤一点点地解开、抖开,才能比较恰当地解读《蛙》这部意蕴繁复的作品。

(一) 优生学与社会主义优生学

优生学顾名思义讲的是个体与民族在生育事项上的优生与优育,它作为一种现代性的社会观念首先在晚清"强国保种"的社会思潮中被改良主义者所阐发。"强国保种"思想的衍生来自十九世纪以来中国不断衰弱的社会现实,自鸦片战争尤其是甲午战争以后,西方列强与东瀛日本就普遍视中国人为"东亚病夫"了。在这种严峻的局势下,强国保种、强国强种的呼声愈来愈高,奠定了清末改良主义者要求维新变法的舆情基础,"'保种'浓缩了时代的焦虑并把变革的需要合法化"[1]。

以优生学来吁求民族和国家的强盛还受益于进化主义在中国的传播。进化观念主要通过严复的译介散布开来,王中江认为:"严复更关心进化主义在人类和社会中的普遍适用性。这样,'社会达尔文主义'一开始就在严复的进化主义中打上了烙印。"[2]严复译介的天演精义是"曰物竞,曰天择。此万物莫不然,而与有生之类为尤著。"[3]对此学说,严复阐发道:"自达尔文出,知人为天演中一境,且演且进,来者方将。"[4]这正给因国运衰微而提出保种、强种的社会规划提

---

① 冯客:《近代中国之种族观念》,杨立华译,南京:江苏人民出版社,1999 年,第 88 页。
② 王中江:《进化主义在中国》,北京:首都师范大学出版社,2002 年,第 64 页。
③ 严复译《天演论》,郑州:中州古籍出版社,1998 年,第 42 页。
④ 严复译《天演论》,郑州:中州古籍出版社,1998 年,第 43 页。

供了理论上的有力支持。

优生学也是晚清女权运动中的应有之义。女权运动之兴起，亦是社会现实的刺激使然。"在历史上，无论什么时候，当深刻的社会变化发生时，当整个社会似乎受到威胁时，女人就会被'邀请'去积极参加公共生活；这几乎是一条规律了。"①发挥女性的力量，把女性组织到公共行为中，是晚清以来中国性别关系领域里的新发现和新组合。上承人种衰弱的男性集体焦虑，男性女权主义者推论出人种之弱在于另一半的女性集体的病弱，因此，欲改善人种，必先改善孕育者使其强健，这一演绎亦得到女性女权主义者的应和。于是就有了对女性缠足的谴责和对女性实施教育的敦促，而优生学顺理成章地被编进了女权话语之中。"是缠足一端固专害中国贤达聪明之妇女也。且数千万贤明之妇女，皆成废疾，不能教子佐夫，而为之夫为之子者亦只可毕生厮守，宛转牵连，无复有四方之志，故自上达下，自内达外，因循颓堕，得过且过，无意自强"。② 按照那时新传播到中国不久的西医理念，缠足使女性伤筋动骨，致身体畸变，必影响母体内的胎儿不能正常发育，自然人种就病弱。林纾、康有为、梁启超等皆痛斥女性缠足，提倡天足，并发动不缠足会以扩大影响范围。这种对胎儿先天性孕育环境的改良又促使女权主义者思考孕育主体的第二项改善，即针对女性/母亲所进行的科学知识和人文素质的培养，塑造能够担当"相夫教子"重任的贤妻良母。康有为说："为人种改良计，女尤不可不学。"③梁启超进一步说："欲强国必由女学"，④女学盛，则国运盛，故应提倡以培养"上可相夫，下可教子，近可宜家，远可善种"⑤为职事的女学，并大力创办女学堂，掀起了晚清的女权运动。

综上所述，优生学因内含了进化主义的进步论、人体医学的科学观、现实危机的时效性和女性解放的迫切性而成为一种混合型的民族国家话语，产生出巨大的社会性组织力量，改变了女性的生存状况、生存质量，重组了社会和家庭生活中的两性关系，为民族新生作出了贡献。

当国家易帜，共和达成，目标阶段性实现后，优生话语的集体性民族冲击力就逐渐衰减了。其表现为二，一是受新文化运动影响，优生学话语在知识普及上主要集中于个体性学知识的启蒙，周作人、周建人、潘光旦等皆宣扬生物学意义

①　克内则威克：《情感的民族主义》，陈顺馨、戴锦华选编：《妇女、民族与女性主义》，北京：中央编译出版社，2004年，第145页。
②　黄鹄生：《中国缠足一病实阻自强之机并肇将来不测祸说》，转引自王绯：《空前之迹——1851—1930：中国妇女思想与文学发展史论》，北京：商务印书馆，2004年，第145—146页。
③　康有为：《大同书·去形界保独立》，转引自王绯：《空前之迹——1851—1930：中国妇女思想与文学发展史论》，北京：商务印书馆，2004年，第156页。
④　梁启超：《论女学》，《梁启超全集》，北京：北京出版社，1999年，第33页。
⑤　梁启超：《倡设女学堂启》，《梁启超全集》，北京：北京出版社，1999年，第104页。

上的性知识,使现代个体脱离性学的愚昧。美国节制生育运动的创始人桑格夫人(Mrs. Margaret Sanger)在民国时期曾两度来华宣扬"生育节制",以《妇女杂志》为主的报刊发表了大量与节制生育有关的文章,倡导科学的生育观和节育观。[①] 优生学经新文化运动的洗礼已从民族之魅中脱离出来。二是民国期间优生学的医疗行政化实践存在着城市与乡村的脱钩,因各种原因,乡村一直未能纳入现代医学的预防与优生体系之中。1920 年代后期"废止中医"的医学思潮给传统中医带来重创,传统接生技术被评价为不符合现代医学标准。在城市中,如北京卫生局从 1928 年开始开办了十班接生婆训练班,[②]对产婆进行科学训练,然后允许其开业。而在乡村实施的医疗行为中,效果并不明显,其中兰安生和陈志潜的模式化探索最有代表性。他们的医疗实验区分别设在京郊和河北定县,并进行了一系列的卫生推广,包括疾病的预防和诊断,但这种社区型的医疗措施一直未能在民国时期向乡村全面辐射。[③] 在优生问题上,乡村实际上还是传统接生婆担当着重任。

作为乡村人口占大多数的民族国家,二十世纪前期现代医疗在乡村的"在地化"一直是国家和医疗工作者的梦想,由于自然条件和生活条件的限制,乡村医疗依然是传统中医、巫医的天下,生育事项也仍然是在中医妇科医生和接生婆的指导和介入下进行,尽管民国时期传统生育方式已被现代医学所驳斥。新中国医疗卫生事业的开展却与之不同,不是局部、试验性,而是在政治权力的渗透下向乡村全面铺展。1950 年代,国家"开始以'防治'训练的形式把医疗面向工农的原则给意识形态化了"[④]。其要求不是医疗从业人员的精英化提升,而是针对乡村医疗缺乏的现实训练、改造传统的从业者,或选拔新人成为乡村卫生员,以速成班的方式推行西医的"在地化",优生优育也如疾病的预防、诊治一样成为神圣的革命工作。考虑到乡村医疗服务事项中妇幼卫生工作占据很大比例,卫生员的选拔便偏向于政治觉悟高的女性,给她们培训科学的医学知识和从医技能。据马瑞龙的规划设计,乡村卫生员的专业训练约六个月,分为两个月的教学和四个月的实习。其中"助产学概要"课时最多,达 100 学时。但仅仅是卫生员培训还不够,还要向大众积极普及卫生知识,如河北定县利用群众喜闻乐见的民间戏

① 关于桑格夫人来华传播制生育的事项,可参见王雪峰:《教育转型之镜——20 世纪上半叶中国的性教育思想与实践》第六章《桑格夫人来华与 20 世纪上半叶中国的节制生育思潮》,北京:社会科学文献出版社,2006 年,第 275—318 页。
② 杨念群:《再造"病人"——中西医冲突下的空间政治(1832—1985)》,北京:中国人民大学出版社,2006 年,第 145 页。
③ 参见杨念群:《再造"病人"——中西医冲突下的空间政治(1832—1985)》第五章《乡村医疗革命:社区试验》。
④ 杨念群:《再造"病人"——中西医冲突下的空间政治(1832—1985)》,北京:中国人民大学出版社,2006 年,第 362 页。

剧形式宣传优生优育，编写了《王二嫂养娃娃》在乡村多次演出，观看人数达到五万人。①

1949 年之后，中国的优生学呈现出迥异于清末和民国的新面孔，把其定位为社会主义优生学看来是比较恰当的。1952 年召开的第二届全国卫生会议确定以"工农兵"为服务对象，优生话语与政治话语紧密结合，优生工作即为革命工作。优生工作的政治化赋予了乡村卫生员绝对的医疗权力，传统的妇科医生、巫医、收生婆被视为敌对力量被改造、被打击，借助以预防为主的全民卫生运动，西式妇科医生在乡村站住了脚。

法国"年鉴派"史学家布罗代尔提出对历史要进行"长时段"的考察，这的确方便描述历史行为的来龙去脉，但是"长时段"的构建无疑会遮蔽一些丰富的历史细节，比如，新妇科医生借助社会主义权威与传统收生婆较量时，双方处在一种什么样的境地，当事人有什么样的情感反应，当这些细节被呈现出来，我们又该如何去看待与评价？

(二) 新法生育与社会主义乡村医疗体制的建构

以国家动员和政治革命的强势力量布置乡村医疗体系，社会主义妇科医生与传统收生婆之间的阵地争夺就成了革命与反革命的搏斗，妇科医生因掌握了政治正确的意识形态话语和新式生育技术而胜券在握，相反，收生婆在面对妇科医生的挑战时则显得极其狼狈、脆弱而不堪一击。这是莫言的长篇小说《蛙》介入新医学话语时的第一个场景，从此以后，小说的主人公姑姑万心在这个胜利的起点上开始了她的乡村行医生涯。

1953 年姑姑十六岁时，被挑选派去县城学习新法接生，成为乡里的专职接生员。当时乡里的局势，小说中这样说："村民们对新法接生还很抗拒，原因是那些'老娘婆'背后造谣。她们说新法接生出来的孩子会得风症。'老娘婆'为什么造谣？因为一旦新法接生推广，就断了她们的财路。"②接生在乡村一直都是"老娘婆"的事情，如今她们的"生意"被夺，便反戈一击，依靠接生经验带来的威望把新法接生妖魔化。这与十九世纪西医传教士初到中国挂牌行医时的遭遇大体上是一样的，被看成是剖腹剜心的恶魔。相应的，在姑姑的叙述中，"老娘婆"也成了杀人不眨眼的巫婆。她们"会把手伸进产道死拉硬拽，她们甚至把胎儿和子宫

---

① 关于卫生员培训和普及卫生知识的演出，参见杨念群：《再造"病人"——中西医冲突下的空间政治 (1832—1985)》第九章《在政治表象的背后》。

② 莫言：《蛙》，上海：上海文艺出版社，2009 年，第 11 页。

一起从产道里拖出来"①。这种互相妖魔化的斗争,暗含了两种异质权威对乡村公共空间的观念争夺。

"生产是母亲与其怀孕十月的胎儿分离的过程,在生物现象而言,古今中外大同小异。但环绕此一过程的医疗行为、仪节禁忌和思想观念,却可能因时空文化而有差别。"②其实,双方都是矫枉过正的,"老娘婆"的诋毁毫无道理,而姑姑显然也存在逻辑上以偏概全的失误,即便不了解现代妇科知识,作为有生育经验的"老娘婆",对产妇的身体状况和胎儿在子宫里的大致情况还是会熟悉的。事实上,姑姑的叔母就是一位相当有经验的"老娘婆",对孕妇的身体了如指掌,且主张孕妇在正常情况下依靠自己的力量生产,这并不违背现代妇科学,或者说其中也蕴含了科学精神。

这样说来并非毫无端绪,实乃有迹可循。按传统中国本是以农业生活、生产为主,且战事颇多的国家,这些都客观上需要人力的投入和人员的延续,因此宗法伦理制度特别重视家族的繁衍。《礼记》对婚姻的解释即是:"上以事宗庙,而下以继后世也。"③孟子说过:"不孝有三,无后为大。"④家族承传、重视血脉的观念在传统社会成为人生要义,几乎无人敢违背圣训。这些决定了传统社会对生育的高度重视,妇科相应地发展为中医学的一个大类。仅就妇产科来说,就有众多的医论著述阐发生育知识和生育经验,如马王堆汉墓出土的《胎产书》、隋代德贞常的《产经》、唐代王焘的《外台秘要》、北宋杨子建的《十产论》、南宋朱端章的《卫生家宝产科备要》等等,大都强调"日满即产"、"俟时而生",主张"顺其生理"、辅助生产,并非不问青红皂白地死拉硬拽。接生本是一个历史悠久的职业,发展到南宋时,"妇科成为医学知识的一门专科",⑤并在其后获得比较稳定的发展。不能否认漫长的历史时期存在的对医疗生育行为和助产女性的否认和抵制,但是,"女医及产婆并没有遇到太大困难,便得以继续她们治疗与助产的传统,且一直到帝国晚期。"⑥这个传统到民国时期在城市遭到系统性破坏,但在乡村却仍然顽强地延续着,一直到1949年之后才遭到结构性瓦解。

生育行为在乡村的重新赋权,是新中国伊始着重开展的一项国家意义上的

① 莫言:《蛙》,上海:上海文艺出版社,2009年,第11页。
② 李贞德:《汉唐之间医书中的生产之道》,李建民主编:《生命与医疗》,北京:中国大百科全书出版社,2005年,第56页。
③ 元·陈澔:《礼记集说》,北京:中国书店1994年版,第499页。
④ 《孟子·离娄上》。
⑤ 梁其姿:《前近代中国的女性医疗从业者》,李贞德、梁其姿主编:《妇女与社会》,北京:中国大百科全书出版社,2005年,第359页。
⑥ 梁其姿:《前近代中国的女性医疗从业者》,李贞德、梁其姿主编:《妇女与社会》,北京:中国大百科全书出版社,2005年,第374页。

政治革命运动。当国家赋予新法接生员以神圣的权力和使命时，妇科医生有了挑战传统的勇气和力量。姑姑第一次接生对象是地主陈额的小老婆艾莲，事前陈家请来的是"老娘婆"田桂花，可见人们还是相信"老娘婆"的接生能力。姑姑的初次接生被莫言叙述成惊心动魄、有决定意义的夺权，当她提着药箱冲进厢房，看到田桂花骑跨在艾连身上卖力地挤压隆起的腹部，听着屋子里充满混杂的喘息和嚎叫，便"火冒三丈"，把老婆子一把甩到炕下。田桂花头碰在尿罐上，一时血、尿齐流，形象狼狈且猥琐。这显然是对"老娘婆"的一种去势性描写，而姑姑则相反，接生的光环开始向她头上移动。姑姑镇静、严肃，超常发挥，把难产的胎儿顺利地接引出来。按胎儿逆出、晚出均可视为难产，传统中医妇科有诸多验方临场处理，或药物催生，或物理催生，[①]田桂花挤压孕妇腹部的行为实乃"热敷按摩"类引产术，只是要看准火候和注意力度。在不使用药物的情况下，对于逆生的胎儿，恐怕也只有按摩以调正胎位为首选了。其实，姑姑使用的也是此方法。尽管姑姑被看作"天才的妇科医生"，但天才之形成必有其合适的生长环境，祖父为名医，叔母为"老娘婆"，其出身乃中医世家，自小耳濡目染养成作医生的良好习惯和一般的医疗经验，如果仅仅靠短暂的"新法接生"培训，就能娴熟地处理难产，恐怕勉为其难了。

中医妇科作为一个历史悠久的医学传统，实际上也为新法接生所吸纳。这样，新法接生在与旧法接生的斗争中，以吸取了对方合理经验为我所用的尴尬方式申明了自己的科学性和革命性，相同的手法在不同人身上竟然有了相反的意义。这并不是接生方法的科学与否的问题，而是采用者被进行了严格的意识形态区分，在阶级观念指引下，"老娘婆"被派定为没落的腐朽阶级，妇科医生则成为无产阶级新生的优秀医生。在这种强势力量的推动下，以"老娘婆"所代表的传统中医妇科很快被清扫进无产阶级历史的遗忘谷。事情过后，村支部书记义正词严地发布了如下信息："从今后，家里有生孩子的，都去找万医生！田桂花，你要再敢给人接生，就把你的狗爪子剁了去！"[②]

任何一种权威的建立都需要有意义的典型事件为其增魅。姑姑第一次接生是与"老娘婆"斗争，第二次则是与迷信思想及其行为斗争。叙述者"我"出生的时候先伸出了腿，这比第一次接生时先伸出手更难以处理。奶奶拿个铜盆又敲又叫，妄图把胎儿惊吓出母体，这当然于事无补，反可能会引来产妇的焦躁。小说省略了姑姑给"我"接生的过程，轻描淡写地一笔嬉笑而过，这反而凸显出姑姑新法接生的技艺之高超。两位接受姑姑接生的母亲，以亲历者的身份现身说法，

---

① 关于孕妇难产的中医救治，参见李贞德：《汉唐之间医书中的生产之道》第三部分《分娩》，见李建民主编：《生命与医疗》。

② 莫言：《蛙》，上海：上海文艺出版社，2009年，第20页。

使得姑姑名声大振，"那些'老娘婆'很快就无人问津，成了历史陈迹。"①1950 年代是社会主义生产和建设大干快上的历史时期，在新法接生技术的推广下，国家鼓励人口的多育、多产，以规划社会主义事业的兴旺发达。1963 年，生育高峰期来临，在生育政策的物质鼓励下，多生多奖励，正好迎合了传统多生多育的家庭观念，人口于是急剧增长，至 1965 年，国家迫于压力更改了生育政策，开展第一次计划生育高潮。姑姑一如既往地坚决执行新的方针政策，但她的"活菩萨"、"送子娘娘"的妇科医生权威形象也随之改变了。

社会主义优生学在观念上本来就是一种混杂的集合型思想，依靠国家意志和科学行为推而广之。在这种观念指导下，乡村医疗体制更改了传统乡村医疗的自治状态，被建构为一种上传下达的、权力型政治化的医疗制度。因此，农民的生育问题就不能是一己的事情，往往会上升为严肃的政治和革命问题，生育的选择权也会被权力部门所提取，并统一规划。1950 年代乡村群体性地一致拥护新法接生，取得科学接生的伟大胜利，是因为生育政策吊诡地契合了传统观念，导向了奖励生育一边。但是当政策翻转，导向计划生育一边时，切断了与传统的观念联系，开始面临了巨大的阻力。

作为公社计划生育的实际领导者和组织、实施者，姑姑的权威瞬间被群众抵制的情绪所瓦解。如王脚醉酒后所说："你们管天管地，还能管着老百姓生孩子？"②与之前那种前呼后拥的情况大不同的是，人们开始对姑姑有意回避，由热情而冷漠甚至敌视，落下骂名。姑姑那由群众拥戴起来的风光已经不存在了，失去了精神感召力。如若对这种抵制情绪予以分析的话，至少有两个原因可以提出来：一是传统中国的优生观念是鼓励生、反对堕，中医妇科的治疗也是以保胎免坠为准绳。这种观念源远流长一直没有中断，形成荣格所讲的"集体无意识"，构成一种较为稳定的民族心理，询唤着民族成员的感情认同。二是社会主义优生学在贯彻"新法接生"时期也是鼓励多生多育，此方针已使得群众对社会主义医疗体制产生新的认同，认为社会主义优生学就是贯彻科学生产，珍视生命。因此，计划生育作为一种逆转，在实施的时候就会困难重重，最后不得不强制执行。在宣传推广阶段分发的避孕器具和药物均不能有效改善生育状况，原因是并无人去使用。而绝育方法的使用又不为群众所接受，以至酿成激烈的冲突。

按节制生育观念在 1920 年代就传播到中国，1950 年代马寅初亦提出过计划生育，这些规划的含义是要有计划地生育，循序渐进，不至于人口暴涨酿成危

---

① 莫言：《蛙》，上海：上海文艺出版社，2009 年，第 22 页。
② 莫言：《蛙》，上海：上海文艺出版社，2009 年，第 55 页。

机。这些建设或建议均因为各种原因未能真正开展下去，也就不能营造一个感情和观念的缓冲带，致使 1960 年代的全民计划生育仓促上马，只能强制执行了。如男性输精管结扎技术的应用，在群众眼中被看作是"绝户计"，以至于有人发牢骚："妈的，有劁猪的，有阉牛的，有骟骡子骟马的，哪里见过骟人的？我们也不想进皇宫当太监，骟我们干什么？"①此时，就连物质激励也失去了效应，群众无人主动响应。计生办于是与公安系统联合，以"无产阶级专政"的形式进行革命性结扎，来完成计划生育指标，优生工作也逐渐升级为一项高压任务。

对女性的节育情况，小说把重点放在计划外怀孕的引流上。按流产或引产并非传统妇科学的主攻目标，古代称之为小产，中医认为："小产重于大产，盖大产如瓜熟自落，小产如生采，断其根蒂，岂不重哉？而人轻忽，死于是者多矣。"②所以中医妇科极为慎重，用药方针主保胎免坠。万一不保，则侧重于温补来调养孕妇身体，以免落下妇科病症。因此，中医妇科并没有积累下多少专事堕胎的知识和经验，医生也多不为之。对于姑姑来说，来自中医世家的医学熏陶已不能给她提供这方面的经验，引流于她是一项新的技艺。尽管引流有很强的可操作性，但刮宫在二十世纪六七十年代还是相当危险的事情。

农妇耿秀莲违反计划生育政策怀孕已有五个月，接近大月份，丈夫张拳因是三代单传，害怕绝户，极力谋划使其出逃。但被姑姑识破，耿秀莲跳河试图游水逃走，与计生办小组在水中周旋，后因体力不支，被拖到船上。由于活动剧烈，致使子宫流血，已现小产的症状，虽然实施了抢救，仍然未能保住性命。第二个死于引流的女性是叙述人"我"的妻子、姑姑的侄媳妇王仁美。王仁美在我不知情的情况下，私自取出避孕环怀了第二胎，姑姑动用了各种手段、软硬兼施，动员并说服妻子去医院流产。流产确如姑姑所言是个小手术，一般采用负压吸引术和钳刮术来实施。如胎儿较大，人工负压术难以完全清理子宫内的胎儿组织，则会选用钳刮术，即刮宫，使用医疗器械把胚胎从子宫里刮出来。但是王仁美在手术中出现子宫大出血，即使县医院的急救后援也无济于事。从姑姑满身是血的身上可以看出，这是一个医疗事故，是生命的灾难。

姑姑作为一个妇科医生，无论新法接生还是流产引产，均因各种原因未能进行过系统性的妇科学习和基本的医学学习，非科班出身，她从接生直接转到引流，虽然很自然，但却是两种性质完全相反的工作，且引流的手术危险性更大，对医生的要求相应也要更高些，仅仅依靠新法接生时的大胆并不能保证手术的安全。引流作为保障计划生育顺利推行的有效措施，其利弊自然众说纷纭，落实到

① 莫言：《蛙》，上海：上海文艺出版社，2009 年，第 57 页。
② 黄自立编：《中医百家医论荟萃》，重庆：重庆出版社，1988 年，第 704 页。

小说叙述的故事中,产生了悖论性的效果,对姑姑的人生观也造成了巨大的冲击。在法与情系于两端的时候,对人性的考验也最为严酷。在王胆事件中,姑姑终于被王胆一家人为了生个孩子表现出的决绝而震动,接引出了一个早产的女婴,王胆因此也付出了生命。

二十世纪六七十年代,承袭五十年代确立的政治化生活样式并把其推向极端,当时出于优生目的而制定的计划生育本身就是一项国家策略,在普遍抵制情绪存在的情况下,行政、法律为其提供了意志性的权力,以控制人口的快速增长。通过上述几个女性引流事例,可以看出在计划生育工作中,对于控制指标的重视远远大于对医疗问题的重视,人流条件简陋且医疗能力较弱,这些决定了高压不能持久,必定会出现反弹。

"文化大革命"结束以后,国家痛定思痛,开始重新规划并制定现代化方案,以改革开放、发展经济来促成社会的繁荣,计划生育又面临了经济的冲击。在生活相对贫困的二十世纪六七十年代,罚没财产无疑有着巨大的震慑力,而在经济搞活的新的历史时期,这一举措反而为超生、偷生提供了途径,只要交够罚金,便可以生下孩子,小说叙述的"代孕公司"就是在这样的情势下出现的。"我"在妻子王仁美去世后,娶了姑姑的助手"小狮子","小狮子"暗中联系"代孕公司"进行经济交易,让王胆生下的那个早产儿陈眉为其代孕。"小狮子"一直是姑姑坚定的追随者,却也钻计生政策的空子,说明了传统的力量之强大,人性之复杂。原来"不孝有三,无后为大"的观念,仍然在影响着人们的伦理意识。其实当经济基础发生变化了,那种抑制人性的上层建筑也就相应失去了威慑性。新的历史时期是人性复苏并发扬的时代,虽然计划生育仍然在执行,但人们也逐渐认识到了其中不仅有政治,还要有人性。由新法生育而建构起来的社会主义一体化、政治化的医疗体制,也渐渐出现了松动。孩子生下来后,姑姑说:"只要出了'锅门',就是一条生命,他必将成为这个国家的一个合法的公民,并享受这个国家给予儿童的一切福利和权利,如果有麻烦,那是归我们这些让他出世的人来承担的,我们给予他的,除了爱,没有别的。"[1]这是非常珍贵的认识,因为它的代价是巨大的。

(三) 优生话语中神与魔的拷问

2012 年 12 月 10 日,莫言在斯德哥尔摩领受过诺贝尔文学奖后,在瑞典文学院发表了《讲故事的人》的演讲。其中谈到他对文学与政治关系的认识,他说

---

[1] 莫言:《蛙》,上海:上海文艺出版社,2009 年,第 277 页。

只要站在人的立场上，把所有的人当作人来写，也就是关心了政治，但同时又大于政治。大于政治的成分就是文学对于人性的描写，他认为自己对人性有较为深刻的了解，明白人的悲悯情怀和人的矛盾心灵，而这正是小说家得以施展才华的地方，通过文学对人性进行问询。①《蛙》即是一部具有这种写作特色的长篇小说。他在演讲中还提到小说中的姑姑，说是"专横、跋扈，有时候简直像个女匪"。说她晚年"因为心灵的巨大痛苦患上了失眠症，身披黑袍，像个幽灵似的在暗夜里游荡。"②这说得不过分，符合姑姑的行为。姑姑无疑是一个复杂的人物形象，在她近于专断的行为背后潜藏着曲折的心灵发展轨迹，若简要描述的话，就是灵魂像个钟摆，在神与魔之间摆动。

姑姑由于先天性的红色出身，在重视政治血统的年代，她的人生命运几乎是给定的。姑姑显然是一个红色年代的宠儿，她的人生与革命、政治挂钩既是她的选择，也是时代的选择。十六岁就在镇卫生所行医，正值一个少女的青春花季，处在心理认同的调整期，埃里克森认为："在这一时刻，发展必须向一方或另一方前进，安排生长、恢复和进一步分化的各种资源。"③也就是说，处于青春期的少男少女，其原有的心理权威因为身体和心智的发育而渐渐失势，需要新的心理认同来弥补并以此指导新的人生，从而进入成年期。十六岁这年姑姑被派去学习新法接生，此时正是社会主义医疗体制的全面建制期，作为一项神圣的革命工作在全国推行，姑姑的生活和工作都因此充满了社会主义的激情和豪情，常常表露出雷厉风行的一面，完全称得上是一个英姿飒爽的社会主义女英雄。只是这种话语到了民间却被吊诡地置换成了"活菩萨"，这当然有利于她通过优生工作在乡村培养自己的政治威信，通过亲情网络把革命权威转移到自己身上，仿佛她自己与革命合为一体，她就是革命，与她相对抗的就是反革命。姑姑的这一认识从青春期心理认同置换以后开始形成，一直到她退休赋闲才有意识地去自我反省。

虽然姑姑是通过邻里乡亲的自觉拥戴而建立起革命的权威形象，但她却从不对邻里乡亲动用私人感情，而是把那些违反优生优育行为的乡亲看作革命、专政的对象，这种"无私"的品格和行为是阶级斗争年代特有的价值观和人生观所决定的。姑姑常常把个体的普通生育行为升级为政治行为，当然，她自己也因此被政治所包围，个体自我逐渐被政治化的大我所侵吞，越到后来越显示出姑姑人

---

① 莫言：《讲故事的人》，参见网易新闻专题"莫言获得 2012 诺贝尔文学奖"http：//news.163.com/special/moyan/。网易视频"莫言瑞典文学院诺贝尔奖演讲全程"http：//v.163.com/zixun/V8H4TEU2J/V8H81J5QQ.html。

② 莫言：《讲故事的人》，参见网易新闻专题"莫言获得 2012 诺贝尔文学奖"http：//news.163.com/special/moyan/。网易视频"莫言瑞典文学院诺贝尔奖演讲全程"http：//v.163.com/zixun/V8H4TEU2J/V8H81J5QQ.html。

③ 埃里克•H.埃里克森：《同一性：青少年与危机》，杭州：浙江教育出版社，1998 年，第 17 页。

格的政治刻板化,小说曾评价说:"姑姑对她从事的事业的忠诚,已经到达疯狂的程度。"①由新法接生赢得的神圣便一路蜕化为令人心惊胆战的"妖魔"。

姑姑的人格发展轨迹如果简要描述的话就是:人——神——魔——人,画出了这样一个圆形运行轨道。第一阶段从人到神,前已有述。她在第一次接生的时候,尽管是出于要打开局面不容选择,但她把婴儿取出来时并没有对地主阶级的狗崽子产生厌恶情绪,相反她体验到的是超阶级的人的纯洁的喜悦。这说明从普遍的人的意义上说,生命是等价的。此时她对生命的珍视使她的工作显示了人性的光辉,"活菩萨"、"送子娘娘"这些民间对女性最高的敬畏性称呼也只有在这里才显示出巨大的意义与价值。

第二阶段从神到魔的人格发展,无疑与她的个人经历有关。1960年姑姑正憧憬着与飞行员王小倜结成革命伴侣,不料王小倜却驾着飞机"叛逃"到台湾了,这个沉重的打击讽刺性地埋葬了她对爱情和婚姻的革命性想象,在感情方面从此把自己封闭了起来。王小倜事件消耗尽了她对待人事的热情,因而变得冷漠和严酷。如果审视一下两个人的恋爱情景,从"看电影"以及"叛逃"后姑姑的叙述中可以看出,他们对恋爱的认识和他们恋爱中的行为,彼此之间存在着错位,王小倜期望的是具有"小资产阶级情调"的恋爱情境,姑姑则是把恋爱政治化、革命化,这两种愿景在那个年代其实是互相冲突的,且不说哪种愿景具有当年的政治正确性,只看当事人的交往过程,这是恋爱遽然中断的根本原因。后来查到王小倜的日记,里面称姑姑为"红色木头",尽管按照古老的观念祸福有时候会向它的反面转化,但其中蕴含的观念上的冲突以及政治性的讽刺却是很耐人寻味的。

王小倜事件后的1963年,由于新法接生的婴儿高存活性和政府的激励政策,迎来新中国第一个生育高峰,紧接着全国范围内开展了声势浩大的计划生育运动。姑姑被组织上要求放下思想包袱,以工作来向党和人民表示忠诚,这等于说给了她第二次政治生命,感情和人性这些资产阶级情调便主动被她完全抛在了脑后,把自己变成了一个以工作成绩来显示存在价值的政治机器。姑姑人性的异化还和她与县委书记杨林的关系被污蔑有关,杨林在批斗大会上屈服于暴力被迫承认与姑姑有数不清次数的男女私通,令她彻底绝望,以至于到了暮年还保持着孤独阴郁的老处女姿态。小说写姑姑想尽办法威逼王仁美流产时,"我"的岳父称姑姑为"妖魔",岳母说:"她自己不能生,看着别人生就生气,嫉妒。"②岳母此话并不是给姑姑身上泼污水,而是有一定道理。这可以从两个角度解释,一是姑姑经过两次感情上的政治挫伤,以压抑个体欲望为代价获得政治上的清

---

① 莫言:《蛙》,上海:上海文艺出版社,2009年,第160页。
② 莫言:《蛙》,上海:上海文艺出版社,2009年,第126页。

白与忠诚，她越压抑个体的自然欲望，就越狂热地扑在工作上证明自己的正确性和个人的清白。这种心理学上的压抑转换机制形成了姑姑个人欲望的政治性升华，借助优生优育工作平衡心理上的落差并从工作中获得政治性的快感。性的缺失被政治快感所弥补，所以她会不遗余力地把工作政治化，从而异化为一台冷冰冰的政治机器。二是姑姑的行为明显受到"怨羡情结"的制导。对这种心理性行为，王一川曾作过出色的解析，他说："羡慕是对于具体人或物的一种内心艳羡和仰慕态度，它唤起人的想象、幻想及仿效冲动；而怨恨则是一种对于具体人或物的内心抱怨和仇恨态度，它激发嫉妒、报复或复仇冲动。人们总是热切地羡慕着某种比自己优越或高级的人或物，但由于客观条件的局限，愈是羡慕却愈增怨恨，而愈是怨恨又愈增羡慕，从而导致一种羡慕和怨恨相互循环和共生、相互冲突又调和的复杂状态。这就是怨羡情结。怨羡情结是人内心深处的一种怨恨与羡慕相交织的深层体验状态。"①岳母的判断符合这种心理分析。姑姑有感情和婚姻受阻的事实，虽然她能把自己变成一个政治人，但工作只能转移却不能代替人生缺失，缺失仍然存在。并且她从事的计划生育工作，时时会触动她对家庭以及作母亲的敏感，羡慕作为人的常态心理应该是存在的。人若常常处于羡慕的状态，受到某种情境的深度刺激，心理便会受到牵引，要么正面努力去实现，要么以反常的方式来平复。怨羡情结的进一步发展会导向由羡慕而来的嫉妒，如果不加以调控，嫉妒很容易滑向怨恨和报复，以消灭引发羡慕的情景，获得毁灭性的心理平复。姑姑在计划生育工作中每次都会不遗余力地强制孕妇引产或流产，不惜动用武力，即使是侄媳妇也不能豁免，这里面除了政治的因素外，心理上的因素也不容忽视，或者说是以政治正确的名义来消除自己内心的紧张和冲突也未可知。

第三阶段是由魔向人的回归。姑姑领着武装部的人要强行把侄媳妇王仁美带走，岳父家无人响应，姑姑说如果顽抗到底，"我们用拖拉机，先把你娘家四邻的房子拉倒，然后再把你娘家的房子拉倒。邻居家的一切损失，均由你爹负责。"②于是，耕田运输用的拖拉机被拿来作为威慑四邻的有力工具，把邻居家的老槐树连根拔起。小说对此有连续性描述：先是大树倾斜，发出痛苦的咯咯吱吱的声音；继而大树的根从地下露出来，好多条大蟒蛇一样的根系被拖了出来；最后的情景是地面上留下一个大坑，坑里留着许多被拽断的树根。老槐树的根系被拔出，这棵大树将不能再存活。这一举动拔出的不仅仅是老槐树的根，也把乡里乡亲心中的乡情之根也拔了出来。姑姑的众叛亲离把她自己推向了一个人

---

① 王一川：《探索人的隐秘心灵——读铁凝的长篇小说〈大浴女〉》，《文学评论》2000 年第 6 期。
② 莫言：《蛙》，上海：上海文艺出版社，2009 年，第 127 页。

性的绝境,岳母骂她是"没了人味的魔鬼",意思是指她什么样的事情都可以做得出来。

从宗教的角度说,人做错事、恶事并不可怕,可怕的是人一直作恶而不悔悟。人心中的恶只有通过善来改变,而善的心理复归往往依靠特别事件的触发,前述王胆一家拼命保护胎儿的举动,无疑使姑姑冰封的人性开始裂解,她帮助王胆把孩子生了下来。

时光飞逝,时代巨轮终于找准了航道,风驰电掣地前行。姑姑半生在风口浪尖上被大浪冲击得心灵上伤痕累累,终于从岗位上退下来要安度晚年了。但不幸得很,她无法安度晚年。她被青蛙的鸣叫所围困,她幻听、幻视,她眼前积满了曾经被她亲手结束了生命的婴儿,产生了空前的负罪感,灵魂无法安宁。她于是选择和泥塑艺人郝大手结婚,郝是手制泥娃娃的大师,其作品栩栩如生,仿佛具有了灵魂。姑姑把泥娃娃供奉起来,以此来祭奠那些尚未出世的生命,并通过这种方式对自己过去的行为忏悔、赎罪。她找到了去除恶、表达善的心灵途径,心灵得到了净化。

其实政治并不是要消泯人性,而是要丰富人性的。但是当一个时代对于政治的理解狭隘化的时候,人性就会受到伤害,甚至被践踏。站在人性的层面上看,姑姑叱咤风云的一生其实很苍白、很可怜。所幸姑姑最终意识到了自己的人性之罪,在高贵的人性面前解剖了自己的灵魂。正是基于这样的忏悔,审视姑姑的一生,叙述者"我"才没有抱怨姑姑,那些悲剧已成历史。而对于历史行为的理解,叙述者"我"在给杉谷义人的信中作了富有深意的阐发:"如果人人都能清醒地反省历史、反省自我,人类就可以避免许许多多的愚蠢行为。"[①]在反思中正视历史,不溢美、不隐恶,正是《蛙》所体现出来的现实主义精神。

---

① 莫言:《蛙》,上海:上海文艺出版社,2009 年,第 78 页。

五　从文化资本到经济资本

许辉、苗秀侠所著的长篇小说《农民工》刚刚出版,黄裳裳教授就推荐过来了。黄教授曾担任全国人大代表,对"三农"问题一向颇为关注,这是她推荐我阅读《农民工》的缘由吧。翻阅之后,感觉这是一本有特色的书,与二十世纪九十年代兴起并逐渐繁荣的大量农民工小说相比,确实有不少可圈可点的地方。小说讲述二十世纪九十年代初,安徽阜阳的几个农民工走南闯北,最终在城市获得成功而后又"凤还巢"回到家乡投资创业的故事。对于这样的故事,我以为若把其当"神话"来看待的话,会遮蔽其中所包含的深重的文化信息;换句话说,与其说是"神话",不如当作农民工创业成功的一个案例,这样我们就可以追问,他们是怎么成功的? 他们的创业史能给我们带来多少有益的思考?

(一) 农民、农民工与现代化

农民工的出现是当代中国社会现代化进程中特有的事情。传统社会中农民也会进城做工生活,进城后就成了手艺人或商贩等,并不会称其为农民工或农工,因为他们不再是农民了。当代中国在"文革"之后开始了改革开放,注重经济发展,走上现代化之路,随之就出现了农民工。国务院 2006 年 3 月印发的文件《国务院关于解决农民工问题的若干意见》中这样说道:"农民工是我国改革开放和工业化、城镇化进程中涌现的一支新型劳动大军。他们的户籍仍在农村,主要从事非农产业,有的在农闲季节外出务工、亦工亦农,流动性强,有的长期在城市就业,已成为产业工人的重要组成部分。"从这里可以知道为何把进城务工的农民称作农民工,根本原因在于户籍制度的问题。这也能够说明为何西方现代国家没有我们所说的农民工。

农民进城务工是一个世界性的现象,西方国家很早就有了,因为现代化最早在西方出现。资本主义兴起以后,西方国家逐渐发展成为以工业化和城市化为主的现代社会,城市与乡村自然就有了经济上的差距。农民离开土地到城市做工、生活是现代化的一种社会表征,但是西方并没有严格控制人员流动的户籍制度,所以经济破产的农民可以比较自由地向城市流动;同时,工业化和城市化也需要农民这个群体的支持。农民进城后寻找到各种职业,成为产业工人或商人等,也就脱离了农籍。

中国由于历史的原因形成了限制人员流动的户籍制度,不可否认,这种制度曾经为巩固社会主义起到过重要作用,但也带来了诸多弊端。1949 年后,国家为了保障优先发展工业,采取了限制农村发展的倾斜措施,户籍制度就是其中的一项。它的重要作用是让农民安于农业劳动,以农业为保障的后盾支援工业。城市里工人和干部的生活供给要依靠农民来提供,所以要有一个庞大的农业生力军。另外,粮食的统购统销也是一项配套的措施,用以确保国家的征用。在这样的户籍制度下,农民想要离开土地除了招工、参军和上学之外几乎不可能,因此,从五十年代到八十年代中期,农村和城市被发展成了两个难以互相交通的不同的世界。

十一届三中全会后,国家调整了农村的大政方针,允许经济搞活,实行联产承包责任制,在一定程度上刺激了农业的发展,农民生活水平相较于"文革"有了大幅度的提高。高晓声的《陈奂生上城》写的就是这个时期农民的生活,吃饱了饭,家里有了余粮,农村的经济呈现复苏的迹象。这当然是可喜的事情,从动乱年代走过来的农民感受到了国家的关怀,也铆足了干劲走发家致富的道路。这个时候农民并不怎么向往城市,他们在做着当年梁三老汉做过的农家梦,像高加林那样想要跳出农村的农民还不占多数。

然而,要想实现梦想却也不是容易的事情,改革开放以来,我们知道富裕的指数是不断上升的,单靠一家一户的单干难以追赶不断攀升的指数。为什么是这样呢? 简单地说,就是联产承包责任制的局限,一家一户几亩地一头牛的生产方式在中国延续了数千年,并没有普遍地使农民致富,试想在现代社会就能给农民带来致富的福音吗? 所以,从八十年代中期开始,实施了包产到户不到十年的农村经济就出现了危机,之后经济急速下滑,九十年代国家经济政治再一次转型后,为重新繁荣农业制定了一系列惠民措施,近年又有新农村建设的方针政策,目的就是要缓解紧张的"三农"问题。

这是农村的情况,在同一时间里,城市怎样呢? 现代化有一个重要的指标即是城市的发展规模,改革开放以来,中国最大的变化就是城市快速地扩张,各个城市都在建造高楼大厦,仿佛楼越高人们的生活就越好越幸福。八十年代国家经济体制改革,允许个体和私营的商业、企业参与国家的经济建设,促进了经济的繁荣。这样的发展,必然要需求大量的人员从事相关的劳作,而拥有城市户籍的人员又不能够满足这种需求,很自然的,就要从农村召集人员。由于农民历史地造成了缺乏现代知识技能的状况,到城市以后,只能从事与体力劳动有关的工作,那些技术含量不高的体力型工作也就难以换取高额的报酬,再加上"城乡意识形态"[①]的作用,农民在城市总是受到城里人的歧视,农民工就在城市里各个

---

① 　陈军整理:《"乡下人进城"论题的多向度对话》,《扬州大学学报》第 11 卷第 4 期,2007 年 7 月。

方面沉到了最底层。尽管如此，在农村经济凋敝的情况下，农民还是会怀着梦想到城市做工，试想，除了这条路之外，农民还有别的改变自我的道路吗？如果能安居乐业的话，农民是不会大量向城市流动的，很多农民工的梦想就是在城市挣了钱后回农村生活。

"城乡意识形态"不是中国特有的现象，在世界范围内走现代化道路的国家里都存在。徐德明对"城乡意识形态"的解释是这样的："社会态度、价值观念和生活信仰构成了一个'崇城抑乡'的整体生活方式，这构成了一个城乡文化构架。这个构架所包含的都是日常性的东西。'乡下人进城'是个俗语，从'上、下'之别，我们发现一个共同的思维方式，一种共同的心理积淀，凝固在我们的思维方式之中，这样就构成了一个超稳态的城乡意识形态。"①乡下人由于缺乏城里人的经济资本和文化资本总是会受到城里人的歧视、戏弄和欺骗，这在西方也是存在的。据考证，西语的表示农民的单词，如英语的 peasant，法语的 paysan，意大利语的 paesano，德语的 Bauer 等，都有乡巴佬、蠢货、粗鲁、教养不好的贬义，大致可以说，"在世界语言里农民处处逃脱不了受歧视的命运，仿佛农民低人一等是天经地义的事情似的。"其实并不是天经地义、与生俱来，"peasant 贬义的最终确立在西方应该说与资本主义制度开始发展同步。"②农村和城市的差距一旦被拉开，现代意义上的歧视也就开始了。

按说，农民在汉语中的歧视味道并不多，传统社会中悯农、亲农的思想一直不绝如缕，这与传统中国是一个重视农业的国家有关。当解放以后国家发展工业，限制城乡流动，农民被局限在乡村，城乡的差距越拉越大，歧视的观念也就逐渐形成了。但是，我们要知道，"不论农民在城市人的眼里是一种什么形象，他们多么受人歧视，这都与农民的道德、农民的价值观和农民的素质无关"，③是现代化这把双刃剑剪切的结果。

在城乡意识形态视野下看农民进城的事情，就能理解对他们的称谓为何很特别了。"按道理讲，一个人到底是农民还是工人，是从他的职业上来进行判断的。但是，我们汉语中表达上却极具中国特色，非得在'工'的前面加上一个'农民'，来表明这些人的身份和出处，时时提醒人们他们是乡下来的，地位不能跟城里人相提并论，虽然城里的人也常常说，城里人上溯三代也是农民。"④这很明显包含了身份上的歧视，农民工是城里人对进城务工的农民的称呼，从构词的角度看，农民工作为一个偏正结构的词，人们在意的还是"农民"的身份限制。"尽管

① 陈军整理：《"乡下人进城"论题的多向度对话》，《扬州大学学报》第 11 卷第 4 期，2007 年 7 月。
② 王文华、马艳华：《"农民"贬义考》，《国际关系学院学报》2007 年第 1 期。
③ 王文华、马艳华：《"农民"贬义考》，《国际关系学院学报》2007 年第 1 期。
④ 王文华、马艳华：《"农民"贬义考》，《国际关系学院学报》2007 年第 1 期。

他的的确确是在城里打工当工人,哪怕他已经发迹,花了百八十万买下自己的
town house(有乡居者的城居之处),他也还是农民。最荒唐的是,虽然对这所
town house拥有全部产权,他也只能靠一张'暂住证'来此暂住,不能像在农村
的小产权房里那样理直气壮地安居。总而言之,无论怎样折腾,何等成功,若不
改变户口,就难改换门庭,'农民工'终归是农民。"①

　　这种城乡意识形态的蔓延后果极其严重,不仅是对农民工的极大伤害,也是
对中国传统伦理文化的破坏。传统中国是以儒家思想为伦理文化内核的农业国
家,儒家思想强调宽厚、仁爱、正直、谦逊,强调个人的人格修养,这对于构建和谐
的社会关系是极为有益的思想资源。费孝通把传统中国称作"乡土中国",德国
社会学家滕尼斯把传统中国社会称作"礼俗社会",都在强调传统农业社会的伦
理特质。农民作为一个支撑王朝社会的庞大群体,其伦理文化长期受到儒家思
想的熏染,形成了社会无意识积淀,伴随着王朝时代的始终。虽然农民几乎无缘
亲炙诗书礼教,但中国的乡绅作为连接朝野的桥梁,很好地把家族礼教贯彻到农
民的思想之中,它的负面影响我们不谈,其正面作用是促进了农民勤劳、朴实、谦
卑的处世原则,也正是在这样的意义上,我们才能明白为何家族礼教能长盛不
衰。这些被城乡意识形态所遮蔽的农民的道德素养是具有历史的传承性和连续
性的,其价值毋庸讳言。

　　很多反映农民工生活的小说,都把目光着眼于农民进城以后遭遇的种种挫
折和歧视,展现农民被伤害的痛楚,表达对农民工的道德怜悯和同情,这其实也
表现了作者们的某种城乡意识形态,只是他们的感情指向不是歧视而是怜悯罢
了。在这样的无意识心理作用下,农民工也就不期然地被他者化了,真正支撑着
农民工在城市里付出的那些心理深处的东西,就难以浮现出来了。而《农民工》
这部长篇小说,正是深入到传统文化积淀中去表现农民工的工作与生活,探寻他
们的道德素质和人生理念,透视他们的人格操守。农民工在城市奋斗的成功与
失败,都与传统伦理文化在他们身上的去留密切相关。当然,作者并非文化决定
论者,不能认为保有传统伦理道德就会战无不胜,我们从作品中看到更多的是针
对传统伦理观念的一种现代调适,正是这种调适,让小说的主人公张如意获得了
奋斗的勇气和信念,支撑着他一步步走向成功的峰巅。

(二) 从文化资本到经济资本

　　法国社会学家布迪厄提出过一种关于文化伦理的资本理论,他认为资本可

① 冯世则:《"小产权"与"农民工"》,《读书》2009年第1期。

以分为三种：经济资本、社会资本和文化资本，三者之间存在着互相转化的可能性。尽管布迪厄在谈到资本的时候强调经济资本是所有资本的决定性力量，但不可否认，文化资本因其具有自身的特殊性，"它可以转化为经济资本和社会资本并且通过对经济资本和社会资本的渗透作用，间接甚至是直接的影响某一群体对社会生活的适应。"[①]文化资本与某人拥有的某些技术不一样，那是技术资本。文化资本是个人生活中的文化积累的显现，如一个人的文化素养的高低，处事的态度等。韦伯所说的以新教伦理为底蕴的资本主义精神就可以称为文化资本，在《新教伦理与资本主义精神》中，韦伯论证了这种文化资本是如何转化成经济资本，从而促成了资本主义的繁荣。资本主义精神是一种伦理精神，它依靠来自上帝的信念生成了一种价值理性，当这种价值理性向工具理性转化的时候，就可以创造出为上帝所许可的个人财富。

文化资本向其他资本转化的时候，一般来说先要获得一定的社会效应，就是通过自身的行为对周围产生一定的影响力，即让周围的人获得认同，这样，他的文化资本就具有了社会效应，从而可以帮助他获取更多的经济资本。其实每个人都拥有一定量的文化资本，农民工也不例外，而且在钩心斗角、见利忘义的城市经济行为中，带有明显乡土印记的农民工的文化资本可能显得更为稀缺，如果很好地利用，它的相对价值就会大幅度提升。我们在《农民工》中就充分看到了这种情况。

小说开篇叙述1991年阜阳地区为缓解淮河压力泄闸分洪而形成内涝，这对本已生活困窘的农民来说加剧了生活的艰难，很多农家不得不借债度日。过罢年，茅匠出身的张如意带着他的几个徒弟离开家乡到保城去打工。他们要坐客车到郑城再坐火车到保城，一路上的遭遇，让我们领略到农民出门的艰难。在坐车去郑城的路上，当地人对游客的刁难，分明让人们感受到人与人之间赤裸裸的金钱关系。当地人为了榨取游客的钱财，以次充好，巧取豪夺，蛮横刁蛮，每到一处都能见到地痞路霸对游客任意宰割，盘剥他们从穷困的家里带出来的可怜的盘缠。但邪恶不可能一直猖獗，张如意吃过几次哑巴亏后终于忍无可忍，和伙伴一起与路霸抗争，使大家得以顺利到达郑城。小说开始展现张如意的性格和行为，他最初是本着忍让的态度对待路霸的盘剥，以吃亏保平安，他说过"吃亏是福"的话，算是他的人生观念。但他的吃亏并不是无极限的，人不可能一再受辱，他有自己的人格和尊严，一旦超过忍耐的限度，他就会据理抗争。也正是张如意主持正义的行为，赢得了同行的两个陌生姑娘刘丽芳和刘晓梅的青睐，为他们之间的感情纠葛埋下了伏笔。

---

① 　赵芳、黄润龙：《文化资本与农民工的城市融入》，《法制与社会》2008年第5期（上）。

这还只是路上的事情,等到了郑城,城乡意识形态才真正表现出来。先是"吐痰"事件,让他们初次领受到城里人对乡下人的鄙视和歧视,接着是吃饭遭受讹诈,之后差点被骗到小旅店,实在没办法,只好在火车站前的广场轮流值班休息。当年梁生宝带着不多的几个钱为大伙去买稻种,在县城花五分钱买了碗面汤,饭馆里没人欺负他是乡下人;之后躺在汽车站候车室的椅子上睡了一夜,也没见人抢他的行李。同样是喝汤,张如意他们的不要钱的汤结果却被算成十元一碗,最后弄到要拔刀相搏才降到五元。读者若把这样的场景并置一起,不知会有何种感受。

在保城建筑工地,他们一样是受当地人欺负,张如意在铲沙子水泥事件中据理力争:"我是安徽的张如意,虽然我是个壮工,但我的人格、自尊和大家是一样的,都是平等的! 今天我一不闹事,二不蛮缠,我只是把用我料的人抓个现行! 龚经理,钱老板,我今天就是让你们看看,给句公道话。"[1]公平竞争是现代经济行为的基本准则,也是一种正当的经济伦理,张如意出自传统伦理的"公道"思想,其实与现代经济思想并无二致。在初次发工资事件中,张如意抵抗住钱经理的拉拢,为农民工主持了公道。钱经理利诱威逼恐吓,对张如意软硬兼施,却都无济于事,张如意对钱经理说:"你也是农民工出身,我们受的苦,你也受过,怎么,你才做几天工头,就忘本了? 中国有句老话,水能载舟,也能覆舟,你不按游戏规则做事,公司能走多远?"[2]这回真的动了刀子,张如意把刀子扎在自己胳膊上以显示决心,我们从中看出乡土社会形成的义气思想起了作用,仿佛在印证着《红旗谱》中朱老忠"出水才看两腿泥","为朋友两肋插刀"的民间人生哲学。当然这里也显示出现代社会推行的诚信思想,做事要讲求信用,取信于人。做人要仁义,不刁钻耍滑,亦是儒家的立身原则。儒家讲究修身,就是锻炼自己的人格修养,要站得住才能行得稳做得端。儒家的立身立言立行,在张如意身上也看得很清楚。

张如意的言行综合起来可以说体现的是一种信念伦理,信念伦理在韦伯那里是包含在价值伦理之中的,本身即是一种价值的体现。经过这几件事之后,钱经理对张如意另眼相看,许他做小包工头,改变了他做壮工的命运,从此,他带着阜阳来的一帮人开始了创业生涯。张如意在阜阳这个人文荟萃的地方习得的信念伦理作为一种文化资本正在向经济资本进行良性的转化,这是因为他的文化资本这时候已经变成了有益于他的一种社会资本,为他的创业奠定了坚实的基础。

---

① 许辉、苗秀侠:《农民工》,合肥:黄山书社,2010 年,第 33—34 页。
② 许辉、苗秀侠:《农民工》,合肥:黄山书社,2010 年,第 48 页。

　　文化资本有多种存在形式，既可以在一个人身上体现出来，也可以以地域的方式呈现出来，一种以风俗、伦理、日常交往为核心而形成的地域性文化也可以作为文化资本来看待，在小说中，阜阳的地域文化被有意识地上升为吉尔兹所说的"地方性知识"。地方性知识是一个史学概念，相对于普遍性的知识文化，具有明显地域特征的文化知识常常会被遮蔽，因此对于地方性知识的挖掘，既可以补普遍性知识或曰历史之缺，也可以修复甚或颠覆某种既成的历史认识或历史观念。地方性知识的形成是布罗代尔所说的"长时段"作用的结果，是自然和人文两者的结合。地方性知识作为一种文化资本，有时候也能转化为社会资本，从而谋取经济利益。

　　张如意虽说在保城立下了脚跟，但发展艰难坎坷，伤工事件、兄弟撤出单干事件、楼门架事件以及兄弟杨稳当与刘丽芳出走东北淘金事件等搞得他筋疲力尽，最终撤离保城到宁城单干。在宁城，依靠"阜阳人家"酒店，张如意的生意越来越红火，不仅在宁城成了名人，还通过阜阳人家酒店的饮食文化吸引外资到阜阳投资。阜阳文化在"阜阳人家"酒店得到了接近于原汁原味的展现，这里有食文化、酒文化以及阜阳的历史地理、风俗人文、方言土语等专属于阜阳的地方性知识，这些知识散发着充满乡土气息的亲和力，不仅把当地的阜阳农民工吸引过来，而且还源源不断地吸引着宁城这座沿海城市的城里人。张如意的生意基本上是在"阜阳人家"酒店谈妥的，人们围绕在极具"地方感"的文化氛围里，城里的当地人和外地人共享着这个乡土气息浓重的感情空间，这使得生意商谈起来相当融洽，因为双方的戒备心理都被乡情所融化了。

　　"阜阳人家"不仅是张如意拓展业务的得意场所，还是他和刘丽芳感情连接的桥梁，也只有在这个酒店里，他们的感情借助乡土文化的记忆才得以明确下来。刘丽芳与张如意一样也是做事业的人，只是她是女人，走的路便与张如意有了不同。如果从性别角度看，男性和女性农民工所受到的歧视是不一样的，正如很多农民工小说所描写的，女性农民工在城市里不得不面临着性的被掠夺。刘丽芳同样遭遇到这样的事情，但她不是弱者，敢于以自己的方式对待城市男性的性骚扰，这说明她有自己的主见。但是这种主见并不能表现为她的主体意识，她是一个主体意识觉醒较晚的女性。她最好的异性朋友都来自阜阳家乡，而且"阜阳人家"酒店的名称也是她主张挂牌，她的爱情和她的事业同样浸润在乡土伦理感情之中，由此可见，文化资本不仅可以转化为经济资本，甚至还可以转化为爱情资本，实现物质和精神的双丰收。

　　虽然文化资本有这么大的作用，但我们还是要审慎对待。像张如意的光宗耀祖思想；为了弥补铁孩受伤的愧疚而撮合他的婚事，致使女方有苦难言；结婚后想让刘丽芳居家过日子等的观念和行为，都是值得我们深思的。虽然每个人都有一定的文化素养,但是这种文化资本也不必然就能给人带来益处,关键是人应该怎样来运用自己的文化资本。与张如意一同打工的杨稳当就滥用乡土文化资本,自私自利,总不能取信于人,而他的个人事业也节节败退,最后锒铛入狱。不可否认,这与乡土社会所形成的小生产者狭隘的价值观念和人生理念有关,杨稳当处处表现着他的聪明,而这其实是他最大的愚蠢,失去了诚实、勤劳这些为人的美德,他的文化资本也就在不正当的发财梦中流失了。

农民工与城市居民相比,我们现在知道欠缺的其实并不是文化,而是现代的知识和技能,以及现代城市的生活经验,因此,通常所说的农民工没文化是不正确的。他们并非没文化,而是有很深厚的传统和民间的文化积淀,当人们把这样的文化表现看作是土包子的丢人现眼时,农民工身上仅存的资本也就被城里人给肆意扭曲了。

文化具有恒常性,但文化在一个人身上的表现却不必然也具有恒常性。一种文化与另一种文化之间,有时候可以互相吸纳,有时候却也可能互相排斥,当一个人携带着本土文化进入一个新的陌生的文化空间中,本土的文化一旦成为弱势,那么这个人的文化品位就会被新的文化理念所更改。传统的、民间的文化伦理,正如小说后半部分所描述的,也面临着被改变的尴尬命运。

(三) 现代性视野下有关农民工的隐忧

经历过"文革"的重创,1978 年 12 月,标志着中国新时期、新政治起点的十一届三中全会在北京召开,会议决定把国家的工作重心转移到现代化的建设上来,实行改革开放,搞活经济,以此来促进国力的增强和人民生活水平的提升。1979 年《人民日报》、《解放军报》和《红旗》杂志的元旦社论《光明的中国》指出:"建设的速度问题,不是一个单纯的经济问题,而是一个尖锐的政治问题。"这当然是在为经济发展作政治的保障,但也隐含了后进国家追赶现代时的意识焦虑,总想赶上什么甚至超过什么。事实上过快过热地发展也会带来很多的社会问题,比如物质生活丰富了,但精神生活却萎缩了。有经济学家曾根据种现象提出代价论,即社会的发展是要付出代价的,即使就现象而论这种观点可以成立,也需要思考究竟哪些人获益,哪些人付出,思考那些代价能给我们带来什么样的启迪。

现代化启动以后,对物质性生活的欲望迅速扩张起来,打破了中国传统的义利观念,违背正当经济行为的事情所在多有,金钱化的经济伦理首先在城市蔓延,并逐渐在农民工群体中散布,冲击着乡土社会的文化伦理。现代社会虽然脱胎于农业社会,但据学者分析,在诸多层面上与传统呈断裂的关系。如在生活层面上，现代社会挣脱了传统社会天、礼的种种规范而使人意识到世俗生活的快乐和幸福，这自然是人类的一大进步。但现代社会并非为所欲为的社会，它也有自己的行为规范，只是不再是天的规范，而是人的规范。现代社会所许诺于人的幸福是要靠正当的手段来求取的，只有这样，大家才能拥有平等的权利，所以现代社会需要有适合自己的经济伦理和生活伦理。现代伦理最实际的作用是调节物质生活和精神生活的关系，使现代人在丰富的物质生活中享受到精神的愉悦，提防沉湎于金钱、物欲等的种种行为，使社会以良性的方式运转。但遗憾的是，现实中常常会发生偏至的事情而不能不让人担忧，《农民工》所描绘的"新打工时代"就不容乐观。

这不容乐观的情况有两种，先看第一种，我们可以称作空巢的现象。农民普遍把城市看作淘金之地，出外做民工的越来越多，以至出现全家离开土地到城市打工的情况。"家不重要了，乡下那几亩地能值几个钱？破屋更不值钱，人人想着在城里挣套房子做城里人呢。"①这里存在的问题有两个，第一个是导致农村越来越凋敝，有能力挣钱的人都到城里了，农村里只余下部分看家的女性和老弱之人，靠他们是复兴不了农业的。第二个是即使在城里发达了，他们仍然面临着诸多的问题，最重要的是他们不可能成为城里人，城市只能是一处异己的存在空间。正像张如意所想的："对他而言，尽管在宁城买了房子，娶妻生子，把老娘也接了过来，但他内心里，仍然不能把它看作属于自己的城市。"②身份的刻痕是农民工受歧视的根源，会影响到农民工及其子女的心理发展和人格塑造，对人的心理健康来说是不利的。第二种情况可以概括为人际关系的恶化。在金钱意识的冲击下，亲情、友情、邻里之情不再融洽，单纯的人际关系被金钱所破坏，就连最基本的亲情也金钱化了，爱退出了家庭。一旦人与人之间的关系利益化，人的判断是非的道德观念、判断两性关系的性观念等都会发生变化。小说有几处涉及"新打工时代"的两性关系，一是乡下女孩到城里做妓女，"迎面走过来几个打扮时尚描红涂绿的女孩子，……这几个女孩子，听讲话离咱老家不远，都不大正混呢，说是做鸡啥的，她们白天睡觉，晚上出去，这会儿不知咋发过瘾症了，大白天也出来了。"③用身体作为交换金钱的资本，性与金钱的利益性合谋，并非现代社会正当的两性关系。二是在"新打工时代"出现的"合法同居"，曾经与张如意有染的刘晓梅，结婚后又来到城市，后来与一个山东人同居，刘晓梅说："现在出来打工的都这样，各挣各的钱，谁的钱谁存好，租房吃饭也是平摊，谁也不占谁便

① 许辉、苗秀侠：《农民工》，合肥：黄山书社，2010 年，第 379 页。
② 许辉、苗秀侠：《农民工》，合肥：黄山书社，2010 年，第 374 页。
③ 许辉、苗秀侠：《农民工》，合肥：黄山书社，2010 年，第 379 页。

宜,大家都需要,有什么见不得人的,这叫合法同居。"①说"合法"并不恰当,应该是事实性同居,就如法律所认定的事实婚姻一样。这种同居建立在需要的基础上,其实也是利益性的,尽管有一定的合理性,但也造成了两性关系的随意化和利益化,性的交往中爱的因子被清除,性除了它还能提供本能性的快感还会有什么呢? 不仅如此,青年男女撇下家中的丈夫、妻子出外打工,那些留守的丈夫、妻子整天守的是一个并不完整的家,也会导致精神的空虚和性的饥渴,从而出现乡村伦理和人际关系的倾斜。"保民苦笑笑,庄上那些女的,个个像饿狼,见了面,你不碰她,她倒是抓你手朝胸脯上按。……她们男人常年不在家,饿的呗,我都怕了她们!""喊! 保民不屑道,又不把孩子抱给别人,又不把钱送人花,就是一种需要嘛,谁都打年轻时过过,你以为老人不清楚? 睁一只眼闭一只眼罢了,再说,男人在城里打工就老实了? 不也有新同居时代?"②把现代社会中性的观念的开放看作性的随意,显然是误解甚至是曲解。现代的性观念是打破了传统的性不洁观和传统家族礼教的束缚,使得两性在性的求取上具有自由平等的权利,以爱为纽带而实现性的结合。现代性爱观的核心是灵肉结合,放逐了灵的性无疑背离了现代性爱的正当要求。重建人际关系和人伦关系以及两性关系现在看来是非常必要的。

小说中有一段杨稳当的娘向张如意的问话:"你是见过世面的人,这世道是越变态越好了,……可是,这心里咋不踏实了呢? ……我听说咱这一片的人,有的几年不归家,把老婆孩子丢家里也不问事了,干啥的都有,有出去算命的、炼废机油的,有干正事的,也有不正混的,还说有的闺女都敢当婊子,比到工厂干工挣钱多,都是真的吗?"③现代社会之所以能取代传统社会,是因为这种社会能够尽最大可能地发展经济,改善人的世俗生活,而要想使经济得到平稳持续的发展,人在追求财富的时候就必须遵循经济的规律,企图依靠不正当的方式来改变自身的经济状况,只能造成经济行为的混乱,违背公平公正的经济原则。更有甚者,会改变人的价值观、人生观、伦理观,使人沉入到各种欲望的沟壑而难以自拔。

张如意了解了城市和乡村的"新打工时代"和"新同居时代"的情况后,心情非常沉重,小说写道:"这些年,家乡变了不少,通了火车,修了高速公路,村子里也有了楼房,可是,庄子越来越空了。这庄子的空,有一部分是跟他有关的,是他把老人的儿子带走了,把孩子的爹娘带走了。张如意越走心越沉,最后走不动

① 许辉、苗秀侠:《农民工》,合肥:黄山书社,2010年,第390页。
② 许辉、苗秀侠:《农民工》,合肥:黄山书社,2010年,第413—414页。
③ 许辉、苗秀侠:《农民工》,合肥:黄山书社,2010年,第416页。

了，一屁股坐在麦地里。……国庆，你快来接我，我走不动了，我是个罪人，我把孩娃们的爹娘都带走了。"①这时候的张如意心中充满了愧疚感，其实更恰当的说法是罪感，正是这种对不起乡亲的罪感，促使张如意离开宁城，回到家乡阜阳投资建设。

张如意在阜阳召开的"凤还巢"动员大会上的一席话，也许提供了一种改善农民工生活以及发展经济的可行的方案，对于不发达城市来说也许也是一个可持续发展的方案。他的话是这样说的："这些年，咱们阜阳人纷纷外出，带动了阜阳经济的发展，富裕了个人的小家庭，也富饶了那些我们打工的城市！可是，我们年迈的父亲母亲多少次站在村口盼儿女归来，我们的孩子又有多少次从梦里想爹想娘哭醒？又有多少妻子，上养老的，下养小的，过着独守空房的日子？还有我们自己，年年岁岁的春运里挤火车的辛苦？凭我个人的能力，我不能改变普天下农民工兄弟姐妹的命运，但我可以从最微小的地方做起，让我手下的农民工，经常让娘见到儿，让妻见到夫，让正在成长的下一代不缺失父母的疼爱！只有回到自己的家里，我的心才是踏实的！现在，我要把公司挪到家乡来办，让农民工兄弟每个星期都能有回家与家人团聚的机会！"②拥有经济资本的张如意，这时候所看重的其实并不仅仅只是金钱，他知道文化伦理的重要性，他想要实现的，是经济发展和人际和谐的双重目标，这样，不发达的家乡就可以在和谐的人伦关系中创业迈进，农民工也就可以安居乐业了。

---

① 许辉、苗秀侠：《农民工》，合肥：黄山书社，2010 年，第 422 页。
② 许辉、苗秀侠：《农民工》，合肥：黄山书社，2010 年，第 423—424 页。

六　新历史小说的哲学精神

八十年代先锋作家进行超历史文本的写作实验,新历史小说这一类型呼之欲出。九十年代新写实小说经《钟山》杂志倡导占据了文坛,自然是极力反对先锋派的曲高和寡,但却接下先锋作家的超历史写作,步了后尘。因此,从存在形态看,新历史小说应包括先锋派和新写实派两类作家的超历史写作。两类表现形式完全相异的作家在同一题材领域居然形成了对话,不能不令人诧异,他们达成共识的基础在哪里?我们不妨先追溯一下国内先锋派的成因,看看与新历史小说究竟是一种什么关系。

国内批评界之接受先锋小说,看重的是它形式的探索,并把它与博尔赫斯、马尔克斯,以及法国的"新小说"联系起来,国内批评界对先锋派的定义大多是从他们文本的技术性层次上框定的,认为他们改变了旧式小说的写作方法,通向一种真正的现代汉语写作。但批评界在张扬他们形式的先锋性时,却忽略了他们观念上体现出来的先锋性,因为只有作家的思想观念首先具备了先锋意识,然后才可能有先锋性的文本。新历史小说便反映了作家思想观念的一种先锋性,这种先锋性就是对历史的怀疑态度,企图制作一种超越历史的历史文本。新历史小说之所以能穿越先锋派和新写实派,正是基于这种超越历史的先锋观念。

这里要讨论的新历史小说的哲学精神,其一就是这种新的历史哲学观念,它源于当代西方怀疑一切既定精神的后现代主义哲学,是在解构和重新叙述世界的话语欲望下生成的新历史主义。新历史主义把历史看作一个开放的文本机制,为解释新历史小说对历史的重新阐释提供了可能。其二是小说中体现的解构主义哲学,它张扬被历史遮掩或忽视的一面,从而以一种断续的、颓败的历史颠覆了主流意识形态的历史。其三,在文本的深层,还渗透一些现代非理性主义哲学——存在主义的人本气息,新历史小说既然要传达一个颓败的历史形象,必然要编织一种与之相应和的意识形态,以表现人的荒诞、孤独与隔膜的历史境遇。

(一) 新历史小说的历史哲学

我们通常谈论的历史,包含两种意思,一指客观存在的历史事件;一指对历史事件的回忆和思考。换句话说,历史包括历史的本体和对历史的认识。同样,历史理论也分为两种，关于历史本体的理论，即人是怎样创造历史的；关于历史认识的理论，即人是怎样写历史的。这种上升到哲学层次的理论，就是历史哲学。历史哲学于第一次世界大战前后分为两支：以斯宾格勒、汤因比为代表讨论人怎样创造历史的思辨的历史哲学和以克罗齐、柯林武德为代表讨论人怎样写历史的批判的历史哲学。二次世界大战后，西方后现代主义思潮迭起，这是一种包括解构主义、女性主义、后殖民主义等流派在内的文化思潮，它的主导原则是对一切既存秩序的颠覆与消解。由于后现代话语起因于对中心秩序的怀疑和本能的排斥，后现代主义在文化思想上便表现为无政府主义、自由主义或相对主义。当代分析的批判的历史哲学在后现代语境里出现于美国史学家海登·怀特的新历史主义中，因为新历史主义脱胎于后现代主义，[①]其理论发生了跨学科变化。怀特作为新历史主义的理论奠基者，1970 年代已经开始他的元历史探索。所谓元历史，指在历史话语层面上探讨话语形成的本质特征。这就是历史编纂学，即历史写作的话语形式的研究。这里，怀特把人怎样写历史的主题改换为人写成什么样的历史的主题。历史事件作为素材依然丧失了被直接感知的必要条件，历史家撰写历史，必须对历史事件进行充分还原，这种还原在成文性上说是一种叙述，是对历史客体的二次修正。在这个基础上，怀特把历史称作文本。"如何组合一个历史境遇取决于历史学家如何把具体的情节结构和他所希望赋予某种意义的历史事件相结合。这个作法从根本上说是文学操作，也就是说，是小说创造的运作。"[②]

这里要讨论的新历史小说，其本质也是对历史客体的"二次修正"，既然历史家如怀特所云可以随意修正历史，那么，文学家当然也可以对历史"不负责任"，文学家的历史究竟是什么样呢？这是我们讨论新历史小说时遇到的第一个问题。中国史家历来讲求微言大义，文学家生于斯长于斯自然也明白这个道理，只是这样写出来的历史文本仍然落了史学家的窠臼，新历史小说家并不墨守成规，他们也赋予文本以"微言大义"，目的是要传达一种颓败的历史观念；但他们讲述历史的文本，历史在他们眼中已不再如教科书那样简单、清晰，他们在历史中寻找自己的话语场，运用个人话语先使意识形态历史解码，然后再对解码后的历史重新编码。这是文学家的新历史主义策略，与怀特的论调如出一辙。下面，我们看看新历史小说是如何实现这种新历史主义叙事策略的。

① 历史的文本型及解码（解构）。李晓的《相会在 K 市》是一篇典型的消解历史文本，作者以革命者刘东的死作为文本写作的中心意图，在历史的尘埃中，

---

① 参见盛宁：《新历史主义·后现代主义·历史真实》，《文艺理论与批评》1997 年第 1 期。
② 张京媛编：《新历史主义与文学批评》，北京：北京大学出版社，1993 年，第 165 页。

李晓清理出一条鲜为人知的死亡秘密,一个偶然丢失的手镯和此后的一场误会使刘东死于自己人手下,历史记载刘东被日军杀害云云,原来是一道障眼的布景。格非的《大年》同样消解了革命时期的历史,豹子、丁伯高、唐济尧在文本中的身份变换,搅乱了阶级斗争中敌我双方泾渭分明的界限,谁是好人,谁是坏人?文本给读者带来一种新的诠释。以上两个文本,在写作中都面对一个先在的历史文本,前篇革命者刘东被日剧杀害作为一个既定的结论已为历史认可,而后篇《大年》之前的阶级斗争文本早已演绎成创作的定律,作者出于对历史书写者的怀疑,使先历史文本成为文本颠覆的对象,在一系列分析分解式的叙述中,得出了完全相反的历史结论(刘东死亡真相以及阶级阵线的模糊与交融)。② 历史的重新编码。刘震云的《故乡天下黄花》立足于权力的嬗变,通过不同时期人们对权力的窥望与争夺,抒写了一曲权力斗争的历史悲歌,马村半个多世纪的历史被浓缩为一部村长权位的更迭史。到了《故乡相处流传》,刘震云的笔触伸向二千年的中国大历史,从曹袁争霸绵延至“文化大革命”,一场场血腥的残杀,以及从残杀中体现出来的权力与生命轮回,文本旨在建立一种替代唯物史观的权力本位史观。③ 历史的新话语。英国历史学家卡尔有句名言“历史是现在与过去的对话”,①新历史小说正是在历史作为话语的基础上,与之进行的一场对话。在对话中,新历史小说家不约而同发现了历史非连续性的一面,从而跨进了历史颓败的纵深地带。余华的《古典爱情》写柳生赴试巧遇小姐惠发生的一曲爱情长恨歌。二人初次欢娱之后,小姐家境遽然败落,人迹无踪。三年后,柳生错走到菜人市场遇见小姐,小姐已被屠户肢解,柳生将其葬之。小姐虽死,但阳寿未尽,仍有生还的可能,然而柳生却不当地刨开小姐的坟墓,遂使小姐再无生还的希望。苏童的《罂粟之家》无疑展现了一段极为颓败的历史,在罂粟花覆盖的枫杨树故乡,所有的历史像陈年的蜘蛛网一般颓废不堪,这里的人们就在这样腐烂的环境里生息繁衍。历史颓败的信息从他们身上如霉变的罂粟花一样涣散。还有《1934 年的逃亡》(苏童)等文本,历史在残破的蜘蛛网、荒芜的高门大院的烘托下,散发出一股股如沼泽地里蒸腾出来的腐沤气息,历史颓败成为它们的共同主题。

　　论及此,我们有必要探讨新历史小说内部机制的原理生成。怀特说过:“所有的历史叙事都是假定他所要表达和解释的比喻特征,这说明作为纯粹的语言人工品的历史叙事可以由其所立足的比喻话语模式而解释。”②怀特曾把历史叙述的比喻机制分为隐喻、转喻、提喻、讽喻,这种分类来自雅柯布逊和维柯。雅柯布逊认为任何符号系统中都存在隐喻和转喻的二元模式,保罗·迪曼也说过,文

---

① 卡尔:《历史是什么?》,北京:商务印书馆,1981 年,第 28 页。

② 张京媛编:《新历史主义与文学批评》,北京:北京大学出版社,1993 年,第 174 页。

学及一切有文学意义的文字和语言都具有双重结构，它们是"换喻"（转喻）和"隐喻"结构。① 我们先看普通历史小说中隐喻和转喻的关系，以《红旗谱》为例，它的转喻轴展现了新民主主义革命时期鲜明的阶级、时代特征（朱、严两家三代贫农与冯家两代地主之间尖锐复杂的斗争），而隐喻轴指向马克思主义关于社会发展和阶级斗争的理论。作者的本意是要取得表里的结合，但由于转喻的成分大于隐喻的成分，文本被改造得清晰、单纯，显现了单一的指向性。再看新历史小说，它把隐喻结构从文本的潜在状态提升到表层，形成对转喻结构的冲击，使转喻结构的稳定性、统一性、连贯性解体。《迷舟》、《大年》、《罂粟之家》、《1934 年的逃亡》、《往事与刑罚》、《呼喊与细雨》、《相会在 K 市》、《故乡天下黄花》、《故乡相处流传》等新历史文本，大都表现出隐喻对转喻的消解，我们以《迷舟》、《1934年的逃亡》为例作一说明。在《迷舟》中，格非通过设置故事的空缺，驱逐了历史的统一和完整，使转喻产生结构性断裂。故事的战争情节被萧的一次爱情冒险所置换，由于爱情与战争二元的相对，致使警卫员武断地（他没有介入爱情线索）打死了萧。《1934 年的逃亡》中的家族故事实际上是"我"的一种想象，这种个人化的想象因为寓言句式的插入（如"你知道吗？ 一九三四年是个灾年"），给文本造成一种神秘的气氛。这种寓言机制出自隐喻轴，却压向转喻轴，从而暴露其隐含不定的历史面目。② 新历史小说这种对隐喻结构的无节制填充，致使转喻结构失去了历史真实的支持，成为一个漂浮于虚空的能指，这种特征从文本的生成机制上讲，乃是历史叙述（对历史的再编码）对历史真实的取代。

关于以上论述，我们作一简要的归纳，新历史小说在思想上与怀特的"超越历史"理论不谋而合，形成了一种新历史主义景观。他认为："它的基本观点就是先把对历史的反映看作一种语言，然后才可以看出历史的真实价值。按照这种理论，我把历史作品看作是一种叙述性散文语言形式的文字结构。……以及把认为过去已经发生的种种事件加以真实描绘的叙述结构。才外我还认为，历史包含一种深层的结构内容，这种结构的性质是语言学的，其作用是说明独特的历史解释应该是什么样子。这种深层结构的内容是'超越历史'的基本因素。"③下面以《一九三七年的爱情》为例，看看那它如何"超越历史"。

① 郑敏在《保罗·迪曼的解构观与影片〈红高粱〉》，（《电影艺术》1989 年第 2 期）一文中列举了转喻和隐喻在文本中存在的几种关系：隐喻＞转喻，文本偏于象征主义、浪漫主义、现代主义；隐喻＜转喻，文本偏于现实主义；隐喻＝转喻，文本则倾向于古典主义。如果隐喻以强大的质和量压向转喻，造成转喻的变形，文本就偏于后现代主义。
② 参见林明：《历史的喻象和喻象的历史——试论新历史小说的比喻结构与动机》，《福建论坛》1997 年第 1 期。
③ 转引自王逢振：《今日西方文学批评理论——十四位著名批评家访谈录》，桂林：漓江出版社，1988 年，第 72—73 页。

《一九三七年的爱情》试图在 1937 年的残酷环境中写出一场人类最理想的浪漫爱情。这当然是一个互为悖反的现象，作者如何把这场"倾城之恋"描绘出来，换句话说，作者以什么样的历史观写这场爱情？我们不妨摘取文本中的一段叙述作为阐释的支点。"到了一九三七年，南京作为中华民国的首都已整整十年。这十年，南京成了地道的政治经济文化中心。我注视着一九三七年的南京的时候，一种极其复杂的心情油然而起。我没有再现当年繁华的野心，而且所谓民国盛世的一九三七年，本身就有许多虚幻的地方。一九三七年只是过眼烟云。我的目光在这个过去的特定年代里徘徊，作为小说家，我看不太清楚那种被历史学家称为历史的历史，我看到的只是一些零零碎碎的片段，一些大时代中的伤感的没出息的小故事。一九三七年的南京人还不可能预料到即将发生的历史悲剧，他们活在那个时代里，并不知道后来会怎么样，对于南京这座城市来说，一九三七年最大的事情是日本人来了，真的杀进来了，人们念念不忘的话题，是发生在年底的南京大屠杀。相对于这样惊天动地的大事件，其他的事情都是微不足道的。"我们现在看叶兆言传达了一种什么样的历史信息，显然，这里面包含着叶兆言的修辞策略，事实性描述与比喻性描述在此结合起来，共同制造出一个客观形象——话语的真正指涉（爱情），这一形象完全不同于作为话语表面指涉的历史本身。此一潜在指涉的形成是靠在话语表层上显现的形象修辞技巧。先看引文包含的历史信息：

① 南京作为中华民国首都到了一九三七年整整十年。南京成为政治经济文化中心。

② 日本人杀进南京。

③ 日本人制造了南京大屠杀。

另一些看似对事实的不同陈述，实际上却是在作评价和阐述：

④ 三七年的民国盛事有许多虚幻的地方。

⑤ "作为小说家，我看不太清楚那种被历史学家称为历史的历史，我看到的只是一些零零碎碎的片段，一些大时代中的伤感的没出息的小故事。"

⑥ 一九三七年是过眼烟云。

⑦ 除了南京大屠杀，其他的事情微不足道。

这段叙述是非常成功的，它奠定了全文的情节基础，一出悲剧性质的爱情故事。任何历史都是过眼烟云，南京的繁华也好、毁坏也好，事实上并不像人们所认识的那么清晰、全面，还有很多被历史遗忘的零零碎碎的片段。引文被比喻性叙述牵引（三七年是过眼烟云，民国也有虚幻的地方，有伤感的没落的小故事），逐渐改变了人们对一九三七年的南京的认识，并巧妙地联结到正文"爱情"上面（小故事）。正如引文所言，这样的故事微不足道，不见于典籍，被历史的语言深深遮蔽,作者就是发掘这种历史中"不在"的故事,以便对历史作出新的叙述。这显然是对历史的一种"超越",这种"超越"得力于所选择的话语场,在历史典籍与历史真实之间,作者通过特定的话语运作,使历史解码后重新编码。这样延伸开来,每一个新历史文本都是作者对历史的重新修撰,是对历史的解码与重新编码。进而,我们得出新历史小说的历史哲学精神：① 历史是一种文本或一种话语;② 历史可以解构也可以建构;③ 历史是一种私人叙事。在历史的层面上,这是一种相对主义历史哲学,这种哲学在克罗齐"一切历史都是当代史"中初见端倪,中经柯林武德"一切历史都是思想史",在怀特新历史主义理论中发展成熟。

　　十九世纪以孔德实证主义哲学为背景兴起的实证主义史学,注重史料的发掘与考证,兰克在《拉丁和条顿各族史》的序言中说："本书的目的不过是如实地说明历史而已"。① 人真能如实地说明历史吗？一个世纪后,怀特的新历史主义和中国的新历史小说令人信服地说道,这不过是前人创造的一个神话罢了。

（二）新历史小说的解构哲学

　　柏拉图《斐德若篇》中有一段这样的插曲：据说古埃及有个叫图提的神,发明了数字、天文、文字等许多东西。图提觐见国王陈述他的发明,说道文字,图提称赞它是医治教育和记忆的一剂良药！可是国王却一口回绝了这份厚礼,国王说,你带给人们的东西只是真实界的形似,不是真实界本身,借助文字的帮助,他们无须教练便可以吞下许多知识,好像无所不知,实际上却一无所知。② 在柏拉图看来,言语上脱口而出的话,可以直传思想。言语带有自发的、直觉的性状,是真理的发送者,因为言语同思想一样转瞬即逝,语音符号于出口的同时便完全消失,从而让思想与逻各斯合而为一。然而文字只能用来记载鲜活的言语经验,说话人并不在场,读者看文字时即使产生误解也无从查对。法国解构主义哲学家德里达据此认为,西方理性主义思想传统的历史,说到底是一段高扬语音、贬斥文字的历史。以言语直接接通所指,从而在语音和存在、语音和存在之意义、语音和意义的关系之间,建立起一种血亲关系,德里达称之为逻各斯中心主义,它统治了西方思想传统两千年之久。

　　逻各斯(logos)在希腊哲学中大致指万物生灭变化背后的一种规律,故称为终极真理,最早见于赫拉克利特的言论之中,随后又因西方基督教的介入,逻各斯被视为常常是通过上帝的子民——人予以体现的上帝的智慧。上帝一向通过

---

① 转引自刘昶：《人心中的历史——当代西方历史理论述评》,成都：四川人民出版社,1987 年,第48 页。
② 《柏拉图文艺对话集》,北京：人民文学出版社,1963 年,第 168—169 页。

口说的话,而不是文字来显现自身,因此逻各斯即是上帝的代言。逻各斯中主义相信万物皆有个终极的所指,如存在、本质、本原、真理、实在等等,可以作为一切思想、语言和经验的基础。这是一个所有能指皆归它指称的"超验所指"。逻各斯中主义的一个别称是语音中主义,德里达称其表征了"在场"的形而上学。文艺复兴以后,人类把上帝从中心位置驱逐下来,自称为万物的灵长,欣然进入中心,这种人类中主义、理性中主义仍然有着明确的、终极的所指,逻各斯的内容及权位始终没有变换。要之,逻各斯中心话语在不同的历史形式中都被视为一个占统治地位的意识形态话语,德里达正是通过颠覆在场的形而上学消解了逻各斯的中心话语秩序。

我们前文说过,新历史小说的操作手段是对历史的解码与编码,至于解码的对象——历史(正史),本身便是一种直传思想的逻各斯,一种在场的形而上学;至于文本的运作手段——解码,实质上与"解构"等同;因此,新历史小说的运作,说到底是一种"解构"式的运作。解构(deconstruction),从词源学上看,来源于海德格尔《存在与时间》里使用的"破坏"(destruktion),其对象是传统形而上学。德里达解构理论的一个中心话语是"异延",它包括差异和延宕两个意思。我们对它的理解应该是:在场表现现时,但现时又是由过去所传承,而且必定向未来伸展。现时因此不可能留驻于一点,它是过去的继续,未来的预设,而自我在某个现时形态的在场中掺入过去和将来的因素,并同自身形成差异的运动,无疑便是一种涉及时间和空间的异延。这是一种否定力量,所以德里达认为异延,一方面,意义无不是从它同无数可供选择的意义的差异中产生;两一方面,有鉴于作为意义归宿的在场的神话已经破产,符号的确定指向,于环环延宕下来的同时便也向四面八方指涉开去,犹如播种一般到处播撒,而没有任何中心。据德里达解释,播撒是一切文字固有的能力,它不传达任何意义,相反永远是在无止无休地瓦解文本,揭露文本的凌乱和重复,从而说明,每一种意义的可能,皆是差异和延宕的结果。德里达的目的是要颠倒传统等级秩序,在传统哲学的二元对立中,诸如善/恶、真/伪、言语/文字等,我们看到的是一种鲜明的等级关系,其中一个单项在价值、逻辑等方面统治着另一个单项,居先的无一例外是直属逻各斯的一项,德里达称此为在场的形而上学。解构在场,便是在一特定的契机下,将这一等级秩序颠倒过来。乔纳森·卡勒《论解构》一书举过古希腊哲学家芝诺飞矢不动的例子:设想现时即是特定的一瞬间所呈现的事物,这飞矢便立即产生了一个矛盾,它静止不动了。这是因为在任何一个给定的瞬间中,它总是处于一个静止的点上,并不在动。[①]看来,这飞矢的运动,永远无法在在场的现时态中呈现,

---

① 参见陆杨:《德里达——解构之维》,武汉:华中师范大学出版社,1996年,第63页。

这是一个在场的悖论，在场主体本身是缺场的。德里达认为，应该立足于异延来考虑在场，它只能属于差异和延宕客观运动的结果，只有寻找到非本原的缺场，在场才能被显示。这就是德里达颠覆在场形而上学之解构要旨。

当然，新历史小说家的解构历史只是一种文本的运作手段，或一种主观的经验方式，它的目的在于消解旧的意识形态（解码在场的形而上学），然后再予以重建（编码）。我们说的新历史小说，它的"新"就是在对待历史的态度上，它与以往历史小说对待历史的看法不具有承传关系，二者处于非连续状态，之间有一道断裂的鸿沟。"旧"历史小说的历史观念受唯物史观的影响，承认历史的客观性，历史事件的决定性，认为历史有它自己的规律，人既要顺应历史又能把握历史。新历史小说的历史观念受唯心史观的支配，在这些文本中，历史是荒诞的，充满了偶然性，人在历史中的境遇完全处于被动的局面，历史在很大程度上不表现为"合力"的作用，历史进步观念受到质疑，出现了循环性、宿命性的历史断层。因此，新历史小说家热衷于描写历史的颓败、没落，张扬人在历史漩流中体现的孤独与隔膜。新历史小说这一文本写作的特征依照解构思想来解释，就是运用被遗忘的历史文本遮盖住的那一部分存在（作为缺场的存在）颠覆了历史文本中在场的意识形态。这种颠覆主要表现在以下几个方面：一、《相会在 k 市》《迷舟》以偶然性消解意识形态的结论；二、《往事与刑罚》以时间性腰斩历史；三、《大年》解构革命历史题材之二元对立模式；四、《故乡天下黄花》《故乡相处流传》以权力史观置换唯物史观。

1. 关于历史发展偶然性的问题，马克思已早有经典的论述，马克思说："如果'偶然性'不起任何作用的话，那么世界历史就会带有非常神秘的性质。"[①]马克思这样讲的时候是有条件的，偶然性是事物总的发展过程中的一种特殊属性，它只能起加速或延缓事物发展的作用，却不能改变事物总的发展方向，这是马克思的辩证唯物史观。新历史小说中的偶然性则取其背向，对于非本质的因素给以无限夸大，从而以偶然的力量取得对历史重新进行书写的"合法"权力，直接消解了作为连续过程的唯物史观。《相会在 k 市》起缘于对一则革命历史定论的怀疑，革命者刘东在赴苏南某地参加抗日武装的时候被日寇杀害。但是通过叙述人"我"的采访以及对有关资料的查询，才知道刘东被自己人错当成叛徒暗杀。原因是流动和另一个同志合伙参加游击队，但那个同志最后没能成行，只有刘东一人到了根据地。游击队认为刘东出卖了另一个同志前来刺探情报，刘东是叛徒，必须处决。而刘东死后又被伪装成为日寇所害，因此刘东的死成为一个疑点。但这实际上完全是一出恶作剧，因为临出发那天，那个同志去刘东处吃螃

---

① 《马克思、恩格斯选集》，第四卷，北京：人民出版社，1972 年，第 393 页。

蟹,房东太太发觉丢失一只手镯,便央求在宪兵队当翻译的外甥扣住那个外来的年轻人,等找到手镯再放他回去,于是那个同志进了宪兵队的黑牢。刘东之死至此真相大白。文本揭示了刘东投身革命却死于非命的结局中蕴藏的讽喻性,这些偶然的环节,如房东太太失窃、游击队的主观臆断等等一切似是而非的因素使刘东成为一个无辜的牺牲品,文本因为刘东身份的改写使革命故事消失了意识形态的权威性,历史因为偶然事件的参与而完全改变了它的发展次序。八十年代初,方之的《内奸》写了一个"奸细"的平反,一辈子被称为"奸细"的人原来是一个革命者,方之因此成为一个革命历史神话合理的补充者。而《相会在 k 市》恰好相反,当刘东还原了革命者身份,却使革命历史故事变得面目全非。

如果说《相会在 k 市》仅仅用偶然性就颠覆了历史,似乎显得有些轻巧,那么《迷舟》显然加重了偶然因素的复杂程度,偶然性则战争中的敌/我、爱情中的敌/我两种二元对立中穿插游走,最终导致了主人公萧必定死亡的历史命运。故事的背景是北伐战争,孙传芳兰江守军不战而降,北伐军控制了榆关重镇。孙调军驻守棋山要塞,形成对峙。萧奉命驻守棋山对岸他的家乡小河村落。萧前往探明情况,回家时正赶上父亲的丧礼,丧礼中重遇旧时恋人表妹杏。萧在孤独中与杏点燃爱欲之火,不料被杏的丈夫三顺发觉,杏被阉割后送回榆关老家。萧不顾警卫员劝阻,冒着被三顺杀死的危险去榆关看望杏,而榆关已经被他哥哥的北伐军占领。萧没有被三顺的剑刀杀死去了榆关,回来后,警卫员却以萧的榆关之行击毙了萧。警卫员的理由是,"31 师"投诚后,他奉命监视萧,因为攻陷榆关的是萧的哥哥,师长密令他,如果萧去榆关,必须把其杀死。在萧的七日死亡之旅中,显然爱情这个偶然因素决定着战争中萧的命运,他与杏、三顺的三角关系使萧忘记了战时萧、萧的上司、萧的哥哥另一敌对的三角关系,萧因为第一种关系采取的冒险行动激化了后一敌对的三角关系,使这一组关系由三极迅速升格为敌/我二元的两极相对,萧被专断为敌方而成为自己人手下的牺牲品。萧从一进入小河村落开始,就卷进了偶然性的漩涡,如果萧的父亲不死,萧不一定能见到杏;萧见到杏如果不复燃旧情,杏便不会被阉割;三顺如果阻止了萧,萧也不会去榆关;萧既去榆关,如果那里不驻扎他哥哥的部队,萧自然不会被当作叛徒,被警卫员枪杀。萧的命运一次又一次改写,每一次都指向死亡,历史的宿命论或许是《迷舟》解构历史的最深层动机。

2. 历史的时间性从来就是一个不被人怀疑的问题,历史的发展从根本上说体现于时间与空间的联合,是一个连续性的时间序列在空间中的延展。历史失去了时间性便失去了存在的本原。《往事与刑罚》就是把解构的踪迹带进历史时间的隧道,把历史这一连续的、自足的时间段分解为断续、残缺的历史碎片。"他是怎样对一九五八年一月九日进行车裂的,他将一九五年一月九日撕得像冬天的雪片一样纷纷扬扬。对一九六七年十二月一日，他施与宫刑，他割下了一九六七年十二月一日的两只沉甸甸的睾丸……最为难忘的是一九七一年九月二十日，他在地上挖出一个大坑，将一九七一年九月二十日埋入土中……"①《往事与刑罚》通过消解历史时间，进而获得对历史故事的消解，因为每个短暂的历史时间都包含一个深刻的历史事件。刑罚专家杀死历史时间后，陌生人被阻隔了与历史的交流，历史的连续性被刑罚专家一刀刀砍断，陌生人与历史的联系也一点点被记忆放逐。文本通过解构历史时间表达了人无法进入历史的焦虑。这是又一个哲学命题，下文再行论述。此外，文本中有一处讨论必然与偶然的关系，认为必然属于那类枯燥乏味的事物，不会改变自己的面貌，只会傻乎乎地一直往前走。而偶然是伟大的事物，随便把它往什么地方扔去，那地方便会出现一段"崭新"的历史。新历史小说家所寻找的正是这样"崭新"的历史，为此，他们求助于偶然性，求助于对历史的解构运作，复制出一个个具有颓败性的历史文本。

　　3. 革命历史题材小说在五六十年代是主流意识形态的核心产物，但是，在它辉煌无比的同时却也为自身设置了无以挽回的宿命。就拿"三红"说吧，它们无一例外描写国共之争，使用尖锐对立的两极斗争模式，敌我双方的界限泾渭分明，不容有丝毫的偏离。《红日》写共产党对国民党的军事胜利，《红岩》写共产党对国民党的道德意志品格的胜利，《红旗谱》写家族仇恨如何演化为贫富二元阶级对抗，进而融入国共二元政治斗争，如果拿毛泽东的认识——中国革命实质上是农民革命——做参照的话，《红旗谱》无疑是这一题材领域最基础同时也最重要的一个组成部分。《红旗谱》"通过对冀中平原锁井镇两家农民三代人和一家地主两代人的尖锐矛盾和斗争过程的描写，对大革命前后中国北方农村和城市的阶级斗争和革命活动，进行了历史性的艺术概括。"②文本中两家农民朱、严三代人皆赤，一家地主冯家两代人皆白；地主冯兰池虽有村长之实。却无道德之威，"为朋友两肋插刀"的贫民朱老忠有道德之威，却无权力之实。通过对两组以阶级成分划分的关系分析，文本暗示这一既成秩序必然要经过革命颠倒过来。《红旗谱》的情节设置，直接影响了后来革命历史题材小说的创作格局，像《青春之歌》、《林海雪原》等皆属讲述二元对立斗争的典范文本，革命历史题材小说已等同于历史教科书。这种既定格式在《大年》中遭到瓦解。《大年》描写三种不同的政治力量为了一个女人而进行的斗争，这三种力量为：开明乡绅丁伯高，小偷加新四军豹子，医生兼地下党唐济尧；女人是丁伯高的二姨太玫。故事的外层叙述对丁伯高采取的一次暴动，文本指明饥荒正像瘟疫一样蔓延，时值丁伯高开仓

---

①　余华：《往事与刑罚》，《北京文学》1989 年第 2 期。

②　转引自许子东：《当代小说中的现代史——论〈红旗谱〉、〈灵旗〉、〈大年〉和〈白鹿原〉》，《上海文学》1994 年第 10 期。

放粮救济灾民，豹子因与丁有私仇（偷窃丁家粮食被吊打）投靠唐济尧当了新四军，豹子在唐济尧点拨下洗劫丁家大院，枪杀丁伯高。文本内层支撑抢劫事件框架是性的争夺，豹子杀丁伯高为了抢到玫，唐济尧借豹子之手除掉了丁伯高，然后杀死豹子，与玫私奔。这里，整个革命动机带上了明显的个人目的，消解了革命的公共性、神圣性。另外，《大年》人物的设置亦别出心裁，豹子被赋予惯偷、土匪、新四军多种角色，唐济尧名为医生，暗为新四军。根据情节的发展，豹子与唐济尧所以变换不同的身份，最终目的为了改变丁伯高的身份，丁伯高由开明乡绅一变而为打击对象地主恶霸，最后又由新四军予以平反。还原其开明绅士的头衔，这就搅乱了《红旗谱》中敌我二元对立界线，颠覆了《红旗谱》式的革命历史故事模式。相比于《红旗谱》，豹子消解了朱老忠们的阶级阵线，唐济尧混淆了贾老师的阶级立场，而丁伯高却直接解构了想象中的敌方冯兰池们的阶级性质。因此，《大年》对革命历史创造过程的颠覆，使革命历史故事讲述革命的必然性与合理性从此变得不再那么清晰，从而让人感到了其中隐藏的扑朔迷离。

4. 先锋作家解构历史，往往把历史稿的很复杂，像格非的文本，因为咸丰叙事技巧的运用，文本就像在一座历史的迷宫里穿行，在你来不及思索的时候就已经感到这历史乱了套子、错了方寸。新写实作家则不然，被称为新写实主将的刘震云，解构其历史干脆利落，他的文本意图甚为显豁，就是要写一种权力本位的历史观，与意识形态的历史对逆，并以"彼可取而代之"的姿态消解意识形态的历史传统。刘震云新历史小说的一个核心意象是权力，历史发展既是一种权力的运作（《故乡天下黄花》），又是一种权力的轮回（《故乡相处流传》）。关于权力，福柯论述得较为详细："在我看来，权力必须首先被理解为各种势力关系的复合体，这一复合体是各种势力关系在其中产生作用和构成它们自身组织的领域中固有的；权力必须被理解为这些势力关系通过持续不断的斗争和对抗，改变、加强或颠倒它们的过程；权力必须被理解为这些势力关系相互获得的支持。……最后，权力必须被理解为它们藉此产生效力的策略，其总体设计或机构结晶体现在国家机器之中，体现在法律的制定之中，体现在各种社会霸权之中。"[1]在福柯眼中，权力是各种势力关系之间的持续不断的斗争和对抗，权力是一个过程，体现一个社会的复杂的战略形态，它的核心是国家机器的政治运行机制。权力无处不在，每个人都生活在权力之中，受权力制约和调配。我们看刘震云文本的权力观念，它无疑体现为一种"封建宗法势力"，体现为敌对两排之间无休止的对抗和斗争，在变幻的世态中，权力始终高高在上，俯视着充满血腥气味的历史。《故乡天下黄花》共计四个部分，每一部分都讲述一段权力争夺的历史，权力在各个不

① 米歇尔·福柯：《性史》，上海：上海文化出版社，1988年，第74—75页。

同时期演化为不同的角逐和厮杀，联系起来即是大半个世纪的中国历史之路。第一部分题为村长的谋杀，村长因其为村长而被人勒死，显然藏着很深的政治目的——对村长权位的窥视。这个村子的政治秩序暗中已经松结，以孙殿元为首的权力组织因孙的死亡走向瓦解。村里另一股势力，前村长李老喜干掉孙村长夺回了权位，孙家起初借辛亥革命赶下李老喜，亦是看中村长的位置。孙、李两姓从此开始无休止的暗杀与争夺。这个村长位子何以有如此魅力，引来这许多仇杀？李老喜有一句话说得好，"我就喜欢村里开会，一开会，我才觉得我是李老喜了！"原来当村长不但能吃到烙饼，更重要的是自我感觉在权力护卫下可以得到无止境的膨胀。第二部分讲抗战与权力意识，孙毛旦投靠日军，可以胡作非为；八路军孙屎根决定袭击日军收粮队，其目的想因此捞到正处长，在家乡露个脸子；而中央军李小武打算坐收渔利，捉住俘虏求得升迁。结果战争被搞得一塌糊涂，引来大批日军血洗了村庄。第三部分写翻身农民如何获得权力，又怎样运用权力，权力在这时表现为严峻的政治斗争，体现为一个阶级对另一个阶级的专政。老贾与老范不同的权力斗争方式出现了两种不同的政治局面，老贾属温和派被调离。老范吸收无赖赵刺猬、赖和尚参加贫农团，开始对被斗争对象采取物质的、精神的、人身的剥夺与专政，赵、赖粗暴地行使权力导致李小武疯狂反攻，最后解放军不得不提前清匪。第四部分作者写了一种文化，这种文化可以概括为"吃夜草"，当然，作者本意写"文化大革命"，写造反夺权，吃夜草作为权力的一种文化形式在这里被提升为权力的外在表现方式，谁有权谁就拥有吃夜草的权力。于是，赖和尚与赵刺猬决裂，另组造反队，李葫芦虽人单势弱，但也成一派，村里形成三足鼎立。只是好景不长，内乱开始，各派之间互相争着夺权，争着夺取赵刺猬受众代表村长权力的"印把子"。权力与杀戮不可避免地与欲望捆绑在一起，在尸体与血泊中权力秩序发生了实质性的翻转。然而，革命并未结束，当权派内部随即因权位分配不公分化瓦解，夺权又重新开始。文本有一段极为简练的笔墨描述了对村长位子的争夺。"一年之后，村里死五人，伤一百零三人，赖和尚下台，卫东卫彪上台。……两年之后卫东卫彪闹矛盾。一年之后，卫东下台。卫彪上台……文化大革命结束，卫彪、李葫芦下台，……一个叫秦正文的人上台。五年之后，群众闹事，死二人，伤五十五人，亲正文下台，赵互助（赵刺猬儿子）上台。……"[1]这是一种轮盘式的夺权行动，与第一部分对村长权位的争夺相暗合。文本至此概括了中国历史所走的另一条权力斗争之路，这条路上插满了权力欲望的旗帜，旗帜下遍布着为权力而倒下的尸体。这里，历史/权力在观念上形成一种互文关系，历史的演变在文本中已被转换为权力的更迭。在另一

---

[1] 刘震云：《故乡天下黄花》，《钟山》1991 年第 2 期。

讲述权力的文本《故乡相处流传》中,历史又被赋予一种简单的轮回,一种"年年岁岁花相似,岁岁年年人不同"的生命轮转,历史的演绎带着相似的脸孔于不同的时代重现,而每一次重现又是一次历史性的循环。历史在政治话语的遮掩下播种着饥荒、灾难和瘟疫,历史发展的动机又往往因为偶然事件的参与颠覆了话语政治的权力。第一段袁、曹反目本因沈姓小寡妇邀宠,反被上升为一桩严峻的政治事件,结果,袁胜曹,曹胜袁,在延津拉开战火。第二段朱元璋为移民搞生命游戏,大批百姓被杀。第三段慈溪诛杀小麻子陈玉成,又死伤无数。第四段饥荒重又来临,与前几段首尾相接。中国两千年历史的文明就这样在杀杀打打之中艰难地蠕行,各个时代都被宿命打上深深的烙印,历史的背后原不过是一场生命的虚无。

(三) 新历史小说的存在哲学

在新历史小说中,存在主义作为一种意识形态与先锋作家对历史的极端体验相汇合。这里所说的意识形态,依据阿尔都塞的观点,"是人类对人类真实生存条件的真实关系和想象关系的多元决定的统一。在意识形态中,真实关系不可避免地被包括到想象关系中去。"[①]先锋作家在历史语境里强化人的非理性存在体验,因为历史能为他们提供广阔的验证人与人之间的隔膜的生存空间,在这里,历史真实与历史想象由于存在主义的介入而形成一种互相指涉的同一关系,它们共同服务于作家的存在主义情感体验。

存在主义哲学思想,最早见于陀思妥耶夫斯基的《地下室笔记》(1864 年),中经克尔凯郭尔和尼采,到海德格尔形成系统性的哲学表述;之后,萨特存在哲学又使存在主义世俗化,出现了存在主义文学。[②] 关于存在主义哲学,由于表述者的哲学思考各成体系,各具特色,我们只能就其大概思想且与本文有关的部分作一个简略的描述。

存在主义是一种典型的人本主义哲学思潮,它把人置于哲学思考的中心,把人的存在,人生的意义视为哲学的根本问题。所谓存在,海德格尔认为这是一种本源性的事实,是一种主客体尚未分化之前的原始同一状态。存在离不开人,海德格尔把人这一特殊的存在者称为"此在",此在的优先性在于自身对存在有一种原初的理解和领悟,即发现自己已经存在于此。在萨特哲学中,存在被分为两类,一类自在的存在,指客观的事实性存在,即"存在是自在的","存在是其所

① 路易·阿尔都塞:《保卫马克思》,北京:商务印书馆,1984 年,第 203 页。
② W.考夫曼编:《存在主义》序,北京:商务印书馆,1987 年。

是"，自在的存在从根本上说是偶然的、不可思议的、荒诞的存在，缺乏存在的意义和必然性。另一类自为的存在指有意识行为的存在，它"是其所不是且不是其所是"。[1]　自为的存在是存在的缺乏，是存在的可能性，因为意识从本源上说是虚无的，它只能通过不断的自我否定、超越，使自身处于流动变化之中，并指向未来。存在主义者把人这种存在者的存在称为"实在"，认为人的实在先于他的本质，就是说人从根本上绝不是既定的事实性存在，他没有固定的本质，实存只有在非理性的体验中才能领悟到，因此，存在主义者往往关注极端痛苦的情绪状态。[2]　克尔凯郭尔首先开启了这条非理性思路，认为人生毫无理性可言，充满了恐怖、厌烦、忧郁和绝望，人在这种不安宁的状态中，感到濒临绝境，面临死亡，人生说到底乃是一种本源性的虚无。在海德格尔那里，此在由于在世界中"现身"被表述为"在世"，通过在世，人发现了此在的"被抛状态"，人被无缘无故地抛掷到世上，人这种绝对的孤独无助，从根本上没有存在的根据和理由，人的存在指向一种本源的荒诞。人在在世的直觉体验中感受到自己的无根状况，感受到无由庇护的孤独和无家可归的悲凉，便向非本真的存在跌落，因此海德格尔说："只要此在作为其所是的东西而存在，它就总是在抛掷状态中而且被卷入常人的非本真状态的漩涡中。"[3]萨特对人的实存状况的分析与海德格尔大同小异，萨特认为人生最本真的体验是"厌恶"（他曾以此创作一部同名小说，极力表达了对人世的厌恶感），这是一种根本性的存在体验，厌恶世界、厌恶他人，以至于厌恶自身。人之所以产生厌恶感是因为人意识到整个世界从根本上说来毫无理由，没有任何必然性，因而是偶然的、多余的和荒诞的。然而正是在对厌恶的情绪体验中，人意识到自己在世界中的绝对的自由，人被抛进这个世界，无依无靠，人必须进行自我选择，以逃离这种无根状态。然而在自我选择中，人又必须承担焦虑的困扰，萨特认为自为就是不断地自我否定和超越，自为面对着虚无，人不可能获得最终的完结，也永远不可能摆脱意识的焦虑。不难看出，存在主义者给我们描绘了一幅极其阴暗的充满危机的人生图景，"人孤独地处在一个从根本上说是荒诞的、不可理解的世界上，他毫无存在的根据和理由，因而人的存在本身也是荒诞的和虚无的。"[4]存在主义的人生哲学因此带上了悲剧性的品格。

　　十分有趣的是，新历史小说恰恰接受了存在主义对实存状态中非本真存在的描绘，对于存在主义宣扬的自为与自由选择却予以根本性的排斥，因此，新历史小说中人的存在状态从哲学上便可定义为海德格尔式的非本真状态，萨特的

①　萨特：《存在与虚无》，北京：三联书店，1997年，第25页。
②　解志熙：《存在主义与中国现代文学》，台北：智燕出版社，1990年，第22—23页。
③　海德格尔：《存在与时间》，北京：三联书店，1987年，第217页。
④　解志熙：《存在主义与中国现代文学》，台北：智燕出版社，1990年，第31页。

自在状态和保罗·蒂利希所说的非存在(没有意识到自己的存在的存在)。下面以先锋作家的新历史小说为例读解其中隐藏的存在主义思想。格非的《风琴》追溯了存在的本源性荒诞,村子里"到处都流传着日本要投降的消息",然而,日本人猝不及防地攻占了村子,一种事实性的错位使冯保长感到措手不及,无法从幻想的情境中脱离以面对逆转过来的事实。突然的噩运使冯保长失去了存在(反抗)的勇气,面对日本人挑开他老婆肥大的裤子,竟然感觉一种压抑不住的激奋,随即像一只老鼠逃往树林。冯金山作为一个能够意识到自己存在意义的存在者,在遭遇一系列现实生活中的被抛掷——被迫面对日本人的攻击后——沉沦到存在的非本真状态,这是一种与事情的发展相悖离的荒诞处境,这种事实性的荒谬使生活的本真面目丧失存在之基,一个荒诞的世界和这世界中荒诞的人生给予了《风琴》一个形而上的高度,《风琴》其实表达了一种人生错位的荒诞命题。与此略为不同,《1934 年的逃亡》致力于对存在者生命之根——土地的逃避。历史上 1934 年是个灾年,枫杨树乡村不但饥荒成灾,而且霍乱肆行,充满了恐怖和焦虑的病态气象。村民们出于对饥荒的恐惧,对土地失去信心,纷纷逃离祖祖辈辈相依为命的土壤,在城市流浪,成为无根的一代,品味着无家可归的悲凉。恐怖在克尔凯郭尔看来是一种无所不在的异己的力量,它来源于生命的本源性虚无,恰如小说开篇所讲,"一种与生俱来的惶乱使我抱头逃窜","我的那次奔跑是一种逃亡",并且"回归的路途永远迷失",正是这种毫无来由的恐怖使逃亡同时指向了现实和历史,它意味着存在者永远也躲避不了恐怖的追逐。这莫不是一种荒诞的感觉,一种虚无性的生命体验?

就恐惧的主题而言,《敌人》的创作初衷即衷缘于此,[①]文本描述了一场大火导致的人的存在的异化体验。存在主义者把人的社会关系确定为彼此间的无法沟通,由于存在者是被抛掷到这个世界上的,因此,存在仅仅指个人的存在,不包括另一个被抛的个体,而且个体与个体之间并没有达成共识的根由,因而人在存在的特性上讲是绝对孤独、绝对自由的,进而人与他人便只是永远隔膜着、对立着,他人对"我"来说也永远是多余的、不可理解和交流的,萨特有一个戏剧《间隔》道出了存在主义对社会关系的看法,就是加尔森所说的"他人即是地狱"。这,也是《敌人》的深层主题。几十年前的无名大火使赵家由兴旺走向衰败,赵伯衡因此耗费掉余生研究大火的起因,儿子赵景轩继承父亲的未竟之志,专心一意地考察宣纸上那些敌对性很强烈的名字,他白天四处打听火灾的细节,晚上便逐个把那些名字划掉,赵景轩死时,那张宣纸只遗留下三个未予透露身份的名字。赵伯衡之孙赵少忠便在这种荒诞的日子里长成,并且子嗣成群。然而,大火的阴影以及

---

① 《格非文集·寂静的声音》自序,南京:江苏文艺出版社,1996 年。

宣纸上令人发抖的名字成了他心中挥之不去的障碍，恐惧在他记忆深处纽成一个巨大的死结，结婚以后，赵少忠把那张发黄的宣纸扔进了火盆。这样，赵少忠阻隔了恐惧的来处，使恐惧消失了事实本源。然而，恐惧早在他少年时代已铭刻于心，早已积淀为无意识的心理反应，表面上的阻隔并不能抵消心理深处的压抑，相反，在赵少忠使恐惧丧失存在之源后，恐惧反成为一种无处不在，仿佛与生俱来，根本无法逃避的生命本源，赵少忠从此必须面对无从把握的恐惧，时时提防，以备恐惧突然从不知名处袭击而来。同时，大火又导致赵少忠一种天生与人为敌的本然性情，在赵少忠潜意识里，每一个人都可能是他的敌人，他人很可能就是他不愿触及的地狱，那些宣纸上被划掉的以及遗留下的神秘的名字，包括了几乎村子里所有人，并且包括了他的敌人，赵少忠只能小心翼翼地"与狼共舞"。赵少忠也因此产生了心理变异，这种变异体现于对子嗣的残酷杀戮。离你最近的人往往就是你最敌对的人，这恰是把"他人即是地狱"的命题推向了极端。文本中第一个遭到杀戮的人是赵少忠之孙猴子，在第 5 章第 13 小节的一段意识流叙述中，我们看到赵少忠与大儿媳妇有染，况文本暗示大儿子赵龙不会再有生育能力，足以证明猴子实属赵少忠之子，当三老倌把"扒灰用的木榔头"塞到赵少忠手里，赵少忠觉得丑事已经败露，遂指使麻子溺死亲子猴子。关于赵少忠的乱伦行为，柳柳请女尼圆梦时也显示出来，赵少忠玩弄亲女，致使柳柳怀孕堕落，最后不得已杀死柳柳。而柳柳死前幻影中仍保留着赵少忠送给她的鸡血色手镯，这当然是一个极富挑逗性的隐喻，赵少忠在恐惧的折磨中把压抑转向了性和死亡，通过不正常的性行为和对杀戮的极端体验以平和恐惧引起的心理悸动。文本中赵虎的死似乎与赵少忠无关，赵少忠对赵虎的行为只是处理尸体而已。可是，文本中赵少忠对偃林寨——赵虎遭劫的地方的反复念叨，却透露出赵少忠对赵虎即将引来杀身之祸的不满，如不杀赵虎，显然会波及他赵少忠。并且，赵虎也已意识到赵少忠会采取不测手段，便四处躲藏乞望避过灾难，赵虎回家后的超常行为说明其已陷入对生命的焦虑之中。关于焦虑，蒂利希认为，"对命运的焦虑是建立在有限的存在对其每一方面的偶然性，对其缺乏最终必然性的认识基础上的。"[①]正因为焦虑之无法把握，赵虎便只有沉醉于酒馆中，求得精神上短暂的麻醉。虽然赵虎夜不归家，但死神已降至头顶，随时会猝不及防地落下达摩克利斯之剑，赵少忠于此胜券在握，所以从容不迫地布置了赵虎的死亡，消除掉存在的隐患。梅梅被迫嫁给凶手麻子，被麻子兄弟轮奸，也正合赵少忠本意，而赵龙作为最后一名亲人，其死亡显然更残酷无比。赵少忠于赵龙死前先放出赵龙死亡的信息，然后又取得占卜者的验证，赵龙身未死精神业已崩溃，文本描述了赵少

---

① 　P.蒂利希：《存在的勇气》，贵阳：贵州人民出版社，1988 年，第 41 页。

忠怎样肆无忌惮地在赵龙大限之夜暴露出凶残的面目,以至于赵龙面对父亲时完全丧失了反抗的勇气。赵少忠的种种行为无不证明存在主义者所说的存在之异化,赵少忠不但对人产生扭曲心理,对于物,家中的一切均感到有一种不安的昭示,于是山羊、鸽子踢死,树木被剪掉枝叶,这样一种毁灭的欲望盘踞在赵少忠心头,赵作为一个凶手也便可以理解了。

在新历史小说的哲学精神里,还牵涉一个时间的问题,前已分析历史、存在、时间的不一致导致了对意识形态的消解,这里着重谈谈存在与时间的关系。时间,按照世俗的理解,在一个有机物的生命中,"时间的三种样态——过去,现在,未来——形成了一个不能被分割成若干个别要素的整体。"①《呼喊与细雨》描述了这样的整体时间观,"我的弟弟不小心走出了时间。他一旦脱离时间便固定下来,我们则在时间的推移下继续前行。"弟弟为救一个孩子迈向死亡,死亡意味着与时间的脱离;只有活着才能顺应时间,使时间充实。存在主义者的认识与此不同,海德格尔说:"源始地从现象上看,时间性是在此在的本真整体存在那里,在先行着的决心那里被经验到的。"②就是说,只有本真的存在才能体验到时间,非本真的生存者不断丢失时间,也从来没有时间;换句话说,非本真的存在根本无法走进时间,与时间处于隔膜乃至隔离的状态。《往事与刑罚》中陌生人对于时间的遗忘,便是向非本真存在的沉沦。个人属于时间性的存在,人个体的确定性取决于他独特的历史经验和现实对它的确认与承续,那四个指向四桩深刻往事的时间虽然在陌生人周围环绕,却无法进入他的意识领域。刑罚专家斩断时间与存在的关系之源,使时间成为一叶无根的飘萍,它四处游荡,终不能漂进陌生人的记忆。陌生人失去时间的同时又失去了历史,既造成了个人历史的断裂也动摇了个人存在的根基。而整个先锋作家的新历史小说,从其总体形态上看,也是一种失去历史根据的历史文本,它同时标示了历史与人的存在的本源性虚无。

众所周知,八十年代中后期,作家在社会中的主体位置发生了转移,形成由中心向边缘的滑动,这一动向无疑使作家产生了普遍的心理焦虑(九十年代的人文精神讨论即是这一现象的延续),这是一失;同时,意识形态的游离又使作家获得一种创作新话语的权力,这是一得。这一失一得,无疑改变了作家的创作旨向,扩大了作家的创作视野,也促成了新历史小说的出现。新历史小说与新历史主义思想的不谋而合,对解构主义、存在主义的特意借鉴,不能不说是这一位移的结果。新历史小说家在复制历史文本的时候,也往往阐明这是对历史的一种经验性还原或直接呈现(如格非等)。当然,无论还原抑或呈现,都是一种主观的

---

① 恩斯特·卡西尔:《人论》,上海:上海译文出版社,1985 年,第 63 页。
② 海德格尔:《存在与时间》,北京:三联书店,1987 年,第 361 页。

经验性活动，诚如胡塞尔所言，它包含着还原主体的意识动机和对被还原客体的主观反思。因之，新历史小说家把历史当作一种个人的叙事，把历史看作一个文本或一种话语，进而对历史进行解构，并建构自己的新历史哲学。诚然，新历史小说也自觉地游离于主流话语之外，向人的本体层面拓进，这种自觉的转移，无疑成为新历史小说与存在主义联姻的契机。当新历史小说家把历史看作一个可以修撰的文本，存在主义作为一种典型的人本主义非理性思潮，便大量涌进了作家的新历史话语。以上，就是我们探讨的新历史小说的哲学精神。新历史小说因了这些哲学精神的蕴含，在当代文坛形成一股颇具思想深度的创作思潮，它在相当大的程度上，弥补了当今小说思想日趋平面化的倾向。并且，由于它本身哲学内蕴的丰厚，也引发起人们对人生命运的哲理性思考。

第三卷

方法与启示

一 现代文学批评性校读法的创立

清华大学解志熙教授积十数年功力,心无旁骛,潜心研究中国现代文学的历史问题和文献问题,创立中国现代文学研究的批评性校读法,对于矫治学术研究中过度阐释、逞臆妄说的主观主义批评,力莫大焉。新著《考文叙事录——中国现代文学文献校读论丛》便是对此学说的详尽阐述。让学术成为学术,而不是成为什么沽名钓誉的干禄之具,可以说解志熙教授一以贯之的学术追求。

(一) 解志熙学术演进的路线

作为二十世纪八十年代跨入中国现代文学学界的少年才俊,解志熙的学术起点相当高,第一本专著《存在主义与中国现代文学》堪称填补学术空白之作。它的意义不仅在于客观翔实地论证了中国现代文学的哲学性质和世界性质,而且也具有鲜明的当下中国社会现实的指向性,可以说是对新时期以来中国社会的存在主义热作出的一个学术性总结。不可否认,存在主义哲学对于深化中国民众的主体意识和个性意识,冲击长久以来形成的狭隘的阶级性、政治性人学观念,起到了巨大的推进作用。但存在主义作为一门深奥的,且内部观点不一的非理性哲学,并没有在二十世纪八十年代的中国大地植下根基,但却开了花、结了果,以至于人人都谈存在主义,却不清楚什么是存在主义,更有甚者,竟有流为一任虚无、厌世的人生观念成为时髦的趋势,这就不足为训了。

解志熙在存在主义哲学在中国已经发生偏执的情形下开始了他的学术清理工作,从存在主义哲学的存在本体论、实存状态观、自由选择观以及在世关系论等方面解析其哲学思想,既在"人的存在总是'我的存在',亦即人的存在具有个体的唯一性,不可重复和替代"[①]的意义上论证其合理性,又充分注意到其悲观、虚无的思想认识;在此基础上解析存在主义对"在世"的承担勇气和对自由选择的期许。存在主义思潮早在"五四"之前就已经传播到中国,为弄清其传播路线图,解志熙单辟一章分析现代中国哲学界和文学界的不同反应,条分缕析,考镜源流。存在主义丰富了中国现代作家的现代性体验,对现代文明中人的生存样

---

① 解志熙:《存在主义与中国现代文学》,台湾智燕出版社,1990 年,第 22—23 页(此书 1999 年改由人民文学出版社出版,书名为:《生的执著——存在主义与中国现代文学》)。

态作出了深刻的思考，鲁迅、冯至、钱钟书等均为此作出了重要贡献。这就说明，存在主义其实是一种对人进行严肃思考的学说，如果以扮酷的形式把其庸俗化或作为日常生活的调味品，它的价值就丧失了。

　　起笔不凡的解志熙从一开始就特别关注历史问题和文献问题，他的学术研究追求历史感，要论从史出，让事实说话；而要让事实说话，就必须重视文献，作考镜源流的工作。这在他的第二本专著《美的偏至》中表现得就更加清晰了。这本研究"中国现代唯美—颓废主义文学思潮"的专著的形成，不用说既有纯粹学术清理的原因，又有对九十年代以来中国社会轻逸化或美其名曰艺术化倾向的回应。进入九十年代以后，随着中国体制改革而引进的市场经济一下子改变了人们的生活世界和精神世界。毋庸置疑，八十年代高扬的凝重的启蒙理性已然失去了它的社会学根基，丰富痛苦的精神追求遭到了冷遇。过度重视物质享用，却以美、个性或竟以艺术而名之，正是唯美其实已经偏向颓废的典型特征。一种思潮如果失度的话，它的合理性就很难找寻了。

　　出于这两个理由，解志熙要解决的问题就相当多了。唯美—颓废主义究竟是一种什么样的思潮？它在何时传入中国？又如何影响了中国现代文学？针对学界已经确诊——"在我国现代文学史上并未出现过一个唯美主义流派和纯一的唯美派作家"[①]——的论断，解志熙"在广泛占有、深入研究材料的基础上"[②]作出令人信服的反驳，清晰地勾勒出中国现代唯美—颓废主义文学思潮的地形图，亦对现代作家"跌入"、走出唯美—颓废主义作出客观的评析。颓废主义艺术研究的国际专家玛利安·高利克先生热情洋溢地对解志熙的这一研究作出了高度评价。[③] 唯美—颓废主义既是一种文学艺术思潮，也是一种社会思潮，同时也可以看作是一种人生观念，通过对现代作家的人生观念和文学创作在唯美—颓废主义阶段的解析，其实已经让人了解了这种思潮的中国特色。

　　尽管《美的偏至》钩沉的文献资料几近于完备，但其实更出色的地方还在于历史问题的辨析。首先是历史的有无问题，在辨析了这个问题之后，接下来是历史之有的呈现问题；当然这涉及历史哲学中实然与应然的关系，也就是如何看待当时历史现实性的问题，有感于现实主义的历史观点与理想主义的历史设想常有混淆，以至于论断不是建立在实然的基础上而是建立在应然的基础上，这就与历史中的真实可能二致了，因此需要审慎对待。

　　1996 年，解志熙在中国现代文学研究会第七届理事会第二次会议上提出现

① 解志熙：《美的偏至——中国现代唯美—颓废主义文学思潮研究》，上海：上海文艺出版社，1997 年，第 7 页。

② 支克坚：《美的偏至·序》。

③ 玛利安·高利克：《中西文学对峙中的颓废主义》，《中国现代文学研究丛刊》2009 年第 1 期。

代文学研究的"古典化"与"平常心"。他设问道：是否可以"把历史还给历史，让学术成为学术，用平常的心态看待我们的学科，但用更严格的'古典化'学术标准和研究方法来从事我们的研究工作？"回答是可以的，因为这样会使现代文学研究"更具有历史感和学术性"。① "而不难想象，按照这样的标准，现代文学研究还有多么艰巨、细致和大量的工作要做（而且操作起来也要比古典文学研究更难，因为现代文学的文化—知识背景要比古典文学复杂得多）——还有多少问题我们根本没有触及，还有多少问题我们根本没有说清楚，还有多少我们以为说清楚了的问题还有待于澄清……"② 这样迫切的言论显示出"古典化"与"平常心"已成为现代文学研究的当务之急。

注重现代文学研究的历史感和学术性，使解志熙触及了现代文学研究的根本问题，也即现代文学研究的"古典化"问题，只有遵循古典化的学术标准和规范才会使现代文学研究成为真正严肃的学术。接下来，解志熙需要思考的就是到底什么是古典化的学术标准和规范了。

（二）现代文学批评性校读法的创立

经过十余年探索，解志熙提出了中国现代文学研究的学术标准和规范——批评性校读法，《考文叙事录》即是其理论方法和具体实践的结集。

解志熙自述这种批评方法的建立从乃师彭铎先生处获益良多。彭先生治古汉语，不消说承继的是清代汉学（又称朴学）的治学传统。训诂文字、考订名物为汉学特长，重视古籍和史料的整理、考订和辨伪。但彭先生又不拘泥于文献的校理，从中发展出一种新的治学方法——"通过参校材料，对比地去分析问题"的治学方法，并将之命名为"校读法"。③ 它的基本含义是通过不同典籍的比较对勘来了解词义和文意。那么，适用于古代典籍的"校读法"运用于现代文学研究中是否当行呢？

解志熙认为："文学文本乃是由语言建构起来的意义结构，读者和批评家对文本意义的把握，固然需要创造性的想象与体会，却不能脱离文本的语言实际去望文生义、胡思乱想、穿凿附会，而必须有精读文本、慎思明辨的功夫，并应比较观听作家在文本的'话里'和'话外'之音，才可望对文本的意义以至作家的意图

---

① 解志熙：《"古典化"与"平常心"——关于中国现代文学研究的若干断想》，收入解志熙：《和而不同——中国现代文学片论》，北京：清华大学出版社，2002 年。
② 解志熙：《"古典化"与"平常心"——关于中国现代文学研究的若干断想》，收入解志熙：《和而不同——中国现代文学片论》，北京：清华大学出版社，2002 年。
③ 解志熙：《考文叙事录——中国现代文学文献校读论丛》，北京：中华书局，2009 年，第 18 页。

做出比较准确的体认和阐释。就此而言，'校读法'在文学批评中尤其在文本批评和作家评论中是颇可以派上用场的。"说到底，就是"强调面对作为语言艺术的文学文本，文学研究者在发挥想象力和感悟力之外，还有必要借鉴文献学如校勘学训诂学家从事校注工作的那种一丝不苟、实事求是的治学态度与比较对勘、观其会通的方法"。在这个意义上，解志熙提出了现代文学研究的批评性校读法——"一种广泛而又细致地运用文献语言材料进行比较参证来解读文本的批评方法或辨析问题的研究方法"，①并认为是必要的且行之有效的。

批评性校读法包含的意思有两层：一、现代文学的文献学考订，计有辑轶、版本、考证、校注等；二、在此基础上进行的客观的历史分析与解读。先说第一个方面。需要对现代文学进行文献学的校理，是因为"大量的现代文学文本累积了颇为繁难、亟待校注的问题，……对现代文学文本的校注不仅是必需的，而且几乎需要从头做起。"②解志熙从四个角度阐述了现代文学文本的校注问题。① 文字讹误的本校与理校。现代文学文本基本上是依靠机器印刷的，由于作者提供的手稿书写潦草、不规范甚至笔误在所难免，加上印刷时校对的粗疏，致使初刊本或初版本留下讹误，即便此后再结集、再版，也很少得到认真的校订，这就需要从头清理了。因难寻手稿且无更早的版本可依，版本校勘的方法也只能采用本校与理校的结合。"在本校与理校中，所可借助的只有同一文本中的类似语句、同一作者的其他相关文本，再加上对上下文义的推断。"③文字讹误其实不是小问题，而是关系到如何理解文章主题甚至是作家思想的大问题，不可等闲视之。② 文本错简的校订和旧文献电子化的新错版问题。机器印刷存在着排版的工序，在拼版时稍有疏忽就会造成错简，而印刷出来的文本在段落或篇章上也就文理不通了。更有甚者，不是个别语句的错置而是整段、整块以至整页的失误而成为错版，那简直读起来不知所云了。利用扫描、照相等技术手段制成的现代文学电子文本同样存在这样的错版问题。错简纠正的方法可以寻找其他版本与之对校，错版则要注意页面的颠倒，恢复其本来面目。③ "外文"、"外典"及音译词语的校注。现代文学最大的特点是大规模借鉴外来的文化和文学，尤其是吸收了西方的语言文学以及思想文化，这使得现代文学文本中充满了"外文"和"拟外文"式的音译词汇，以及大量的"外典"（解志熙用此借指文本中涉及的外来文化），这成为现代文学文本校注的难点。由于现代作家在使用这些"涉外"名物的时候并不规范，所以清理起来颇为麻烦，其麻烦之处"一是由于作家拼写的潦草和排印的误认，现代文学文本中的外文常常有误，令人茫然不知所云，这就需要

---

① 解志熙：《考文叙事录——中国现代文学文献校读论丛》，北京：中华书局，2009 年，第 18 页。
② 解志熙：《考文叙事录——中国现代文学文献校读论丛》，北京：中华书局，2009 年，第 1 页。
③ 解志熙：《考文叙事录——中国现代文学文献校读论丛》，北京：中华书局，2009 年，第 12 页。

从上下文寻找可资利用的线索来校订之。二是注释外典尤其是外国人名及其中文译名时,常常会遇到人名相同或译名相近而其实未必真是同一人的问题,这就需要校注者格外小心、仔细检核。"①为此,解志熙特意总结了一些"错误"的规律,以方便同仁的研究。④ "今文"与"今典"的考释。今文是借用来指现代文学文本中具有特定的语言习惯用法的词语和句式,不能望文生义。今典概念来自陈寅恪,借指关于当时文坛以至国事的"故事"和"事迹"。今文有几种存在形式:一是当年和现在都在使用但意义不一致的词语,如"严重"其实指的是"严肃"。二是方言俗语的考释。三是当年流行现在已很少使用的时髦词汇,如"德律风"等。今典则有隐显二种。对于今典的索解,只能先考证其"本事",然后再释义。今典的使用,常常关乎作家的文学观念甚至人生观念,对今典的考释因而具有不可轻忽的学术意义。

批评性校读法的第二个方面是客观的历史分析和解读。"由于'校读法'坚决反对脱离文本语言实际的望文生义之解、力戒游谈无根的想当然之论,始终注意文本语言意义的解释限度,因而它无疑有助于预防各种主观主义批评的过度阐释以至于逞臆妄说。"②解志熙以自审的姿态讲述了发生在他自己身上的一件失误的事情。套用他的话,这也算构成了批评中的"今典"了,姑且称为"毛戴事件"吧。事情起因于陈建华先生发表于《上海文化》2007 年第 5 期的文章《章秋柳:都市与革命的双重变奏》,陈文认为茅盾通过塑造《追求》中章秋柳的形象,曲折地表达了对"左倾"政治"盲动主义"的质疑,而"盲动主义"的代表人物"不仅是指瞿秋白,恐怕也包括毛泽东"。而与毛泽东挂上钩的是描写章秋柳的一个词汇,"她的光滑的皮肤始终近于所谓'毛戴'"中的毛戴。解志熙认为有穿凿附会之嫌,遂写了《"毛戴"的影射问题——〈章秋柳:都市与革命的双重变奏〉说文解字之疑义》辩驳,认为毛戴不是指毛泽东,而是外来语 model(模特)的音译。陈建华先生为此发表反批评文章,否认毛戴为 model 的音译。之后,解志熙有意搜求与毛戴相关的文献资料,才查询出毛戴这个词原来古已有之,乃"寒毛竖立"的意思。解志熙说:"回头检讨,我的自以为是的武断和陈先生的没有根据的曲解,似乎都证明现代文学研究确实需要一点'古典化'的治学态度和治学方法,比如在阅读现代文学作品过程中碰到'毛戴'之类不大常见、不好理解的词,也不妨借鉴文献学家的'校读法',认真翻检辞书、比勘相关文献,力求解释的切当,即使一时难以解决,则存疑可矣,而切忌望文生训、附会曲解。"③

批评性校读法特别注重分析和解读时的历史还原,倡导回到现场、回到文

① 解志熙:《考文叙事录——中国现代文学文献校读论丛》,北京:中华书局,2009 年,第 10 页。
② 解志熙:《考文叙事录——中国现代文学文献校读论丛》,北京:中华书局,2009 年,第 19 页。
③ 解志熙:《考文叙事录——中国现代文学文献校读论丛》,第 20 页。上引的"毛戴事件"见 19—20 页。

本。"要求对特定文本的上下文及与其相关的各种文献材料进行广泛细致的参校、比勘和对读，"①才能有所发现。而回到现场，则是指要突破批评者应然的理想主义心理，实事求是地面对历史。历史应该是什么样子与历史实际是什么样子并不是一码事，"什么是历史研究真正本己的问题？在我看来只有两个：一是历史现象的实际到底是什么样的？在弄清了这个问题之后紧接着的第二个问题便是为什么历史恰恰是这样的？我以为除此之外的任何其他问题——例如历史原本应该是怎样的这类问题——尽管有其可以理解以至让人同情的提问动机，但究其实都非历史研究的本己问题。"②而实际上，持理想化的历史态度进行研究的所在多有，只是有人不自知，有人却有意为之。这样的越位之思还常常以新的貌似深刻的面目出之，以夺人眼目，殊不知其在反历史的道路上已走了很远了。

（三）现代文学批评性校读法的应用

方法终归是方法，不能仅仅是理论上的周密，而理论的周密在方法论上也是理所应当，更重要的是在批评实践上的应用，"实践是检验真理的唯一标准"。翻检《考文叙事录》，真可谓是考释周详、新见迭出，且客观公允、令人信服。尤其值得称道的是解志熙拿出了一大批沉甸甸的"出土文物"——中国现代文学、中国现代文学批评的佚文，这既是在做拓宽现代文学研究领域的工作，又是在做重新评价现代文学作家、文学现象的工作。

解志熙用力最勤的地方是诗歌和小说。新的诗歌和诗论的发掘无疑丰富了中国现代诗歌的库藏。现代诗论的整理和研究还没有受到学界的普遍重视，基础性的资料工作尚不完备，需要学者投入大量的学术热情，解志熙可以说是起了个带头作用。为了使研究更严谨，解志熙从理论的意义上区分了"诗论"和"诗学"两个概念的内涵：中国现代诗学是指现代诗论的理论造诣之所在，而中国现代诗论则指那些反映和表达了现代性诗学思考的文本文献。也就是说，我们发掘诗论的目的在于探究其诗学思想。

解志熙认为宗白华1941年发表的《诗闲谈》是他"五四"时期形成的"新形式诗学"的深入发展，在反对浪漫主义诗学的灵感论和情感论中阐发了"诗出于病痛，超脱于病痛"的"妙造"之说，或可称为是积淀论。鲁迅曾说，感情过于强烈的时候不宜写诗，这是有道理的。而对刘延陵《诗神的歌哭》的分析，则发觉文学研

① 解志熙：《考文叙事录——中国现代文学文献校读论丛》，北京：中华书局，2009年，第20页。
② 解志熙：《深刻的历史反思与矛盾的反思思维——从支克坚先生的革命文学研究说开去》，收入解志熙：《和而不同——中国现代文学片论》，北京：清华大学出版社，2002年。

究会内部其实是存在着不同声音的。刘延陵认为在血与泪的文学之外,还要有爱与美的文学。解志熙分析道:"一般以为文学研究会是一个主张文学'为人生'的社团、坚持现实主义的文学流派,仿佛铁板一块似的。其实,文学研究会主要成员虽然在大方向上是一致的,但也难免分歧,有时甚至存在着重要的分歧,并且其主要成员的文学观念也在发展、变化之中,所以文学研究会也难免分化。"① 这不能不说是洞见。

新月诗人刘梦苇因早逝诸多诗文未能结集出版,在文学史上也无甚地位,总是被作为新月派的陪衬人,解志熙认为"这对于刘梦苇其实是不公平的"。对于这个被埋没或说被遗忘的少年诗人,解志熙作了详细的生平与遗作的考释工作,不仅发现刘梦苇的诗作既有"缠绵低吟爱与死"的一面,也有慷慨担当而又不幸英雄气短的悲壮之歌,而且高度评价了他的诗学主张。刘梦苇在《中国新诗底昨今明》中提出要对新诗进行"新的建设",既要"创造中国之新诗",又要"建设一种诗底原理的批评"。他的诗学主张是认为新诗运动以来几乎把音韵格律全盘否定了,这是不可取的。他说:"我们既然在文字底意义的功用之外还发见了文字底声音的价值,我们就得很有自信地兼顾并用。在我们底艺术作品里,为了美的理想,可以尽量地发展技巧,创新格律,番[翻]几阙前无古人后无来者的新声。"②刘梦苇有一首名为《宝剑底悲痛》的新诗,解志熙认为它以整齐铿锵的"形式音节"启发了闻一多和朱湘等向新诗形式建设的转向,难怪朱湘要撰文为刘梦苇打抱不平,推许为"新诗形式运动的总先锋"了。

近年来对诗人林庚的评价高涨起来了,当然了,一个有独特追求的诗人也理应受到重视。不过,重视不等于不加分析地就戴上什么冠冕,论断要符合实际才行。解志熙从三十年代"钱献之"、戴望舒与林庚的论争中发现了他们的诗学分歧,即新诗如何现代化的问题。围绕林庚1936年出版的四行格律体诗集《北平情歌》,论争开始了。"钱献之"、戴望舒始终认为林庚是在以白话文做旧诗,这个"旧"不在体式方面,而在于诗的精神和情调上。戴望舒在《谈林庚的诗见和"四行诗"》中说:"从表面上看来,林庚先生的四行诗是崭新的新诗,但到它的深处去探测,我们就可以看出它古旧的基础了。现代的诗歌之所以与旧诗词不同者,是在于它们的形式,更在于它们的内容。……而林庚先生的'四行诗'却并不如此,他只是拿着白话写着古诗而已。"③戴望舒("钱献之"或为其化名)之撰文批评林庚,解志熙认为应该这样来认识:戴望舒写过《雨巷》后又否定了这首诗的写作,

---

① 解志熙:《考文叙事录——中国现代文学文献校读论丛》,北京:中华书局,2009年,第49页。
② 刘梦苇:《中国新诗的昨今明》,转引自解志熙:《考文叙事录——中国现代文学文献校读论丛》,第51页。
③ 转引自解志熙:《考文叙事录——中国现代文学文献校读论丛》,第144页。

可能是感觉这样的诗"充满了酷似晚唐五代婉约派诗词的氛围、情调、意象和意境，甚至连它的'音乐的成分'也宛如婉约词的格调。如此驾轻就熟的成功恐怕让戴望舒觉得有些不值得，甚至自觉到有被旧诗词俘虏的危险。"①顺便说一下，三十年代写作有"古意"诗歌的不止林庚，何其芳也如此。这毋宁说成了一种倾向，所以戴望舒才会特别关注"拿白话写作古诗"的问题。

本来新诗初创生的时候由于胡适的主张使得新诗的体式过于自由化，以至于诗与散文混淆不清，后来者予以纠偏是对艺术的承担，林庚的格律体探索难能可贵。但是林庚在向着中国古典诗歌的体式和语言探索的时候，顺带也"复活"了古典诗歌的意境和情调，他的诗中满蕴着田园生活的闲适和伤春悲秋的幽怨，即废名所说的"晚唐的美丽"，从内容情调上来说其"现代"品格就要打折扣了。无论林庚怎么灵活地在格律体式上出新，他的意境和情调却止步不前了，这也就是林庚的"执迷"吧。

作为一个颇有成就的作家和批评家，沈从文近年来声誉日隆，向其"希腊小庙"顶礼膜拜者络绎不绝。自然沈从文也不是等闲之辈，一双慧眼观文坛确实看到了很多实质性的问题，比如评论卞之琳诗集《三秋草》的文章《三秋草》，就敏锐地发现三十年代的现代派诗歌并非走着一致的路线，而是有着不容忽视的京海之别。解志熙提示这足以启发我们去思考文学现象的同中之异或异中之同，并进一步阐述三十年代文坛的错综分合，不仅左翼文学与自由主义文学分道扬镳，就是各自阵营内部也非整齐划一，而且左翼和自由主义群体虽然对立但也有声气相通的地方，这确实发人深省。

但沈从文的慧眼用在自己的一片风景上则不那么敏锐了，且不说《边城》时期构造"乡土神话"自有可以理解的原因，单说四十年代他意识到自己追求的飘渺之后，努力想着改弦更张，却最终流于困顿而未能东山再起，归根结底还是他的人生观念和创作观念在制约着。解志熙根据沈从文的佚文《〈七色魇〉题记》等文章深入分析了沈从文四十年代求变而未果的精神历程，给惋惜沈从文未能再写出好作品而归咎于左翼的打压者们提供了一个全新的说法。四十年代的沈从文确实看到了现实的乡土世界与他的文学的乡土世界有巨大的差异，实际上在创作《边城》时已隐隐感觉到了，后来的《长河》也就难以继续田园牧歌的胜景。沈从文意识到了自己的困境，"决心开始一种更注重揭示农民苦难现实境遇的新乡土叙事之路。"②这当然是值得赞赏和期许的，但沈从文实际上却未能抵达这新乡土叙事之路，倒真的让人遗憾了。解志熙认为这和沈从文对革命和农民的

---

① 解志熙：《考文叙事录——中国现代文学文献校读论丛》，北京：中华书局，2009 年，第 146 页。
② 解志熙：《考文叙事录——中国现代文学文献校读论丛》，北京：中华书局，2009 年，第 234 页。

认识有关,沈从文是站在自己的立场上理解革命进而理解农民的,他不明白革命乃大势所趋、人心所向,而是固守革命会毁掉他理想中的"礼俗"世界的认识,进而对于下层农民"卑屈"、"悲惨"的命运就不再凝视了,因为他担心下民被唤醒之后的革命之举。

也不能说沈从文就不关心农民了,事实上他心目中的农民是另一类人。《绿魇》就写到了一户农民:"房子好,环境好,更难得的也许还是这个主人。一个本世纪行将消失、前一世纪的正直农民范本。"《芷江县的熊公馆》更详细描写了拥有大量土地之家的生活情境,那确实是尊卑有序、主仆一家的和谐情景。与沈从文情投意合的是这种传统的乡绅生活,既然私淑了"上民","下民"就不能顾及了。解志熙因而总结道:"他之所以逡巡不前、欲进还退,即在于他虽然认识到了占中国大多数的农民的悲惨命运及其现实根源,但他随即就发现倘若他如实地去揭露和表现这一切,那必然会在客观上带来动摇现存社会秩序、呼应'人民革命'的效应,而动摇现存社会秩序乃是他的根深蒂固的'农民的保守性'所不能赞同的,'人民革命'则是他所秉持的'自由主义知识分子的保守性'所深为忧虑而且难以接受的。所以,说了归齐,沈从文激昂地为农民请命之后,却终于悄然放下了激昂的诺言而未能在创作上'有以自见',归根结底就是为此。"①

《考文叙事录》的最后一篇是论说张爱玲的《乱世才女和她的乱世男女传奇》,这篇六万字之多的文章可真是名副其实的压卷之作,足以改变"张学"的研究格局。自夏志清在《中国现代小说史》中高度评价张爱玲以还,港台和海外中国现代文学研究者纷纷看好张爱玲,二十世纪九十年代起,这些研究开始影响着内地张爱玲研究的走向,谈她的人生则誉为风华绝代,谈她的文学则有堪与鲁迅比肩的说法,佩服之中夹杂着艳羡的情结,仿佛不写篇关于张爱玲的文章就不算研究现代文学了。而趋之若鹜、一窝蜂地扎堆进"张学",其实是很不理智的,大有把张爱玲奉若神明的危险。

但是不能不承认张爱玲在四十年代的上海滩大红大紫确与她的个性才情有关,解志熙相当深入地解析了张爱玲的人生境遇和文学创作。出身贵族之家的张爱玲不但没赶上贵族的多少风光,反倒让处在"家败"途程中的她拜领了这类家族衰败时通常会带给下一代的内倾敏感的性格,这使她在无爱的家庭生活中寻找到了文学以解脱或慰藉她的孤独。爱与关怀的缺失让她较早看到了人的自私和脆弱,刺激她早熟,推动她自立。而紧接着"家败"体验的是"世乱"的经验,时常感到"惘惘的威胁","在无形中成长为一个疏离于家国、游离于社群、淡然于

---

① 解志熙:《考文叙事录——中国现代文学文献校读论丛》,北京:中华书局,2009 年,第 241—242 页。

责任的孤独个人"。① 于是,咀嚼着这些创伤性经验的张爱玲就用生花妙笔把乱世情怀叙述得婉转低回、雅俗共赏了。

　　解志熙总结了张爱玲小说雅俗共赏的原因:抓大放小、俗事文讲、凡中求奇、参差对照几个方面,构成了"反传奇的传奇"的叙事特色,并认为"张爱玲把传统的才子佳人的言情—艳情传奇成功地转换为现代的痴男怨女的心性—情结传奇。"②张爱玲的叙事确实是引人入胜的,这就非常适合被搬上银幕。其实,张爱玲的小说本身就深受美国好莱坞影片的影响,解志熙分析了张爱玲的创作与《乱世佳人》和《蝴蝶梦》之间的关系,认为《传奇》里的作品不少都打有好莱坞的罗曼史美学趣味的烙印,这也使得张爱玲的小说在某个层面上散发出了媚俗的气息。她的小说愈到后来媚俗的气息愈浓,以至于解志熙说:"说了归齐,张爱玲还是被其有意媚俗的男女传奇叙事趣味给带累了。"③

　　关注张爱玲者都知道1944年傅雷和张爱玲之间的论争。起因是张爱玲连载于《万象》杂志的长篇小说《连环套》,傅雷(化名迅雨)发表《论张爱玲的小说》批评《连环套》"走上了纯粹趣味化的路",张爱玲撰文《自己的文章》反驳,同时胡兰成也撰文《评张爱玲》为其助阵。解志熙从这次论争中看到了关乎民族命运和个人命运的政治问题,他认为张爱玲的"安稳的人生"的诉求,在客观上响应了胡兰成依靠日本军界在政治上搞的"国民和平运动",这可是有关大节的问题,不容忽视。解志熙还认为,张爱玲发展求个人现世安稳的乱世生存哲学实际上把"人的文学"引到了苟全性命于乱世的"妥协主义"的歧路上了。这怎不让人惊讶呢?历史就是这样,粉饰不得。

　　自王国维、鲁迅他们启开了现代中国的文学批评以来,西方的哲学、社会学、文化学、历史学、精神分析学,以及文学批评等一直在影响着现代中国的文学批评。近些年来,学界一直在反思文学批评中的西方影响问题,西方的理论有多少是为中国的文学量体裁衣而制成的呢? 于是,人们慨叹何以没有中国本土的现代的文学批评。在这样的语境中,我们自然就会明白,解志熙的现代文学批评性校读法的创立,意义确实是深远的。

① 解志熙:《考文叙事录——中国现代文学文献校读论丛》,北京:中华书局,2009年,第350页。
② 解志熙:《考文叙事录——中国现代文学文献校读论丛》,北京:中华书局,2009年,第361页。
③ 解志熙:《考文叙事录——中国现代文学文献校读论丛》,北京:中华书局,2009年,第368页。

二 绘制乡土中国的全景图

丁帆先生无疑是对中国乡土小说研究作出了开拓贡献的学者。如果说《中国乡土小说史论》(江苏文艺出版社,1992 年)、《中国大陆与台湾乡土小说比较史论》(南京大学出版社,2001 年)是他阶段性的研究成果,那么,新著《中国乡土小说史》便是多年研究的总汇集。这部沉甸甸的、凝聚着作者智慧和理性之光的大书,全方位地探讨中国乡土小说,立论严谨、新见迭出,对中国乡土小说的研究质量和研究品位进行了多方面的提升,是中国乡土小说研究的重要收获。

(一) 对乡土小说世界性因素的开掘

丁帆先生开篇把中国乡土小说放在世界乡土小说的生成与发展中予以定位,对"二十世纪中国文学的世界性因素"问题作出了开拓性证明。乡土小说的兴起是一个世界性的文学现象,在农业文明向工业文明的转换过程中,聚合着人类的复杂情态,乡土小说因此成为现代性的一种文学体验。十九世纪上半期,欧美在现代文明的烛照下开始了乡土记忆的书写,从此一发不可收。进入二十世纪,世界性乡土文学画廊里添加上中国乡土小说的身影。"五四"新文化运动的反封建意识使农业文明成为被批判的焦点,在周氏兄弟创作理论的引导下,"1920 年代的中国文学创作几乎和世界性的乡土小说创作热同步,形成了具有浓郁民族特色的'乡土小说流派'。"[①]

经受着两种文明的激烈冲突,世界性乡土小说的家族特征甚为明显,其"地方色彩"和"风俗画面"成为基本的创作风格和创作追求。对此,周作人在《地方与文艺》中阐述道:"风土与住民有密切的关系,大家都是知道的:所以各国文学各有特色,就是一国之中也可以因了地域显示出一种不同的风格。"周作人重视"风土的影响",把"土气息泥滋味"表现出来,呼吁创作者做"忠于地"的"地之子"。作为一种普适性的创作原则,茅盾对"地方色"的解释是:"地方色就是地方底特色。一处的习惯风俗不相同,就一处有一处底特色,一处有一处底性格,即个性"。[②] 丁帆先生重读鲁迅的乡土文学概念,认为鲁迅提出了乡土文学的两个

---

① 丁帆:《中国乡土小说史》,北京:北京大学出版社,2007 年,第 6 页。
② 《民国日报·觉悟》1921 年 5 月 31 日。

创作规范，"乡愁"也即博大的人道主义胸怀和"异域情调"，随后他总结道，中国最初对乡土小说概念的阈定，"基本上认同于乡土小说世界性母题的理论概括，即把'地方色彩'（'异域情调'）和'风俗画面'作为最基本的手段和风格"。①

世界性乡土小说是现代性的一种"震惊"体验，显示出现代社会中乡土的尴尬处境，一种在而不属于的无所适从的姿态。代表了进步和科学的工业化浪潮打破了田园世界的宁静和古朴，悖论式的发展给人们带来难以抚平的焦灼，身在城市而眷顾乡土于是成为乡土作家普遍的身份定位，从这个意义上说，乡土是现代文明到来以后才被发现出来的。这既是中国乡土小说也是世界乡土小说生成的原因，在世界范围内，各民族乡土小说便具备了同质性。

中国乡土小说在顺应世界乡土小说潮流的同时，也显示出自身的特性。基于启迪民众的急切心情，乡土书写与国民性批判被整合在一起。这种思想有迹可循，是晚清"新民"、"觉民"的政治思想向文化领域的转变。"五四"新文化运动催生了新文学，在"人国"理想的期待视野下，拯救麻木的灵魂，不能不是创作者恰当的选择。

（二）建构乡土小说学

乡土小说作家萧红曾经说过："有一种小说学，小说有一定的写法，一定要具备某几种东西，一定写得像巴尔扎克或契诃夫的作品那样。我不相信这一套，有各式各样的作家，有各式各样的小说。"②萧红是要在宏大叙事之外阐述其小说的存在价值，在她之前，沈从文同样表达过小说不被理解的焦虑："你们能欣赏我故事的清新，照例那作品背后蕴藏的热情却忽略了，你们能欣赏我文字的朴实，照例那作品背后隐伏的悲痛也忽略了。"③二人的创作旨趣表明，其小说不论在叙述形态上还是在思想意蕴上，都有作者特别的思考。这说明乡土小说有自己的小说学，丁帆先生在总结世界乡土小说理论和创作经验的基础上，便提出了乡土小说的小说学。

乡土小说是面向传统生活世界的叙事作品。"现代"到来之后，作为对现代文明的对抗和超越，传统文明被赋予恒长、古朴、优雅、宁静的文化形态，呈现出天人合一、其乐融融的和谐境界。无论怎么描绘乡土，这都是最深层的底子。在这个底子上，乡土小说有了外形内质上的"三画四彩"。

风景画、风俗画、风情画，即"三画"，"既是乡土存在的具体形相，同时也是描

---

① 丁帆：《中国乡土小说史》，北京：北京大学出版社，2007年，第14—15页。
② 转引自聂绀弩《〈萧红选集〉序》，北京：人民文学出版社，1981年。
③ 《〈从文小说习作选〉代序》，《沈从文文集》第11卷，花城出版社、香港三联书店，1984年。

绘乡土存在形相的乡土小说的文体特征。"①柄谷行人在谈到日本现代文学中的风景时认为,"风景之发现"是一个现代事件,风景是"一种认识性的装置",②被现代人"看"出来后才获得了存在的意义。自然风景被创作主体采撷到作品中生成风景画,承担起多种叙事功能。地方色彩、人物的活动空间、风格特征等对此有不同程度的依赖,并且风景本身便是作品意义的承载部分,渗透着创作主体的情感态度。风俗画是由乡风民俗构成的文学画面,这是正宗的传统,具有明显的地方性,这种纯粹的人文景观规定着人物的生活形态和道德伦理。笼罩着风景画和风俗画的是风情画,由地域自然形态和风俗共同铸造的生活形态所弥漫的人性和人情便是风情画的基本内容。

乡土小说不仅有"三画"这样鲜明的美学品格,还有突出的内在灵魂。"四彩",即自然色彩、神性色彩、流寓色彩和悲情色彩是乡土小说的精神价值。自然色彩与神性色彩具有一定的客观性,凭着对这些地方性知识的熟稔,创作主体得以灌注对乡土的满腔热忱。流寓色彩和悲情色彩曾被鲁迅感知到,是对鲁迅"侨寓"性和"乡愁"的理性概括。乡土小说创作主体无一不是离开乡土以后,经受了现代城市文明的"震惊"体验,才反观、回视乡土中国的。与乡土社会拉开了时空距离,物质性的乡土遂逐渐变形为精神的乡土。乡土不仅在身外,而且正在一步步从历史中淡出,这种历史的悲哀是造就乡土小说悲情色彩的最根本原因。

乡土小说学的建立,预示着乡土小说研究的学科化和科学化、知识化、资源化,对于反思文明问题和现代化问题有着重要的意义。

(三) 绘制乡土中国的全景图

《中国乡土小说史》勾勒了二十世纪中国乡土小说的生命历程,脉络清晰、条理分明,字里行间透露出丁帆先生叙史的自信和评价的到位。品读之间,常沉浸其中而不能自返。

一般认为鲁迅的乡土小说揭示了乡土中国的破败和农民的愚昧麻木,鲁迅对传统持拒绝的态度。其实鲁迅的乡土小说并不单一,《故乡》、《社戏》一类的小说就蕴含了"乡恋",固然,按照丁帆先生的启蒙理性,"其批判锋芒之削弱是显而易见的"。③也许我们可以这样理解,鲁迅对乡土社会破败的揭示,正说明他无法忘怀乡土中国,在《故乡》中我们看到,闰土的麻木化由一系列现实问题造成,

① 丁帆:《中国乡土小说史》,北京:北京大学出版社,2007年,第21页。
② 《日本现代文学的起源》,北京:三联书店,2003年,第12页。
③ 丁帆:《中国乡土小说史》,北京:北京大学出版社,2007年,第33页。

这些问题是"现代"到来之后社会混乱而引发起来的，它们导致了乡土社会的崩溃和农民精神的荒漠化。而"现代"未到之前的乡土社会也因此让鲁迅留恋起来。丁帆先生谈到的鲁迅意识结构中的"理性精神与文化情感"的共在，便是客观合理的论断，实则现代中国的乡土小说创作主体都是如此，或是二者相对应，或是二者相背反。

与鲁迅作品中凋零的乡土相对照，废名展现了生机盎然的乡土世界。开启现代田园诗风的废名，回避了鲁迅式的峻急情怀，以散文化、诗化的笔触描绘乡风民俗中民众的怡怡之乐，自然、风俗、人伦的洁净任谁都会爱之有加。沈从文便以此建构了他的"希腊小庙"，里面储存了大量优美健康的人性因子，被称为"'写意派'乡土小说的扛鼎人物"。① 沈从文在乡下人与城里人两种身份碰撞的焦虑中，一手批判城市，一手讴歌乡土，使他成为一个现代忧郁的浪漫主义者，对两种文明的检视给我们留下丰富的思考。

现代乡土小说从"五四"开始形成了上述两条叙述乡土生活的路径。鲁迅开启的"乡土写实小说流派"在二十年代一度辉煌，历历可数的有王鲁彦、许钦文、台静农、蹇先艾、彭家煌、许杰等，其创作弥漫着乡土的悲哀。丁帆先生敏锐地观察到，"'五四'乡土小说更偏重于社会权力结构中两大阵营的正面冲突，'阶级斗争'已逐渐成为他们结构小说的骨架，中国现代乡土小说创作的主旨就此开始由指向'思想革命'的文化批判向指向'社会革命'的社会批判转换。"②进入三十年代出现的"丰收成灾"小说实际上已经完成了这样的转换，乡土小说向"左"转了，并左右着其后多种多样的乡土小说类型："革命＋恋爱"式的乡土小说、"社会剖析派"的乡土小说、"东北作家群"的乡土小说、"七月派"的乡土小说，以及"山药蛋派"、"荷花淀派"的乡土小说。社会主义国家建立以后，乡土小说的变调趋于极端化，接续着"土改"的农村叙事，五十年代的农村叙事被一体化的"农业合作化"叙述所包揽，"文革"期间农村的阶级斗争叙事则把现代乡土小说送上了不归路。

新时期乡土小说接续了现代的两个传统，高晓声走鲁迅一路，汪曾祺走沈从文一路，更多的人在二者之间游走，如古华及知青群体、寻根作家群。而在新写实小说中，对乡土的触及显然是较早的底层叙述了。

乡土中国的一个世纪如一幅长卷，一轴轴被拉开，作为丹青妙手，我们分明看到丁帆先生泼墨挥洒的英姿，作巴尔扎克式"书记官"的努力。

中国的现代化由于历史的原因而间歇化、阶段化，二十世纪末的中国加速了

---

① 丁帆：《中国乡土小说史》，北京：北京大学出版社，2007 年，第 82 页。
② 丁帆：《中国乡土小说史》，北京：北京大学出版社，2007 年，第 65 页。

现代化的进程,乡土社会遭遇到来自城市文明的地毯式冲击,"三农"问题于是成为文明的症候,二十世纪末以及新世纪的小说,大量书写着城乡之间激烈的冲突。诚然,这显示出作家的良知和入世的热忱,是值得我们嘉许的,但是,也不可避免地存在着这样那样的问题,令人深思。

　　丁帆先生认为,在当今时代,乡土社会正遭到触目惊心的挤压,乡土小说作家肩负的人文重担是巨大的,如何面对这一具有合法性的变化,如何安置作家的道德情感? 是一个不容回避的问题。"对新世纪的乡土小说家来说,就是要深刻把握市场经济中农民内在心灵的变化,不能轻率地以农业文明来批判城市工业文明,或者简单化地以现在的城市文明取代乡村文明,这会使我们不得不面对双重的文化压迫。"①这种充分显示出批评功能的人文话语,反映了丁帆先生作为知识分子的社会承担精神,指出当下乡土小说问题的症结所在,不仅是为了解决文学问题,更大的企愿在于文明的演进与传承。

---

① 丁帆:《中国乡土小说史》,北京:北京大学出版社,2007 年,第 369 页。

三 少数民族文学"现象批评"的
理论与实践分析

  基于当前少数民族文学批评"空泛化"现象相当严重的事实,①青年学者李长中近几年致力于少数民族文学批评的创新与"接地气"工作,目前来看,其研究初具规模,构建了以文本阐释为核心的"现象批评"的理论方法,尽管尚不完备,自洽性不足,但敞开的问题意识和批评的可操作性均很强,对"后理论"的创造性转化也较为成功,较好地揭示出少数民族文学的复杂内蕴,与诸多"空泛化"的批评相比显得尤为可贵。作为一种行之有效的文学文本批评理论,"现象批评"的生成有着复杂的理论发展轨迹,对于这个轨迹的研究,不仅使"现象批评"在反观自身的来路时检点罅隙并补充之,以使理论更趋完善;也能给理论界提供一个切实可行的本土化理论个案,为具有本土特色的理论生长清扫一些大家都可能遇到的障碍。

  少数民族文学的"现象批评"理论之生成,经过文本研究和理论总结两个递进阶段,显示出建构者是在具备了扎实的文学文本理论的基础上,化合西方后现代社会诸多的"后理论",并结合本土少数民族文学的实际情况创造性地发展而成。本章即按这个线索,作一些学理性的探寻。

(一) 从文学文本的理论问题说起

  新时期以来文艺学知识生产随着国家、社会的转型在本土和域外两个知识场域中寻求范式的转换,以求突破已然僵化的社会——政治学文论范式。这种解魅行为毫无疑问值得肯定,很多学者为之付出了理论热情。自 1980 年代以来,各种理论话语纷纷出台,如"中西文论对话"、"古代文论的现代置换",文论"多元说"、"全球化说"、"民族化说"等,拓宽了文艺学的前进道路,功不可没。只是由于在行进的路上多是急功近利,往往走马观花,很少沉潜下来,导致了"问题谈论的多、理论建构的少"、"罗列现象的多、深入挖掘的少"、"概念命题引进的多、切实解决问题的少",②这样尴尬的现象所在多有,以至于学界纷纷惊呼文论

---

① 李长中:《批评的"接地性"与多民族文学史观的践行路径》,《中央民族大学学报》2013 年第 1 期。
② 李长中:《文学文本基本问题研究》,北京:中央民族大学出版社,2012 年,第 1 页。

话语患上了"失语症"。

文论话语之所以患上"失语症",根源在"现代转换"上出了问题,随着新时期文学创作打破传统现实主义独尊而渐趋呈现多元化的格局,僵化的文论话语失去阐释文学的有效性与合法性,不得不面临自救、转型的新问题。新时期文论话语急于在中国传统和西方现代的话语中找寻阐释文学的新资源,却不期然使得话语转换出现了理论偏至。其一是古代文论的现代转化与应用问题。无论提倡抑或反对,往往大而化之不能落到实处,以至于至今未能找到一条具有可操作性的路径。这说明传统文论话语已经很难去应对现代的文学现象,二者异质异构的情况确实给转换带来诸多困难。其二是现代西方文论的本土化合问题。这种援引西方文论话语建构并阐释中国文学的努力在二十世纪一直存在着,只是在不同时期采纳的话语范式并不相同。新时期尤其是九十年代以来,学界在西方现代、后现代文论话语中穿行,但是,"在过于关注概念、命题、术语的阐释与引入之时,却忽视了文论话语'水土不服'问题、甚至以偷换概念、或以意气之争的方式探讨学术问题",①这就是化合不力,致使隔膜和夹生随处可见。

文论的"现代转换"之所以出了问题,李长中认为与文本意识的匮乏和文本理论的滞后有关,因此,"对于当前文学理论现状来说,根据本土现实的演变不断丰富既有的阐释系统,以文本为平台,积极借鉴西方文学理论研究中的文本意识,吸收他们所创建和规范的一系列范畴、概念和术语等,在中西理论之间形成一种沟通和交流机制,他者的一切理论都要在阐释文本、全方位观察和审视文本基础上实现本土化考量,实现文本批评的辩证化、全面化和多层次化,才可能是文学理论知识创新的前提,否则,建构本土化理论仍是纸上谈兵。"②

对于文学文本的认识,长期以来受社会——政治学批评的影响,习惯于挖掘文本的思想内容和意识形态,以及由此而形成的对"典型"、"本质"等非文本形式的形式探寻,这样置于文本之上或文本之外的研究,其实是把文本予以架空处理,使言说失去了赖以存在的居所。文本问题首先是形式组织特色的问题,其次是形式组织如何生成意义,以及生成什么意义的问题,所以从文本出发能兼顾有意味的形式和有意味的内容。李长中提到的"回归文本",就是"以文本为依托,重建文本的'真理性'、'道德性'和'形而上学性'"。③ 文本研究经过现代形式主义、新批评的拓展,到达后现代文本理论,即是依据叙事理论阐发文本的意识形态特征,进行或解构或建构的批评实践。后现代文论重视文本的特性,在其众多分支中都有显示,如后殖民理论、女权主义、少数族群理论、后精神分析等皆立足

① 李长中:《文学文本基本问题研究》,北京:中央民族大学出版社,2012年,第6—7页。
② 李长中:《文学文本基本问题研究》,北京:中央民族大学出版社,2012年,第30页。
③ 李长中:《文学文本基本问题研究》,北京:中央民族大学出版社,2012年,第22页。

文本、重视微观阐释，从中透视话语的意识形态特征，传达知识分子的现实关怀。所以，"以文本为中心外延到文本的宏阔视界和历史语境、关注大众传播媒介、关注消费、流通和利润、关注政治、意识形态等问题对文学自身生存的影响及应对策略，探讨文学文本——社会生活之间复杂紧密的关联，触及当下人的生存境遇、价值规范及知识分子在市场经济下的困惑与憧憬，突破以前文学研究的单一维度，可谓一种合理的话语选择，在文本为中心的场域内实现各种理论平等对话和交融，重建中国的文学批评。"①

文学批评的重建必须以文本为中心。文本世界的生成至少有结构和叙述这样的要素起着支撑作用。在文本结构研究中，后现代理论把空间作为一个重点探讨的对象，把社会空间研究移位到文本中，形成文本空间研究。空间问题的凸显是现代化的结果，现代性的一种表征，也是后现代面临的问题。世界性的工业化进展打破了农耕和畜牧、渔业等传统生活的时间秩序和空间结构，其同质化的要求以强势推进的方式消解着传统的多样态生活，致使族群以及个人在本雅明所说的"震惊"体验中难以把握现代这个"怪兽"，出现社会性的不适应。这其实是时间空间化的结果，现代空间的扩张挤压传统空间使其从生活空间中撤离，这种现在进行时对人的空间感知的触动是全方位的，引发的空间焦虑也至为剧烈。文学作为生活的反映，同样蕴含了复杂的空间体验和空间经验，对文学空间的研究形成了空间叙事学，如空间的区隔与占位，空间的地理特征与族群身份的表达，物理空间的破碎与心理空间的建构等，这种建立在文本细读基础上的空间叙事学把文本看作一个充满各种关系的场域，通过文本揭示来完成抵达生活世界的旨趣，敞开生活世界中被遮蔽的权力关系，彰显知识分子的文学批评本质。

文本形成什么样的空间，与叙述者怎样叙述有关。若从文本角度看叙述问题，叙述者的身份就显得非常重要。叙述人在文本中是故事的讲述者还是参与者，或者二者兼具，所叙述的故事是完全不同的，建构出来的空间也千差万别。因为叙述者的身份及其与故事的关系直接决定了空间的构型特征，体现出叙事者的文本意识形态，这也决定了对文本的解读需要积极的介入，因此，李长中"把后现代理论视野下的'读者'命名为'读者叙事'"②。意思是指在强调文本多元与差异的前提下，重视读者的多元化在场，每一个读者在寻求意义的过程中，都能够像作者一样在文本中去建构自我身份，与作者、文本实现对话和交流，这样的文本因而成为开放性的文本。

综上所述，通过对文论话语缺失的现实诊断和文本内部构成的细致分析，李

---

① 李长中：《文学文本基本问题研究》，北京：中央民族大学出版社，2012 年，第 51 页。
② 李长中：《文学文本基本问题研究》，北京：中央民族大学出版社，2012 年，第 314 页。

长中寻绎出的批评策略大致是这样的：以文本为依托，重视读者的积极介入使之成为批评性读者，挖掘叙述者建构的文本空间，呈现空间内各种力量的博弈，通过文本解读表达批评者的现实关怀。这种批评策略对普通文学文本来说可谓得心应手，若放到具有族群特色的少数民族文学文本，则还要在各个环节添加上族群分析才能使其有效。随着现代化在少数民族区域的推进，汉族的现代性时间与本族的传统性时间互相碰撞，他者空间的扩充侵蚀着传统的空间感知，使生活世界成为难以连缀的碎片，结果导致以起源、终结为模式的传统叙事发生变化，大叙事变成了小叙事，产生了一系列新问题。而对这些问题的探讨，直接形成了少数民族文学的"现象批评"。

（二）少数民族文学"现象批评"的理论建构

少数民族文学的创作、批评、入史与汉族文学相比仍然处于弱势，常常是作为陪衬和点缀才被提起，这是对少数民族文学的总体性遮蔽，制约了少数民族文学以至整个中国文学的发展和繁荣。即使在强调多元共存的当下，也存在着共存中的占位问题，被挤压而居于边缘是毫无疑问的。现代化的快速推进使少数民族发展出现了"影响的焦虑"，其社会和文化都处在裂变转型中，完整的生活世界被打破，少数民族成员的根骨观念、族源意识、身份认同等文化和心灵共同体的要素不能自足地发挥凝聚作用，民族性的文化认同出现了危机。危机强化了对现代性、全球化问题的思考，面对这一不可逆的发展路向，衍生出多种心理反应，反思、认同、质疑、抵抗等不一而足。

现代化作为一种把个人从宗教、从神性的笼罩下解脱出来并致力于世俗幸福生活追求的社会运动，给少数民族生活带来的影响是双重的。一方面，少数民族因为地域、环境、生活方式等因素的制约，日常生活质量和利用现代物质的程度较低，要想改善民族生活，就得进入同质化的现代发展道路，改变不利于现代化的状况，抛弃阻碍现代化的习俗和观念，除旧布新，轻装上阵。大力发展经济，创建丰富的物质生活。另一方面，现代化的同质化效应不仅要求割除少数民族的桎梏性内容，而且还会遏制少数民族整体的生活习俗，致使其文化纽带断裂。现代化的表象是城市的扩展、生活的集约化，改变了少数民族的定居方式、日常劳作和生活形态。在城市中，少数民族因素要么被挤压、要么被变形，处于失根的悬空状态，极易引发各种焦虑。可以说现代性的悖反是现代化进程中的少数民族文学中的最根本问题，而文学的言说也给人带来了诸多现实思考。

少数民族文学的这种复杂性，理应由文学批评阐释出来以对其倡导或规约，"但是，当代少数民族文学批评的'空泛化'问题却制约了当代少数民族文学价值空间的开掘与阐释"，①这就急需建构一种行之有效的批评模式。基于此，李长中提出少数民族文学的"现象批评"，努力使西方后学理论本土化，在阐释中使理论批评接上少数民族的"地气"。"当代少数民族文学批评始终缺乏本土化、地方性的理论话语，在批评范式上始终以自上而下的批评方式面对文本，忽视或遮蔽了少数民族文学丰富而独特的文本现象，或者是独特的文本现象得不到合理解释，导致少数民族文学批评与少数民族文学文本间'两张皮'问题始终难以彻底解决。"②李长中因此认为从文本出发的"现象批评"是当代少数民族文学批评的基本途径。

　　所谓的"两张皮"，是指新时期批评繁荣尤其是在西方后学思潮冲击下，批评者使用新概念、新术语阐释本土文学现象时出现的水土不服情况，造成批评与文学间的隔膜，犹如井水不犯河水，各自流淌着无法交汇。少数民族文学由于蕴含着复杂的意识形态内容和特别的叙事技法，其实很适合使用西方后学理论予以阐释，诸如后结构——解构理论、后殖民理论、女性/女权主义理论、身份认同理论、族裔理论，以及后现代叙事学、后精神分析等都可以活用来进行意识形态的、文化学的、文本学的分析。只是在理论蜂拥而至的学界，真正消化使用的不多，隔靴搔痒难以击到痛处，甚至出现误用、误读的情况，令人啼笑皆非。比如少数民族文学研究中的"民族主义"在很多情况下被误读，产生了相反的结果。中国本土的民族主义在其发展过程中形成了多民族统一（也就是民族同质化）意涵，强调中华、中国的国族身份和国族认同。"以统一的民族抵制二十世纪早期的帝国主义和半殖民主义；……把少数民族的国家诉求和爱国奉献精神调适到中国这一国族身份上。"③这就是说，中国语境中民族主义语义侧重的不是民族，而是国族，是自我民族意识的压抑和中华国族意识的强化，这与西方强调民族自由的民族主义是完全不一样的。因此，批评者在套用西方民族主义话语的时候，不仅会产生语义混乱，还容易对少数民族问题产生新的遮蔽。所以批评的本土化就是要接上少数民族文学的地气，从文本中发掘现象，应用合适的、对口的理论来阐释。一如马克思主义的中国化一样，西方后学理论也要如是而为。说了归齐，所谓"当代少数民族文学的'现象批评'，就是以'现象'为中心，与各种既有理论话语进行全方位对话和交流，使理论建构始终不脱离具体文本实践，进而使民族文学批评与文学理论在相互对话中实现各自的超越与提升。……也可以此为基础，创造本土化、地方性的民族文学批评理论话语，推动当代少数民族文学批评

---

① 李长中：《当代少数民族文学批评：理论与实践》，北京：民族出版社，2013 年，第 8 页。
② 李长中：《当代少数民族文学批评：理论与实践》，北京：民族出版社，2013 年，第 19 页。
③ 史书美：《反离散：华语语系作为文化生产的场域》，《华文文学》2011 年第 6 期。

的深入和拓展。"①

　　"现象批评"自然要关注少数民族文学的"元现象",笔者把少数民族文学叙述传统民族起源、终结的神性叙事和叙述民族遭遇现代化焦虑的应激性叙事均称为"元叙事",因为二者均派生了很多小的叙事分支,分属于传统和现代不同的旗帜下。"元现象"即原生的、原初的现象,在传统少数民族文学中,经常见到的溯源性叙事就是属于元叙事,起着建构心灵共同体的作用;而在少数民族文学的现代叙事中,这种统一、稳定的叙事模式被打破,传统与现代的冲突取而代之成为元叙事,在遭遇现代化生活的少数民族文学文本中出现的身份冲突、心灵焦虑、生活迷茫、文化失范、价值迷失,以及秩序混乱后引发的种种激烈反应,都是元现象所派生出来的,属于次生现象。李长中提出的"现象批评"由于理论疏忽,并未对少数民族文学现象作层级分析,因而使得理论不太周延,透视少数民族文学现象的锐利性有所减弱。

　　但其实李长中还是注意到了现代化给少数民族带来的原初问题,他引用霍米·芭芭的"双重时间"、索亚的"第三空间",以及詹姆逊的"民族寓言"等学说从不同层面阐述现代社会中少数民族受到的挤压并由此产生的心灵激荡,也使用过布鲁姆"影响的焦虑"理论来论证少数民族复杂现象产生的合理性,还运用身份、族裔理论探讨过少数民族的心灵政治问题,只是在论述中元生现象和次生现象有时混合在了一起,未能把二者分离开来。值得提出的还有小叙事的生成问题,他认为在现代化的挤压下,"文化多元主义、少数者话语、文化相对主义等成为少数民族文化自觉与自省意识的表征,促使其由大叙事向小叙事的转变。小叙事和文化多元为少数民族文本彰显文化母体、寻找被遮蔽的文化之根创造了语境。"②大叙事转变为小叙事,就是传统元叙事转变为现代元叙事,也就是说,现代化场域的少数民族文学叙事是以小叙事表达文学情怀的。合并一起,现代社会少数民族文学的"元现象"就是在意识形态上的双重文化焦虑和在叙事形态上的小叙事。笔者作出这样的分析是因为李长中尽管阐述到了这个问题,但未能上升到理论归纳层面给以清晰的表达。

　　少数民族文学包含的"元现象"问题一般存在于次生现象的问题之下,读者通常先注意表层的次生问题,再追根溯源探究深层的元问题。李长中在少数民族文学批评实践过程中谈到的重述历史问题、反现代性叙事问题、生态写作问题、母语创作问题等,在现象层级上均属于次生级,这并不是说李长中的批评实践不能鞭辟入里,而是说在现象混合的时候有可能出现批评的偏至。笔者一点

①　李长中:《当代少数民族文学批评:理论与实践》,北京:民族出版社,2013年,第22页。
②　李长中:《当代少数民族文学批评:理论与实践》,北京:民族出版社,2013年,第34页。

也不怀疑"现象批评"的有效性，因为"返回现象并从中寻求地方性知识建构的方式方法，是后理论时代少数民族文学研究的基本路向，而且更为符合当代少数民族文学自身特性。"①

（三）少数民族文学的"现象批评"实践

李长中属于追求批评德性的学者，加上他的文学文本研究基础以及对后理论的熟练掌握，赋予他的文学批评以浓重的理论色彩和深刻、犀利的批评见解，在同道中颇受好评；而具有原创意识的少数民族文学"现象批评"也确实独树一帜，使批评对文本的介入起到了良性的效果。近年来，他针对少数民族文学一些重要现象进行系列性的批评实践，引发起读者的关注兴趣和学理思考。

最早进入他批评视野的是"汉写民"现象，即汉族作家对少数民族生活的文学书写现象。就"汉写民"来说，其实不能算是"一种新兴文学现象"，②因为二十世纪五六十年代汉族作家参与的对少数民族史诗的意识形态改写就是一种特殊的"汉写民"，或者更确切地说是"汉改民"。李长中所谓的"新兴"排除了这一段，特指在现代性和全球化的时空场域中出现的新现象，新时期以来有诸多作家如马原、高建群、范稳、红柯、迟子建等涉足此一领域，且产生了公众性影响。

"汉写民"现象的产生源于汉族作家的现代化和全球化体验，传统文化伦理的裂解和现代文化伦理的未成熟促发的文化危机和发展危机至为剧烈，精神滑坡、道德失范、生态失序等问题横生，现代化尚未充分发展即已遭遇瓶颈期，如何脱离困境亦是作家人文关怀的题中应有之义。"面对这一困境，汉族作家自然地向边远少数民族文化寻求自救方案，以缓解现代性的挤压和逼迫，少数民族文化便被浪漫化处理为与主流文化截然相反的一种镜像，汉族作家开始通过书写他者以达到自我文化的反思和重建。"③李长中认为这种浪漫化非但不能解决任何现实问题，而且还会不适当地给少数民族某些反人性现象添加光环，显示出"汉写民"价值立场的倾斜性。少数民族生活的浪漫化叙写不仅是汉族作家对少数民族生活与发展的陌生与误读，而且是汉族作家自觉落入二元对立窠臼在反现代性立场上对现代性的拒绝。这种未加辨识的浪漫化其启蒙姿态极具危险性，在补救现代化弊端的时候既未拿出一套可行的方案，同时也遮蔽了少数民族如何发展自身以应对现代化的问题，当诗情画意被充当文本的意识形态诉求时，少数民族生活的本真状态就难以敞开了，因而李长中认为"汉写民"文学应超越狭

---

① 李长中：《当代少数民族文学批评：理论与实践》，北京：民族出版社，2013 年，第 77 页。
② 李长中：《"汉写民"现象论——以迟子建的〈额尔古纳河右岸〉为例》，《中国图书评论》2010 年第 7 期。
③ 李长中：《"汉写民"现象论——以迟子建的〈额尔古纳河右岸〉为例》，《中国图书评论》2010 年第 7 期。

隘的二元对立立场,伸张"多元化的普遍主义"价值观,在各民族多元文化的共存中,发现彼此共通的"普世价值",这就是说首先是对人的肯认,在这个语境中关注少数民族的生存与发展,在民族的自我超越中实现文化自觉。

"汉写民"是进入少数民族文学书写的门槛,跨进去之后,如果想当然地认为"民写民"(笔者的简称,指少数民族作家对自我民族的文学书写)也不过如此,那就会犯主观主义的错误,身份不同的主体书写出来的文本肯定是不同的。乌热尔图曾经表示过,一个特定民族的民族特性和文化特色,只能由本民族作家来阐释,否则,由于民族的差异容易衍生误读或过度阐释的问题。

如果说"汉写民"是对少数民族文化与生活景观的展示,"民写民"则是对其自身景观的敞开,这是原生态的敞开,少数民族的精神、文化、宗教、伦理、生活方式、地理空间都以在场的方式原汁原味地敞开,所以"民写民"不存在与书写对象的隔膜问题。但并不是说"民写民"就能一劳永逸地解决了所有问题,可以毫无保留地认同,而是说"民写民"遇到的问题是内部的根基问题,是根骨如何敞开、如何在元多共存中存续的问题。

围绕少数民族文学深层的根骨观念,李长中始终坚持一种辩证的启蒙价值观,把文学现象放在社会变动的现场中考论得失。在少数民族遭遇到的元问题上,根骨观念被外力冲击,在马歇尔·伯曼以马克思、恩格斯"所有坚固的东西都烟消云散了"来形容的现代性中,根骨观念的摇动和离散是少数民族生存和发展中面临的至关重要的问题。根骨观念是民族认同的核心聚合物,隐含在民族性的文化与地域生活中,当少数民族迁徙到城市或城市化的楼群改变地域自然空间,并且城市所代表的现代文化观念扑袭而来,失落感和无根感就会渐次增强,其感情指向就会回溯到少数民族历史之中,形成"重述历史"现象。"当现实(或想象)家园不再成为本族群安身立命之所时,通过对民族历史的缅怀、对民族文化的追寻、对民族迁徙历程的回顾,在触摸族源中窥探民族生存的隐秘力量就成了少数民族作家重建身份认同的基本途径,以标示出与他者历史的区别,从而使这种写作具有了重新获得民族文化身份认同或确证的民族主义政治。"①"重述历史"对于少数民族作家来说无疑具有合理性,但是若以传统民族文化的在场来对抗现代性,使其成为一种新的民族主义政治,那么这种由同情而来的合理性就逆转为非理性了,以幻觉的家园对抗现实结果只能造成更大的迷失。在博伊姆看来,这种"修复型怀旧"重建的是前现代家园,是逆现实潮流的乌托邦想象。②斯科特·拉什和乌尔瑞认为:"怀旧是对一个理想化了的过去的怀想,是对一个

---

① 李长中:《当代少数民族文学批评:理论与实践》,北京:民族出版社,2013年,第98页。
② 参见斯维特兰娜·博伊姆:《怀旧的未来》,南京:译林出版社,2010年,第4—12页。

被净化了的传统而非历史的叙述。"①"重述历史"的理想化既遮蔽了少数民族的真实历史,也以抵抗的姿态灼伤了现实,加强了传统向现代转型的紧张关系,这对于少数民族的现代化发展显然是一种新的伤害。

作家给予少数民族传统文化什么样的价值判断,需要批评者站在作家的立场上阐释文本,既然"'现代性'是一种独特的文明模式,它将自己与传统相对立",②且现代性确实是一种比传统更高形态的文明模式,那么,站在反现代性的立场上回归往昔甚至远古,就不是意愿民族往前发展,而是往后倒退了。因此,李长中认为:"'民族'文学要站在现代性立场反思民族的内在精神,重新思考在政治、经济、社会和文化一体化语境下,民族精神的常和变。"③挖掘阻碍现代化发展的因素,张扬符合人类发展的文化精神,让传统在与现代的调适中,参与多元共存发展,谋求民族之间的和谐共荣,即中国传统儒家文化所倡导的"和而不同"的良性局面。这样说来,少数民族文学的生态写作就值得重视了。少数民族的生态意识在其传统的长河里一直存在,形成少数民族精神文化母体中的"超稳定结构"。由于生存依赖自然的赐予,所以自发地形成了与自然共同存在的生命意识。对自然的神化和敬畏、有节制地利用自然、有意识地对自然生态的保护等,在少数民族聚居区构造成为一个有机的生命链条。当现代性以冲击环境的外在形式出现于少数民族地区,"所产生的结果就远非单纯环境破坏的问题,而是民族文化能否存续的问题,是民族身份还能否认同的问题。从这种意义上来说,当代少数民族文学的生态写作是一种生命写作,一种命运写作"。④ 但是人与自然的生态和谐问题一旦在文本中被置换成"传统—现代"问题,就成为"退守—抵抗"的意识形态问题,反而把生态和谐如何在现代延续的重要问题悬置了。不能否认生态体系破坏对人类造成的恶劣影响,莫尔特曼认为:"生命体系联系人类社会及其周遭的自然,如果生命体系产生了自然体系死亡的危机,那么必然产生整个体系的危机、生命看法的危机、生命行为的危机以及基本价值和信念的危机。"⑤也不能否认少数民族作家利用生态问题重塑身份认同的情感价值,但是一旦把保存了生态的传统本质主义化,以传统对抗现代,以田园对抗城市,崇远古而抑现代,李长中认为:"这种基于文化保守意识的对抗性书写姿态,表征着民族作家对现代化变革的隔膜和疑惑,影响到当前民族文学的基本格局和话语走向。"更为严重的是,"无法以一种现代性历史观(文艺观、文化观乃至哲

---

① 转引自赵静蓉:《怀旧——永恒的文化乡愁》,北京:商务印书馆,2009 年,第 29 页。
② 吉登斯:《现代性的后果》,南京:译林出版社,2011 年,第 197 页。
③ 李长中:《当代少数民族文学批评:理论与实践》,北京:民族出版社,2013 年,第 142 页。
④ 李长中:《当代少数民族文学批评:理论与实践》,北京:民族出版社,2013 年,第 195 页。
⑤ 杨通进等主编:《现代文明的生态转向》,重庆:重庆出版社,2007 年,第 229 页。

学观)来审视本民族发展历程,对本民族文化历史难以做出'超越性'判断,从而激活历史并使之走向当代。"①

这就是少数民族文学的困境,不找到解决问题的方法,总会出现道德判断、价值判断的偏至。李长中虽然提醒少数民族作家作"超越性"判断,但失之模糊,若使之清晰一些的话,这种超越性可以这样来诠释:由于少数民族尚未能够孕育出促使自身全面转型的现代化机制,在本民族的转型与发展中,完全可以借他山之石,攻自己之玉。吸取他者的现代化经验,避免武断地拒绝和过度利用资源给民族发展带来新的障碍。因此,少数民族作家在审视现代化的时候,就可以透过表面的现象,把握民族发展的道理,在民族文化伦理受到冲击的时候,盘点自身的文化内存,去芜取菁;在人文生态遭受侵蚀的时候,以自身的生存经验呼唤生态意识,谋求可持续发展;在现代性与民族性的对话而不是对抗中,探索具有民族特色的现代化道路。

仿佛一次极具挑战性的少数民族文学精神之旅,在这里,少数民族的根性问题以及支脉问题因为"现象批评"的介入被次第敞开。作为一个有理论自觉和现实关怀的批评者,李长中的理论建构和批评实践对于少数民族文学的现实境遇和未来发展,都能够作出有效、有益的阐释。经过本土化合的理论话语,在少数民族文学的大地上游走,理论批评与文学文本水乳交融,少数民族文学的成就与不足、长处与短处、经验与教训,就这样被带到读者面前,引发人的存在之思。笔者一向对能够解决现实问题的理论批评感兴趣,既能加深对于文学的理解,又能推进理论的发展。笔者曾经谈到丁帆先生的中国乡土文学研究,认为其归纳的"三画四彩"及深厚的悲情意蕴触及到了二十世纪中国乡土文学的神髓,把乡土文学研究推向一个新的台阶。谈到解志熙先生在中国现代文学领域提出的"批评性校读法",为中国现代文学的文献研究扫清了理论障碍,开拓了一个新的研究领域。谈到刘思谦女士在女性文学研究领域提出的"女性人文主义",既具有拓荒的性质,又为女性文学研究树立一个标杆,为女性文学的繁荣作出了巨大贡献。② 这些都说明提出一个理论问题对于学术研究来说就是一个新的收获,"现象批评"目前来看还达不到这样的程度,留有理论建构和批评实践的罅隙,但理论是需要不断发展和完善的,不能一劳永逸,理论给建构者预留了补充和完善的机会,希望这个利器用起来更上手一些。

① 李长中:《当代少数民族文学批评:理论与实践》,北京:民族出版社,2013年,第206页。
② 参见《绘制乡土中国的全景图》、《现代文学批评性校读法的创立》,以及拙著《暗夜行路——晚清至民国的女性解放与文学精神》第八章,广州:暨南大学出版社,2010年。

四　人口较少民族如何在多元文化
碰撞中安身立命

新世纪以来，少数民族文学研究者不断反思二十世纪五十年代随着民族识别和民族命名而形成的少数民族文学研究格局，在现代化、全球化的境遇中努力突破少数民族文学研究的"颂歌"模式，却又不期然跌入某种唯我至上的民族主义窠臼，因此有学者论断"当代少数民族文学批评范式的陈旧已经是有目共睹的事情"。① 少数民族文学研究虽然已经完成学科化的建制并拥有了相对稳定的研究群体，"然而较之于主流/汉族文学研究而言，少数民族文学的研究的力量仍然是薄弱的，方法依然是陈旧甚至错位的。"②其关键的问题是有些研究者虽然热情十足但显然还未探索出自己的话语体系，隔靴搔痒者有之，误读误判者亦有之。有鉴于此，"批评家应该有明确的理论意识，建立一套具有针对性的批评话语和理论体系，以便对那些具有自身特点的少数民族文学文本进行有效的阐释。"③笔者近年一直关注青年批评家李长中的少数民族文学研究，在研读他的新著《当代人口较少民族文学的审美观照》之后，个人认为李长中在少数民族文学研究领域登上了一个新的台阶，他对人口较少民族文学表征出来的各种现象作出了令人信服的研究和阐释，利用现象批评为我们多维、立体地理解人口较少少数民族和人口较少民族文学提供了一个良好的范例。作为批评研究个案，"李长中现象"理应引起学界的重视，他的批评理论创新化、本土化、在地化实践有利于中国文学批评理论的创新性转化，其批评理念和批评方法值得学界同仁借鉴。

（一）批评理论与人口较少民族文学问题的化合

李长中的学术路线规划出的是一条不断向少数民族文学纵深突入的轨迹，他一直葆有学界热切呼唤的"文学批评的温度、力度和风度"，④执意从文学看社会，从社会看文学，探寻少数民族文学蕴含的根本性问题，如鲁迅先生所言"揭出

---

① 刘大先：《当代少数民族文学批评：反思与重建》，《文艺理论研究》2005 年第 2 期。
② 刘大先：《边缘的崛起——族裔批评、生态女性主义、口头诗学对于少数民族文学研究的意义》，《民族文学》2006 年第 4 期。
③ 刘大先：《当代少数民族文学批评：反思与重建》，《文艺理论研究》2005 年第 2 期。
④ 参见刘巍：《文学批评的温度、力度和风度》，《文学评论》2015 年第 3 期。

病苦,以引起疗救的注意",①体现了批评者可贵的介入意识和人文担当。

李长中的少数民族文学研究具有明确的问题意识和理论意识,从"汉写民"现象的归纳到少数民族文学"现象批评"的提出,建构出一套属于自己的理论批评话语,已逐渐为学术界所接受。我曾在一篇文章中评述:"基于当前少数民族文学批评'空泛化'现象相当严重的事实,青年学者李长中近几年致力于少数民族文学批评的创新与'接地气'工作,构建了以文本阐释为核心的'现象批评'的理论方法,尽管尚不完备,自洽性不足,但敞开的问题意识和批评的可操作性均很强,有效地揭示出少数民族文学的复杂内涵,与诸多'空泛化'的批评相比显得尤为可贵。"②其自洽性不足的问题,主要在于对少数民族文学问题现象的分层处理上未能进行清晰地理论提升,令人欣慰的是,这一缺憾在《当代人口较少民族文学的审美观照》中得到了完善,理论的构筑也愈益周严。

如果允许在成员的多寡上把人口较少民族看作少数民族中的少数民族,我们就会意识到在现代化、全球化进程中他们往往会被挤压到边缘的边缘,而其现代性反应因为遭遇的相似性又使人口较少民族具有了某些共通的特性,人口较少民族的文学创作也因而呈现出维特根斯坦提出的"家族相似"的征兆。这个现代性特征即是人口较少民族文学的"元现象",李长中敏锐地抓住这个元现象进行理论概括,为全书打下理论性基石与"合法性"基础。

我国 28 个人口较少民族由于居住区域相对偏僻,生活方式相对单一,自我存续能力相对较弱等原因,在现代化、全球化的剧烈冲击中被迫处于弱势,民族性的伦理文化也成为一种弱势文化,面临着被强势文化覆盖、收编、同化的危机。李长中在思考这一问题的时候,提出了"过急现代性"命题:"现代性方案原本是强势话语掌握者对弱势话语的一种同化或收编行为,这一同化或收编行为其实并没有充分考虑地区及民族间的差异或者认为地区或民族间的差异最终要被纳入共时性的理性发展过程,一旦当现代性发展进度及深度超越了个别地区及边缘民族自身承受程度,则会出现与现代性相伴随的各种负面问题,如文化消失、文明瓦解、生态危机等。对当前的人口较少民族来说,国家话语层面的现代化因较少关注到不同地区承受能力的差异而使部分边缘或少数民族地区无论在精神层面,还是在社会层面均出现若干与现代性相悖的现象,故此,笔者把少数民族地区的现代性称为'过急现代性'。"③过急现代性作为人口较少民族统合性的元现象促成了文学中的"元叙事",李长中从元叙事中剥离出一个个具体问题进行

---

① 鲁迅:《我怎么做起小说来》,《鲁迅全集》第 4 卷,北京:人民文学出版社,2005 年,第 526 页。
② 见前章《少数民族文学"现象批评"的理论与实践分析》。
③ 李长中:《当代人口较少民族文学的审美关照》,北京:社会科学文献出版社,2015 年,第 73—74 页。

审美的关照和研究，把批评理论与人口较少民族文学的具体问题予以有机的化合，形成理论从问题中提出，问题依理论解决的良性学术进路，这种理论批评本土化、在地化的努力使现象批评成为解析人口较少民族文学复杂问题的利器，洞开了文本中潜藏的各种现代性焦虑，于条分缕析中予以恰当的评判和适宜的建议，流露出"诤友"的学术关怀。

批评家刘大先一直呼吁建立少数民族文学新的批评体系，以"本土眼光拣选、审查、检验、转化"外来批评资源。[①] 批评理论的合理转化与应用在《当代人口较少民族文学的审美观照》中确实得到了很好的体现，稍微检视即可列出民俗学、人类学、文化学、族裔理论、口头诗学、文本细读、空间诗学等批评资源，从不同层面敞开现代性焦虑下的文本现象，在相关的语境中提炼人口较少民族文学独特的审美价值并论说其所得和所失，可以说，现象批评再一次在人口较少民族文学的解析中得到了优质的检验。

（二）人口较少民族文学在多元文化视野中的审美观照

学界已经注意并重视少数民族/人口较少民族经历的族群性文化震荡，习惯性地将他们的文化处境称为多元文化交错的混杂境遇，但如何混杂、混杂了哪些文化基因却往往语焉不详，始终闹不清楚。一项关于女作家文化境遇的研究作出了有益的解析，"当代少数民族女作家绝大多数是在多元文化的背景中成长的，她们既受到本民族文化的浸染，又接受了汉文化的熏陶，同时也接受了西方文化的影响。"[②] 从多元文化中分离出最具有影响力的三重文化对少数民族女作家的文化境遇进行定位，有利于辨析女作家的文化身份和心理认同。不过，汉文化、西方文化相比于本族文化亦是很庞杂的文化混合体，仍需要进一步辨析。针对这一问题，李长中具体而微地阐述了人口较少民族的文化症候，"随着全球化与现代性（又往往与主流民族文化相合谋）迅速向各人口较少民族区域播撒，作为人口较少、文化较为脆弱的人口较少民族很难在这一现代性场域中完整而充分维系自身的传统与生存空间，文化的流散、身份的混杂、传统的解体、空间的挤压等问题成为人口较少民族在现代性发展逻辑中的最凸显症候。"[③] 这就是说，人口较少民族置身的三重文化是绞合在一起且互相碰撞的，不同的力量在互相拉扯中产生出的张力构成了独特的文化生存场域。

---

① 刘大先：《当代少数民族文学批评：反思与重建》，《文艺理论研究》2005年第2期。
② 黄晓娟、晁正蓉、张淑云著：《中国当代少数民族女性文学研究》，上海：上海文艺出版社，2014年，第2页。
③ 李长中：《当代人口较少民族文学的审美关照》，北京：社会科学文献出版社，2015年，第42页。

这些文化力量的强弱并不相当,第一重现代性文化呈全覆盖的情势,第二重主流民族文化(即以汉文化为中心的中华文化)居于第三重本族文化之前起调整、化合的作用,由于文化本身的复杂性和文化传播时未能充分注意文化级差,人口较少民族面临强势文化的压力和自身文化崩解的危险,这样就激发起人口较少民族作家的文化责任感,以文学的形式应对、缓解文化危机,李长中把这种行为称作"写文化",这几乎是人口较少民族作家的不二选择。鄂温克族作家乌热尔图明确表达"写文化"的目的是复苏鄂温克族正在一步步消散的文化传统,①达斡尔族女作家萨娜把写作看作对精神家园的寻找,②具有鲜明的民族文化立场。

作为现代性催生的民族文化反应,李长中深入研究了人口较少民族文学的母语思维与汉语写作问题,探析人口较少民族作家为何以及如何使用汉语进行自我文化述说。在语言的习得与使用上,随着人口较少民族的城镇化、定居化,接受汉语学习的人越来越多,而能够运用母语的人却越来越少;在语言的调适上,借用汉语构建自我民族的文化空间,在母语思维和汉语表达之间进行创造性转化,形成既非母语又不是纯汉语的"第三种语言",这样的汉语写作"既带有汉文化信息,又带着少数民族文化信息,甚至还带着少数民族的文化密码和心理密码"。③ 李长中因而认为,这种新型的汉语写作"创造了一种弱小民族文化传承与保护的新方式、新方法"④。

汉语写作是人口较少民族作家利用汉语进行语言和文化的民族化翻译,借用汉语载体传达自我民族信息,属于一种"语言再造"行为,其再造的方式李长中归纳了四种,分别是"汉语言的直接套用"、"母语言说方式的汉语表达"、"民间口头语言的汉语改写"、"汉语言的母语化改造"。通过语言改造,人口较少民族作家重塑了民族价值观和"想象的共同体",人口较少民族文学也因而成为重建民族文化传统的集体性言说。关于汉语写作的文化翻译问题,李长中重点对其限度进行考察,在现代性与主流民族文化时常共谋而进行同质化收编的情况下,人口较少民族作家的本土意识得以强化,他们文本中的文化"显在性"、"隐在性"其实都表征了民族性的文化诉求,这一美学策略无疑为他们在多元文化中安身立命找到了恰当的方式。但是,被强化的本土意识有时却在未经审视的情况下浪漫化了民族性文化言说,"这就使人口较少民族汉语文学在文化翻译中往往存在着故意夸大民族文化的差异性或非规约性的现象,专注于民俗、民风、仪式、禁

① 乌热尔图选编:《鄂温克族历史词语》,呼和浩特:内蒙古文化出版社,2005年,第6—7页。
② 萨娜:《进入当代文明的边缘化写作》,《山花》2004年第8期。
③ 李鸿然:《中国当代少数民族文学史论》,昆明:云南教育出版社,2004年,第146页。
④ 李长中:《当代人口较少民族文学的审美关照》,北京:社会科学文献出版社,2015年,第84页。

忌、生活场景等的民族志或人类学的展示或再现，却制约了对'文化翻译'限度的必要审视和对文化的批判性考察，以及对民族文化痼疾的理性反思和对人类普适性价值的科学思考，价值立场的单一与错位又使这种写作被强烈的情绪化宣泄所裹挟，失去了文学应有的文学性或普适性的审美价值。"①这种浪漫化其实更容易消解掉汉语读者因现代化境遇而建立的对人口较少民族的同情和理解。传统总是在不断发展中延续的，文化也不是一成不变的东西，只有对现代性的一体两面有充分的认识，才能明白发展和创新（即扬弃）才是传承文化最合理的方式。

基于对人口较少民族文学总体上的把握，李长中探讨了人口较少民族文学的各种具体现象，对"跨文类"书写、"再民间化"行为、"空间景观"的构建等独特现象予以审美探析。人口较少民族作家总是以传统的执守为自己寻找现代化定位，而传统在人口较少民族中主要以各种民族生活习俗和口头传说维系，这决定了人口较少民族文学书写时的"跨文类"特征，和召唤传统时必然做出的"再民间化"行为。

跨文类书写指人口较少民族文学文本中出现了其他文类，形成一种文类间性，使民族文化得到见证性的敞开。无论是"民族志写作"，还是"寓言"的使用，抑或是"见证文学"、"自传性写作"，都表明人口较少民族作家的文化自觉，试图照亮民族文化根性，询唤出文化自豪感，以应对多元文化撞击中事实上的文化流散。但是，人口较少民族作家的民族志追求暗含了浓重的文化民族主义成分，一边畅快地把地域性民族文化风俗、风情予以神圣化、浪漫化的处理，一边焦灼地不停伤悼好景不再、家园裂解，对全球化和现代性表现出不能理解地拒绝。这非但不能给民族文化带来现代活力，更进一步显示了人口较少民族作家主体选择上的"角色失败"。这"是指某个人或群体在传统文化中形成的某种角色难以适应变化了的角色需要，而未能和无法成功地扮演变化了的世界所需要的某种角色的现象。"②人口较少民族文学中弥漫型的"流散"体验就是其表象，无所适从、无家可归，心灵总是处于漂泊状态无处安放。布朗族女诗人罗彩惠在《左岸，没有风声》中倾诉道："我说过/我是一阵风/刚从失守的四季刮来……我说过/我是一朵漂泊的云/歇落你的岸边……"这种创伤性经验总是能够激发起文化寻根意识，"人口较少民族在现代性文化生态内历史连续性的中断和生活意义完整性的分裂，使得人口较少民族的作家普遍感受到沉重的文化/身份'创伤'，并一再表述着对如何修复创伤与如何维系身份同一等问题

---

① 李长中：《当代人口较少民族文学的审美关照》，北京：社会科学文献出版社，2015 年，第 113 页。
② 李长中：《当代人口较少民族文学的审美关照》，北京：社会科学文献出版社，2015 年，第 153 页。

的探寻。"①找寻散落于民间的精神资源自然成为人口较少民族作家共同努力的方向。

中国当代文学史上的"寻根文学"思潮,是包括汉族在内的多民族作家共同发起的一次在"现代"中的突围行动,之后汉族作家的寻根冲动被世俗化、狂欢化的物质生活所招安,少数民族作家的寻根意识却得到了强化,而在人口较少民族作家这里,信仰成为他们精神上的最后一块高地。民间英雄、民间宗教、民间神话、民间禁忌等如一团星云播撒在文学文本中,在当代文学浩渺的夜空熠熠闪光。这种对民族历史传统的现代"重述"携带了浓得化不开的文化乡愁,他们对民族文化"深层结构"的挖掘和文化根骨的搭建试图在全球化文化场域中为自己圈定一块文化净土,召回并安放业已逝去的文化故园。

文化乡愁作为"甜蜜的忧伤"是一种复杂的怀旧体验,"怀旧最基本的导向是人类与美好过去的联系,而在现代性的视域下,这一过去不仅指称时间维度上的旧日时光、失落了的传统或遥远的历史,还指称空间维度上被疏远的家园、故土以及民族性;而从哲学的高度看,怀旧最重要的还包括人类个体及群体对连续性、同一性、完整性发展的认同关系。"②为了使怀旧发挥出多重性疗救功能,现代性挤压下的文化怀旧只能成为一种霍布斯鲍姆所说的"传统的发明",一方面出现在人口较少民族文学中的民族历史是一种经过提纯、净化的局部的历史,并不能由此推出整个历史传统,存在着以局部当作整体、以个别当作一般的认识论问题;另一方面美化的传统与破碎的现实构成了对立的两极,"文本中的人物越是不停地对民间历史/传统加以寻找和认同,他们的身份离散或漂泊不定问题越是严重,越是渴望把重建民族身份的希望植根于民间历史/传统的重新阐释之上,民间历史/传统的解体或陨落风险越是令人担忧。"③也就是说事与愿违,陷入了一种无法停止的恶性循环之中,美好的愿望竟然化为一条自我束缚的锁链捆绑了前行的手脚。于此,李长中认为:"以一种反思性、批判性视野来观照本民族传统,才能积极参与现代性对话并使其身份建构永远在对话、谈判和协商之中。这一问题的解决才是人口较少民族群体的文化认同问题、身份建构问题等最终能够得以解决的根本之所在。"④积极谋求与全球化、主流民族现代化的交往与对话,在开放的视域中建立与现代性商谈的文化规则,才能保证人口较少民族文化焕发出现代生机。

① 李长中:《当代人口较少民族文学的审美关照》,北京:社会科学文献出版社,2015年,第157页。
② 赵静蓉:《怀旧——永恒的文化乡愁》,北京:商务印书馆,2009年,第5页。
③ 李长中:《当代人口较少民族文学的审美关照》,北京:社会科学文献出版社,2015年,第200页。
④ 李长中:《当代人口较少民族文学的审美关照》,北京:社会科学文献出版社,2015年,第203页。

（三）人口较少民族文学对两个生活世界的审美表现

现代性不仅对人口较少民族沿袭已久的物质生活带来巨大冲击，还给他们的精神生活带来猝不及防的震惊以及波浪式的震荡，两个生活世界均失去了连续性，跌入无秩序的混乱之中，因而人口较少民族作家才有连根拔起的心痛和本能的对现代性的拒绝。这是一种典型的"维模功能"在发挥作用，"在文化传播中，维模功能使文化圈对外来文化起到一种选择和自我保护作用。如果外来文化对原有的文化模式具有危害或破坏性时，维模功能便会起到一种守门人的作用，竭力阻止破坏性文化的侵入。"①维模功能形成了文化的"区隔"，帮助了人口较少民族对立心态的生长。维模功能在不同的文化场域可能产生相反的效果，拒绝现代性只能使人口较少民族故步自封。

为什么人口较少民族会有极为强烈的心理震荡和文化抵抗？李长中引用社会学家费孝通的观点并作出进一步阐释。费孝通认为："在全球化的浪潮中，一些根蒂不深、人数又少的民族，本身还没有形成为一个有生机的社区，不是自力更生的状态。"②人口较少民族通过政策性扶植由散居进入定居的过程中，既离开了与自然契合的生活方式，又在新的环境中遭遇一系列道德伦理困境，如疏离群体的个人生活原则，无节制的欲望化生活目标，对金钱财富等利益的竞相追逐，由于在过急现代性中未能形成有机社区，这些道理伦理问题不能自洽，就使得人口较少民族产生了深重的无所适从感和民族存续危机，也随之产生了如何寻根、寻什么样的根，以及如何拓展寻根之路的现实问题。从根本上说，当代人口较少民族面临的是经济发展与文化保存、民族认同与多元认同，说了归一，即传统与现代之间的关系问题。

人口较少民族的存在状况是物质生活已经迈进到现代性的发展逻辑序列，而人文心态和情感依存还停留在传统的文化氛围，人口较少民族作家对此一落差有极为清醒的认识，裕固族作家杜曼·扎斯达尔说："这个时代会给我们崭新舒适的生活，但在这'舒适'的背后是一条游牧文化走向泯灭的不归路，我们会像消失的契丹族或党项人那样失散在记忆的深处。"③人口较少民族对现代经济的恐慌确实值得让人思考现代性的另一面不良后果，他们作品中频频出现痛失、丧失、失去一类的关键词，表明他们的人文生态已经遭到严重破坏，青山不再、密林不再、绿草不再……，家园在现代经济主义的自然资源开发下面目全非了，人口

---

① 沙莲香：《传播学》，北京：中国人民大学出版社，1990 年，第 72—73 页。
② 费孝通：《民族生存与发展》，《西北民族研究》2002 年第 1 期。
③ 杜曼·扎斯达尔：《一个人的部落》，http://www.sanwen.net/subject/505511/。

较少民族文学的反思现代性特征在此异常鲜明。他们不仅反身诉诸宗教、传说、民族英雄和部落图腾守护民族文化,还在不停地搭建民族生存空间,虽然像西西弗斯一样永远不能搭建好一个与传统生活一样的空间,但是这种努力已经显示了他们的价值追求。

物质与精神两个生活世界的丢失多从微小的地方开始,李长中注意到人口较少民族文学中的一草一木、一鸟一兽都被作家寄予了深厚感情,这是因为人口较少民族长期与自然相伴的生活方式决定了他们的认知方式,他们的文化根脉就是在人与自然和谐共处的生存空间中延展起来的。乌热尔图、萨娜、鲁若迪基、曹翔、和健全、陶玉明、彭兆清、高文明、罗荣芬、孙宝廷等人口较少民族作家都有对生态空间的诗性描绘,但同时也书写了生态空间的坍塌,在文本中建构起"过去—现在"两极性的叙事模式。这种由时间流动牵连起来的叙事模式总会有一个时间的分节点,就是代表现代文明的"开发者"闯进来的时候,于是时间便一分为二,时间的欢乐被时间的忧伤所取代。

这是一种值得深味的文学现象,出于对一些急功近利的自然资源破坏性开发现象的反思,空间闯入者的审美塑造有其一定的合理性。"在人口较少民族群体看来,正是这些携带着现代文明样本的'闯入者'才是民族地区生态环境的破坏者、价值观念的解构者及空间秩序的冲击者。"①这种认识当然具有片面性,但也提醒人们注意过急现代性造成的严重后果,去谋求一种合理的走向现代的方式。对于这个由文学提出来的现实问题,李长中以发展的眼光确认全球化和现代化本身的先进性和科学性,是人类生存发展的方向,"从当前的情况来看,全球化和现代化对各人口较少民族来说,首先意味着社会经济结构的全面转型和调整,意味着社会运行机制的科学化和理性化,意味着民族文化的现代化、多元化。"②这就是说,不能以现代化过程中出现的失误来否定现代化本身,现代化方案的制定和人口较少民族的应对两方面都需要调适、调整,如果把与民族历史传统不相一致的现代性的所有一切都加以对立性看待并给予现代性以"污名化"处理,那就不是历史唯物主义的态度,而要甘于作茧自缚了。

从这一点看,人口较少民族文学其实更应该专注于人物的心理层面,剖析民族文化心理中那些不利于现代性发展的质素,在阵痛中化蛹为蝶,在多民族文学的共时发展中找准自己的位置。以此来审视人口较少民族文学对两个生活世界的展示,李长中认为:"对本民族传统文化的各种书写远远大于对现代性语境下人物内在灵魂的刻画,对族群生存空间景观或风物的重视远远超过对生存空间

---

① 李长中:《当代人口较少民族文学的审美关照》,北京:社会科学文献出版社,2015年,第245页。
② 李长中:《当代人口较少民族文学的审美关照》,北京:社会科学文献出版社,2015年,第186页。

内'人物'及其心理情感体验的重视。……文本中看不到多元文化碰撞互融状态下'人'的生存体验和心理冲突，看不到多重矛盾共时态冲击面前'人'的内在灵魂的挣扎与人性的变异"。① 这样的形象很少能够立体性、多侧面地站立在读者面前，很难称得上是福斯特所说的"圆形人物"，不仅在审美上难以达到超越性的高度，更重要的是人物单向度的两极化心理反映出来的传统与现代二元对立的情感模式容易造成人们对现代化的误读，影响人们对人口较少民族地区现代化过程中实质性问题的判断。

人口较少民族作家为民族文化代言，召唤传统生活，在民族文化生态的维护上有不可替代的价值，但是如果因此而拒绝现代性，是不是忽视甚至遮蔽了本民族"沉默的大多数"的现实合理性吁求？在人口较少民族地区还存在着急于摆脱贫困状态的底层民众，据一份调查资料显示，陇川县户撒乡45%的阿昌族人尚未解决温饱问题，子女因各种条件限制上不了学；芒棒村的90户德昂族人年收入人均才230元，粮食200公斤左右。② 或许在他们看来，温饱问题可能比文化问题更重要。

人口较少民族文学常常表现为一种问题文学的样式，从人口较少民族群体中脱颖而出，经受过现代化、汉文化知识教育的作家有责任为本民族的生存发展立言，他们以审美的方式所提出的一系列现实问题，也确实让人们注意到现代化过程中人口较少民族受到的伤害，值得深长思之。但是全球化、现代化作为人类前行的共同方向，具有不可辩驳的正当性与合法性，在融入现代性的过程中，只有确认了多民族共和基础上的中华文化心理认同才能在多元文化撞击中站稳脚跟；在接受现代性的前提下，反思现代性对民族性的撞击与民族性对现代性的消极对抗才能更好地以开放的心态处理现代性引发的各种社会问题，完成民族现代化新生的涅槃。

出于对人口较少民族文学一系列重要现象的热切关注，李长中对其中一些重要的文学现象予以细致梳理、归纳并加以批评性命名，以期引发人们对这些关乎人口较少民族安身立命的问题作进一步的关注和研究。他不仅从人口较少民族文学中提出了意义重大的切身问题，还对这些问题进行了审美性的追问，并提出了中肯的意见和建议，可以说，他的批评性研究本身就是对一种生活的审美性追求，给人以多方面的启迪。

---

① 李长中：《当代人口较少民族文学的审美关照》，北京：社会科学文献出版社，2015年，第76页。
② 畅江：《前进道路上的坎坷》，《今日民族》2003年第4期。

参考文献

1. 王志英主编:《清代闺秀诗话丛刊》,南京:凤凰出版社,2010 年。

2. 黄秩模编辑、付琼校补:《国朝闺秀诗柳絮集》,北京:人民文学出版社, 2011 年。

3. 恽珠辑:《国朝闺秀正始集》,道光十一年(1831)红香馆刊本。

4. 叶玉麟选注:《历代闺秀文选》,上海:大达图书局,1936 年。

5. 傅瑛主编:《明清安徽妇女文学著述辑考》,合肥:黄山书社,2010 年。

6. 胡文楷编著、张宏生等增订:《历代妇女著作考》(增订本),上海:上海古籍 出版社,2008 年,第二版。

7. 杜学元、汤泽生、冉元辉、郭明容编:《中国女子教育文萃》,成都:四川教育 出版社,1999 年。

8. 付建舟:《两浙女性文学:由传统而现代》,北京:中国社会科学出版社, 2011 年。

9. 李国彤:《女子之不朽:明清时期的女教观念》,桂林:广西师范大学出版社, 2014 年。

10. 宋清秀:《清代江南女性文学史论》,上海:上海古籍出版社,2015 年。

11. 段继红:《清及民国长三角地区文化家族中之女性文学研究》,上海:上海社 会科学院出版社,2015 年。

12. [美] 罗莎莉著,丁佳伟、曹秀娟译:《儒学与女性》,南京:江苏人民出版社, 2015 年。

13. 赵园:《家人父子:由人伦探访明清之际士大夫的生活世界》,北京:北京大 学出版社,2015 年。

14. 曾越:《社会·性别·身体:近代中国女性图像身体的解放与禁锢》,桂林: 广西师范大学出版社,2014 年。

15. 刘惠英编著:《遭遇解放:1890——1930 年代的中国女性》,北京:中央编译 出版社,2005 年。

16. 张春田：《女性解放与现代想象——思想史视野中的"娜拉"》，上海：华东师范大学出版社，2014年。

17. 曼素恩著，罗晓翔译：《张门才女》，北京：北京大学出版社，2015年。

18. ［英］E.霍布斯鲍姆 T.兰格著：《传统的发明》，南京：凤凰出版传媒集团 译林出版社，2004年。

19. ［美］爱德华·希尔斯：《论传统》，上海：上海世纪出版集团 上海人民出版社，2009年。

20. 王中江：《进化主义在中国》，北京：首都师范大学出版社，2002年。

21. 陈万雄：《五四新文化的源流》，北京：三联书店，1997年。

22. ［美］列文森：《儒教中国及其现代命运》，北京：中国社会科学出版社，2000年。

23. ［美］汤尼·白露：《中国女性主义思想史中的妇女问题》，上海：上海世纪出版集团 上海人民出版社，2012年。

24. 周淑舫：《中国女性文学发展览论》，长春：吉林大学出版社，2012年。

25. 冯天瑜：《"封建"考论》（修订版），北京：中国社会科学出版社，2010年。

26. 熊贤君：《中国女子教育史》，太原：山西教育出版社，2009年。

27. 陈宏谋辑：《五种遗规》，北京：中国华侨出版社，2012年。

28. ［美］季家珍：《历史宝筏：过去、西方与中国妇女问题》，南京：江苏人民出版社，2011年。

29. ［德］海德格尔著，孙周兴译：《路标》，北京：商务印书馆，2000年。

30. 海德格尔著，孙周兴译：《荷尔德林诗的阐释》，北京：商务印书馆，2015年。

31. 王萌：《禁锢的灵魂与挣扎的慧心——晚明至民国女性创作主体意识研究》，郑州：河南大学出版社2009年版。

32. 薛海燕：《近代女性文学研究》，北京：中国社会科学出版社，2004年。

33. 刘传霞：《被建构的女性——中国现代文学社会性别研究》，济南：齐鲁书社，2007年。

34. 乔以钢：《多彩的旋律——中国女性文学主题研究》，天津：南开大学出版社，2003年。

35. 李晓红：《女性的声音——民国时期上海知识女性与大众传媒》，上海：学林出版社，2008年。

36. 何黎萍：《西方浪潮影响下的民国妇女权利》，北京：九州出版社，2009年。

37. 余华林：《女性的"重塑"——民国城市妇女婚姻问题研究》，北京：商务印书馆，2009年。

38. 夏晓红：《晚清社会与文化》，武汉：湖北教育出版社，2001年。

39. 夏晓红：《晚清女性与近代中国》，北京：北京大学出版社，2004年。

40. 孙隆基：《中国文化的深层结构》，桂林：广西师范大学出版社，2004年。

41. 林毓生：《中国传统的创造性转化》，上海：三联书店，1988年。

42. 高旭东：《五四文学与中国文学传统》，济南：山东大学出版社，2000年。

43. 李玲：《中国现代文学的性别意识》，北京：人民文学出版社，2002年。

44. 王绯：《空前之迹——1851—1930：中国妇女思想和文学发展史论》，北京：商务印书馆，2004年。

45. 常彬：《中国女性文学话语流变 1898——1949》，北京：人民出版社，2007年。

46. 任芬主编：《中国妇女运动史》，北京：北方妇女儿童出版社，1989年。

47. 计荣主编：《中国妇女运动史》，长沙：湖南出版社，1992年。

48. 林吉玲：《二十世纪中国女性发展史论》，济南：山东人民出版社，2001年。

49. 中华全国妇女联合会妇女运动研究室编：《五四时期妇女问题文选》，上海：三联书店，1981年。

50. 林树明：《多维视野中的女性主义文学批评》，北京：中国社会科学出版社，2004年。

索　引

后　记

　　子曰:"四十而不惑"。我已走过不惑之年的一半,却仍未具有清醒地看待、处理事物的能力,往往被各种琐屑之事困扰,经常感叹自身的愚钝和疏于求解的懒惰,有时还会用"以退为进"的说辞宽慰自己。人生虽如白驹过隙,但回望来时之路却也百味杂陈,对于只出过一本小书惭愧无些许建树的我来说,更是不堪回首亦不敢回首,莫名其妙地悲从中来。我有幸生长于二十世纪七十年代以来中国社会的另一种巨变之中,丈量过社会快速发展的步伐,只是我的尺度和速度过于窄小、缓慢,一步未跟上的时候,前面已经转弯,于是便茫然无所适从,困惑于生命的意义和价值。

　　我庆幸父母在我成长过程中给予我的善与宽容,虽然他们并没有多么高深的学识。我一路颠簸的路程,因了早年家教的护佑,也已化成人生的某些经验,至今仍在滋养我的平凡人生。现在看来,我对人之德性的留意,其实是一种前因后果的关系,不经意的因结下了有意的果。

　　说实在的,我对这个果并不很满意,因为我不是一个辛勤的园丁。十九世纪后期以来,家庭和社会生活中的性别位置与德性标准开始大幅度调整,越来越远离传统的轨道。一个现代的生活世界仿佛从天上落了下来,摸不清到来的路径,看不准真实的面目。悸动与惊愕相伴,新鲜与混乱相随,标准常常变更,生活时时变轨。稳定性的匮乏使现代社会处于不安的躁动之中,表面上看起来繁花似锦,在深处却蕴藏了诸多危机。生活的丰富与单调,舒适与紧张奇特地混杂在一起,不期然强化了现代人的心理焦虑。焦虑属于精神连续性的断裂或阻制,日常生活的跳跃影响到精神连续性的形成,造成了精神世界的非有序化状态,混乱、错杂,亢奋地消沉,悲观地狂喜,精神世界大幅度的撞击挫伤了神经元感知世界的敏锐性,在现代的氛围里变得迟钝而麻木。如何恢复精神的敏锐性和丰富性,是现代世界的一个重要问题。

　　悬置外界的喧嚣,在内观状态下使精神世界宁静下来,一直是古人自我确认的方法。内观的主要活动为内省,外在表现即为修身,是立身的要义。鲁迅就很赞同,说过人立而后凡事举的话,反过来理解,人未立定会被凡事所困扰。本书阐述的问题,虽呈现形式各异,但基本上都隐含了德性的思考。追求德性生活的人,精神世界总是丰富的、敞亮的,有这样的研究发现,也可以自我宽慰了,尽管这道理很浅显。

本书大部分内容已经先行发表,这次搜集整理,算是对自己学习和生活的一个阶段性总结。上海交通大学出版社的吴芸茜女士为出版事宜不辞辛劳,在此表示诚挚的谢意。书中所论问题,定有不周全的地方,敬请同仁不吝指正。

毕新伟

2017 年 4 月 6 日